环球人物 GLOBAL PEOPLE 10周年 典藏书系

历史选择
中共传奇人物档案

《环球人物》杂志社 编

中国出版集团 现代出版社

李大钊，国民党右派痛恨的人

李大钊是中国共产主义的先驱、伟大的马克思主义者、杰出的无产阶级革命家、中国共产党主要创始人之一。在早期的国民党档案中，有一些关于他的记载，当时正值国共第一次合作前后，许多国民党党员，特别是右派反对国共合作，因此，对李大钊的评价也颇为“负面”。

告状信中的李大钊

李大钊字守常，河北乐亭人，生于1889年，1927年4月被奉系军阀杀害。他1907年就读于北洋法政专门学校；1913年东渡日本，进入早稻田大学学习，其间积极参加反对袁世凯的斗争；1916年，他在北京参与创办《晨报》；1918年担任北京大学图书馆主任，开始宣传马克思列宁主义，并在北京大学成立“马克思主义学说研究会”，与陈独秀等人筹组中国共产党；1921年中国共产党成立后，李大钊长期担任北京地区负责人，全面领导北方革命工作。

1922年8月，在专门讨论国共合作的西湖特别会议上，新当选为中国共产党第二届中央委员的李大钊，积极赞成国共两党合作。1922年8月20日，他在林伯渠的陪同下，专程去上海会晤孙中山，进行了多次“极为

1924年1月，孙中山（中）、李大钊（左）等走出国民党一大会场

融洽”的交谈。不久后，李大钊加入了国民党，成为第一个以个人身份加入国民党的共产党员。

然而，国民党内部却有左、右派之分。以廖仲恺、宋庆龄和邓演达等人为代表的左派，对共产党态度温和，希望促成国共合作，但他们不掌握实权。而以胡汉民、林森和张继等为首的右派却是国民党中的实权派，他们不认可共产党的理念，认为共产党人加入国民党是在借机发展壮大自己，因此对共产党持敌视态度。下面这封保存在国民党中央党史馆中的信，就能代表第一次国共合作时期，一些国民党右派对李大钊等中共人士的防范与敌视。

这是1923年5月29日，国民党北京地区党务负责人卢钊给国民党中央党务部部长孙镜的信（档案号：环09147），其中主要说：

……顷闻党部有委任李君大钊为北京支部长之说……窃以直省支长早经先生令委溥公办理，群情爱戴，同志尊崇。李君大钊本非我党信徒，其于共产方面与陈独秀号称“南陈北李”，考其议论亦与我党主张立于作对地位，所以加入吾党者，不过假藉声威自厚实力（彼等目的可于《向导》中窥见）。今一旦以支部重权授非素信之人，于李君则诚有利矣，试问所招党徒，谁复能为吾党尽死力者，将来自成李君之共产党，于我党发展转多妨碍。钊忧患余生，以为北部党务当由溥公及本党声望素著之健全分子主持，不宜遗弃元老，委之首鼠两端之李大钊氏……立此骑墙人旗帜之下，以为党羞……

写此信的卢钊，是国民党20世纪20年代初期北京地区的负责人之一，负责成立组织和招募党员。此人在国民党中属于“昙花一现”式的人物，即便在国民党的各种档案中，关于他的记载也是少之又少。但就是这么个人物，在信中明确反对国民党任命李大钊担任国民党“北京支部长”，担心他假借国民党组织来发展中共势力，并妨碍国民党的发展。卢钊诋毁李大钊为“首鼠两端”“骑墙人”。从这些字眼中，人们可以看出他对国共合作中共产党人的根本态度。

“溥公”的真面目

卢钊信中两次提到的“溥公”，就是国民党右派代表人物之一的张继。在卢钊眼里，张继是“群情爱戴”“同志尊崇”，那张继到底是怎样一个人呢？

张继生于1882年，字溥泉，河北沧县人。1899年，他留学日本，1905年8月在东京加入中国同盟会，任该会直隶主盟人。1908年，张继赴法国留学，1911年回国后任同盟会本部交际部主任兼直隶支部长、国会第一届参议院议长，1916年任护法军政府驻日本代表，1920年任广州军政府顾问、国民党北方执行部主持人。

1922年，孙中山筹划改组国民党，推行“联俄容共”政策，张继一度积极参与其事，对共产党的态度较为友好。1922年11月，张继曾携带孙中山的亲笔信到北京与苏俄使者越飞会谈，他还是李大钊加入国民党的介绍人。

但随着共产党人陆续以个人身份加入国民党，张继开始对共产党与国民党的合作提出质疑，认为共产党是“钻进铁扇公主肚子里的孙悟空”。他认为，李大钊等共产党人并不是真心尊重国民党领袖，也不是真正信仰国民党的主义。在他看来，身为国民党员，动辄在刊物上批评、规劝国民党，就是以指导者自居，是难以接受的。因此，张继等人逐渐开始排斥共产党。1924 年 1 月，张继当选国民党一大中央监察委员。6 月，他与谢持、邓泽如等联名提出“弹劾共产党案”，历数共产党的种种“问题”，遭到孙中山斥责。不过，孙中山去世后，张继积极参与国民党右派西山会议派活动，主张“清党”，取消共产党员的国民党党籍。1927 年，他出任国民党中央特别委员会委员。后历任国民党南京政府司法院副院长、北平政治分会主席、中央监察委员、党史史料编纂委员会主任委员、国史馆馆长等职，1947 年病死于南京。

“二钊”的较量

卢钊在信中坚决地反对李大钊、明确地力挺张继的背后，反映着国共两党在北京地区的合作与摩擦。

在北京，国民党的力量原本非常薄弱，除了在国会及新闻界有国民党人零星的活动外，并没有建立起党组织。1918 年以后，卢钊在北京设立“壬戌俱乐部”与“中社”两个小团体。这是 1917 年护法运动以来，国民党首次在北方成立的外围组织。但直到 1920 年，加入两个团体的人数并不多。卢钊在向上海国民党本部报告这两个团体的信函（档案号：环 09149.1）中提到：

钊自七年，同卢君锡卿护法失败来京以后，目睹北京本党凋落情形，即欲联合同志宣传党义……党部初基计三十四人，至今仅余十四，余均以态度未明见摒……

到 1921 年至 1922 年 6 月间，孙中山还是把主要精力放在了主持广东革命政权上，未能顾及北方党务。1922 年 6 月，陈炯明发动兵变，孙中山被迫避居上海。9 月，孙中山在上海召开会议，宣布“改进”国民党，“谋求党务之改进与发展”。与此同时，国会在北京复会，国民党员开始纷纷北上。所以，1923 年后，国民党在北京的党务发展较快。

国民党人在北京的活动，主要在两个领域：国会和北京各大学。在北京各大学的学生中发展党员，主要由谢持和邹鲁等人负责。他们以“中社”为国民党外围组织，发展较为迅速。邹鲁晚年在回忆“中社”发展情形时说：“在这个时期里，除了出席国会外，又和谢持先生做扩展党务的工作，其中最重要的，就是联络北京各大学的青年学生，向他们宣传本党的主义，并先后介绍他们入党……”

国民党在北京扩大势力的同时，李大钊领导的社会主义青年团，也在北京各大学得到了迅猛发展，大有与国民党“争夺”青年学生之势。李大钊加入国民党后，社会主义青年团活动更趋活跃。共产党还组建了另一个青年组织——北京与天津的青年国民俱乐部，力争在青年人中发展成员。这样一来，北京的共产党组织发展势头，几乎盖过了国民党，让卢钊等人深感不安。

为了对抗共产党的迅速发展，卢钊除扩大“中社”外，还于 1923 年 3 月在北京北新华街 41 号，创建了“民中俱乐部”，宗旨为“实行三民主义，五权宪法，讨论政治问题”，成员“以本党纯粹党员组织之”。这里所说的“本党纯粹党员”，是指具有国民党一党党籍的党员，对于新加入国民党的共产党员，即所谓的“跨党分子”，坚持采取排斥立场，其简章第二十一条就规定：“确有二重党籍经人揭发者”，即予以除名。

可见，在 1923 年国共商议合作事宜期间，许多地方的国共组织并未合作，甚至还处于对立、冲突的状态。在这种情况下，以卢钊为代表的北京国民党党务工作人员对李大钊抱有很深的成见，就不难理解了。（撰文：王辉）

李大钊后代，清廉家风延续百年

提到李大钊，脑海里总会浮现曾经看过的一个话剧场景。那是 2011 年 7 月，天津人艺小剧场为配合建党 90 周年上演话剧《铁肩担道》，最后一幕李大钊昂首走向刑场，天空被映成血红色，穷凶极恶的敌人发疯般地叫嚣“快绞！快绞”，李大钊针锋相对、慷慨激昂地陈词：“绞吧，你们这帮丑类！动手吧，你们这些热锅里的游鱼！不要以为绞死了我，就绞死了伟大的共产主义！共产主义在中国必然得到光辉的胜利”……话剧再现这位伟大革命先驱 85 年前刑场斗争的壮烈情景，他坚定的革命信仰和视死如归的精神，震撼着我们每个人的心灵。

1927 年，遇害前的李大钊

李大钊，河北省乐亭县人。中国共产主义运动的先驱和最早的马克思主义者，中国共产党的主要创始人之一、著名学者。1916 年留日回国后，他参与编辑《新青年》，并和陈独秀等创办《每周评论》，积极领导了五四运动。那一时期，李大钊撰写了很多赞颂十月革命和宣传马克思列宁主义的著名论文，深刻而有力地影响了我国的一代知识分子，使他们逐步走上了马克思主义者的道路，其中最卓越的就是毛泽东。

“人事有代谢，往来成古今”，李大钊虽然早早就走了，但却留下丰富的革命遗产和精神财富，他打造的清正勤俭的家风，延续了100年，传承了三代人。其子李葆华，逝世前曾任中国人民银行行长兼党委书记；而李葆华的子女中，李青已从中共浙江省委统战部部长和省政协副主席岗位退休，李宏塔现任安徽省政协副主席，李亚中为水利部工程技术人员。李青和李宏塔的廉洁，多次见诸报端，笔者在听他们讲述其成长历程后，深感李家家风的可贵。

财产仅1块大洋

李大钊牺牲20多年后，李亚中才出世。“对于祖父，我大多是从书中了解的。”李亚中说，虽然未曾谋面，但他通过文字与祖父相遇了。

李大钊很小的时候，父亲便去世了，他由爷爷一手抚养长大。虽然出生于农家，但爷爷一直非常重视李大钊的教育。“从五六岁入私塾，到从日本留学回国，他前前后后上了18年学。”李亚中说，李大钊从小便树立了致力于民族解放事业的远大志向。早年，他也像同时期的知识分子一样向西方资本主义国家寻求救国的办法。但俄国十月革命成功后，李大钊把关注的目光转向了马克思主义。1919年他发表了《我的马克思主义观》，从此确立了自己的马克思主义信仰，成为一名真正的马克思主义者，并影响了一批青年学子。毛泽东后来回忆说：“我在李大钊领导下担任北京大学图书馆助理员的时候，思想迅速朝着马克思主义方向发展。”

李亚中告诉记者，李大钊任北大图书馆馆长时工资140块大洋，后来他任教授涨到200块，再加上他在别的大学兼课，每月收入在250块至300块大洋。“他去世后家里的财产仅有1块大洋。由于没钱安葬，只好举行公葬，也就是以向公众募捐的形式安葬。”1921 年，中共北京支部成立后，李大钊每月从自己的工资中拿出 80 块大洋作为组织的活动经费。此外，只要有穷学生向他张口，他都会仗义疏财。李亚中清楚地记得姑姑李星华的回忆，每到发工资时，李大钊就会领回来一把欠条。后来，为了不让李家断炊，北大校长蔡元培只好嘱咐会计科每月从李大钊的工资中拿出 50 块大洋，直接交给李夫人。

李大钊的高尚品质感染了许多人。不论政见是否相同，人们都对李大钊抱有衷心的崇敬之情。在为李大钊举行公葬的募捐中，就连政见相左的汪精卫也捐了 1000 块大洋。曾因“问题与主义”与李大钊进行过论争的胡适，在《胡适文存》第四卷的扉页上写道：这一卷献给李大钊等四位先生。

1927 年 4 月 6 日，奉系军阀张作霖勾结帝国主义，在北京逮捕李大钊等 80 余人。在狱中，李大钊备受酷刑，但始终严守党的秘密。4 月 28 日，北洋军阀政府不顾社会舆论的强烈反对，将李大钊等 20 位革命者绞杀在西交民巷京师看守所内。李大钊英勇就义，时年 38 岁。

李亚中告诉记者，祖父被杀害后，一家人颠沛流离。“父亲李葆华为躲避反动军阀的抓捕，在友人的帮助下东渡日本，当时他还是一个中学尚未毕业，但已有两年团龄的社会主义青年，蔡元培先生给他开了一张高中毕业文凭，他用了半年时间，补习日文和其他课程，考取了东京高等师范学校物理化学系，还在日本加入了中国共产党。”九一八事变后，李葆华中断学业，愤然回国，并未获得学位，他的渊博学识来自于常年的革命实践和勤奋自学。

身教重于言教

1949 年 9 月 8 日，开国大典前 23 天，中共中央调整北平市委领导班子：书记彭真、第二副书记李葆华任职不变；第一副书记叶剑英调到华南地区任职，聂荣臻继任。27 日，北平改名北京。此前，在中央领导和相关部门的大力支持和紧密协助下，北平市委为了保证开国大典顺利进行，已经紧张工作了数月之久。10 月 1 日，李葆华提前登上了天安门城楼。妻子田映萱在家坐在收音机前，等待收听新华广播电台实况转播。两岁半的女儿李乐群依偎在她的怀里。4 个月大的次子李宏塔还在襁褓之中。

现安徽省政协副主席李宏塔谈起父亲李葆华，感慨地说："父亲对我们没有什么条条框框的规定，更多的是身教重于言教。父母要求我们非常严格，从小学习的时候，就用祖父的事迹教育我们，说祖父为革命英勇牺牲，虽然现在是和平年代，但并不代表任务完成了，革命需要几代人的努力，要我们严于律己，不断学习进步。"

李葆华 1909 年出生于河北。十几岁时，他就在父亲李大钊的引导下走上革命道路，新中国成立后曾担任过安徽省委书记、中国人民银行行长等重要职务。然而这样一位高级干部家中，却简朴得让人难以置信——老旧的三合板家具、人造革蒙皮的椅子，客厅的沙发坐下就是一个坑。房子是 20 世纪 70 年代的建筑，2000 年，中央有关部门要为他调新房。他说："住惯了，年纪也大了，不调了。"

三年困难时期，李葆华调任安徽省委书记，上任后第一件事就是检查城镇居民的粮食供应配额。他借了一个粮本，自己到一家粮店买粮。营业员给了他 3 斤大米、7 斤红薯干。李葆华说："不对，国家规定是每人每月 7 斤大米、3 斤红薯干。"营业员说："是上边让我们这么卖的。"两人争执起来。粮店给派出所打电话，公安人员带走了这个戴着眼镜、知识分子模样的大个子……后来问题清楚了，粮食供应配额问题解决了，省委书记微服私访的故事也在社会上流传开来。李葆华却说："我没搞过什么'微服私访'，下去不浩浩荡荡就是了。"

从 1966 年起，李葆华全家在"文革"中的遭遇，让几个子女刻骨铭心。李亚中回忆，"父亲从作为省委第一书记到被冲击、被揪斗、被抄家、被罢官、被军管、被长达数年地在全省游斗，失去人身自由达 6 年之久。落差如此之大，超乎常人的想象，也是常人难以承受的。"自抄家之后，李葆华夫妇就被造反派抓走了，子女也被赶出了家，只能借宿在省委露天游泳池已废弃的小更衣室里。“房子不够，就把男女更衣室之间的过道用芦苇挡上当住所。后来，母亲被放出来，也只能住在这里。不但如此，有 5 年时间，专案组不允许父亲和母亲相见。”全家忐忑不安，担心李葆华不堪忍受凌辱而寻短见。“直到 1968 年下半年，我们才争取到探视机会。父亲显得苍老消瘦，但没有想到他在逆境中，不缺乏乐观的精神和坚定的信念，正如爷爷李大钊那样。”

1978 年，李葆华调到中国人民银行主持工作，“69 岁高龄和一个生疏的领域，对他而言显然是巨大的挑战，然而，在中国人民银行工作的 4 年里，父亲卓有成效地完成了金融业的拨乱反正，解决了长期积存的问题，落实了党的干部政策，组织培养了金融人才，推动了中国金融体制改革的全面展开，推进了金融领域的国际交流与合作，也为中国成功加入国际货币基金组织和世界银行做出了杰出贡献。”

车子和房子

父亲去世后，有记者问李宏塔：你父亲给你们留下了多少遗产？李宏塔说：“我们不需要什么遗产，李大钊的子孙有精神遗产就够了。”

其实，从几个子女的生活点滴，就能了解李家的家风。前些年，在安徽合肥的长江路、六安路上，总能看到一个身材魁梧、满头灰发的中年人骑车行走在上下班的人流中，路上的交警都和他亲热地打招呼，他就是李宏塔。担任领导工作 20 多年，李宏塔骑坏了 4 辆自行车，穿坏了 5 件雨衣、7 双胶鞋。随着年龄增大，这几年他才将自行车换成了电动车，后来因为上班路途太远，开始坐汽车。他笑称自己会在能力范围内尽量节俭，“但也没必要为此作秀，真实就好”。

1987 年，李宏塔调任安徽省民政厅副厅长，曾先后 4 次主持分房工作，共分房近 200 套，却从未给自己要过一套房子，在担任厅局级干部期间，一直住在一套60平方米的旧房里。按照省里的有关规定，李宏塔应分一套新房。1987年至1992年3次分房他都榜上有名，但他考虑到厅里人多房少，都主动让给了其他同志。1998年是最后一次实物分房，已担任厅长的李宏塔也有过思想斗争，但想到许多年轻科长住房较差、需要改善，他不顾妻子的埋怨，放弃了最后一次机会。厅里许多同志为他“打抱不平”，后来，省里给他补了一个20平方米的小套间，他正在读研的儿子才有了一个自己的空间。

在小儿子李青的成长历程中，有两件事情让他一直铭记在心。1994年，李葆华到杭州开会，当时的浙江省委书记李泽民到驻地看他，刚好李青也在。“李泽民告诉父亲我表现很好，可父亲马上对李书记说‘你们要严格要求！’”“还有1995年秋，我在中央党校培训学习，周末都要回家看望父亲，一般都骑自行车，下雨下雪就是坐公交车。从青龙桥到三里河，骑车要一个多小时，当时我已经50多岁了，但父亲并没有因此而照顾，不让他的司机接送我。我感到，这是父亲对我们子女的大爱，真诚的，严格的爱。”（撰文：铁雷）

张秀君：外公张闻天的寂寞晚年

"我相信，我将永远相信，人生虽是到处充满了黑暗，但是在这黑暗的中间，时时有一点点光明在闪耀着……（我）将认真地开始做一个无私的光明的找求者了。"

这段话摘自我党老一辈无产阶级革命家张闻天1925年所写的抒情小说《飘零的黄叶》。那一年，25岁的张闻天加入了中国共产党，并写下了这本小说，以此明志。他称，自己将"冲到人生的战场"，"创造人生的真意义"。

张闻天

在后来的日子里，张闻天果真这样做了。张闻天曾任党中央总书记、中共中央政治局委员、政治局候补委员，但无论身居高位，还是身处逆境，他总是坚守着"真理在谁手里，就跟谁走"的人生信条。张闻天一生中经历过两次重大转折：1935年遵义会议，他慷慨激昂，大力支持毛泽东领导红军，并被选为党中央总书记，主持中央日常工作。1959年的庐山会议，他直言"大跃进"以来"左"的错误，被错误地定为"彭（德怀）、黄（克诚）、张（闻天）、周（小舟）反党集团”成员，从此离开政治舞台。1976 年 7 月 1 日，76 岁的张闻天含冤病逝。1979 年，中共中央对其冤案予以平反昭雪。

张闻天晚年是在何种心境下度过的？他的子女如今又生活得怎样？2010 年，在张闻天诞辰 110 周年之际，《环球人物》杂志记者走访了张闻天的外孙女张秀君，听她讲述了外公的人生最后岁月。

红色教授“不争权”

张秀君的家位于上海市虹口区江湾镇，两间小卧室，一个门厅，不大的房子收拾得整齐干净。张秀君今年 65 岁，退休前是上海市杨浦区某中学的一名普通教师，儿时跟随外公生活多年，也是外公晚年生活的见证人之一。

“外公要我们做个普通人，所以我们家人都很平常。”张秀君热情地给记者端来茶水，并拿出事先准备好的一大摞资料，包括老照片、亲历者口述书稿、历史文献片，等等。她说，自己对外公的认识，也是这样一点点丰富起来的。

1900 年，张闻天出生在江苏省南汇县（现属于上海市浦东新区）一个殷实的农户家庭。18 岁时，张闻天在父母的包办下与当地一个善良勤劳的女子卫月莲成了亲。张秀君曾听外公说过，外婆“是新旧过渡时代的牺牲者”。“婚后不久，外公回到南京继续求学并积极参加五四新文化运动，之后东渡日本，又远赴美国。回国后，他把全部精力都放在文学创作上。1925 年，他在上海加入中国共产党，从此走上了革命道路。”

卫月莲先后为张闻天生下两个女儿：大女儿张维英和二女儿张引娣。张秀君的母亲就是张维英。张闻天离乡时，张维英只有 3 岁。张秀君说：“母亲对外公曾有过不理解，特别是 1934 年之后，外公成了共产党领导人，被国民党悬赏通缉。外婆在村里被叫作‘共匪婆’，母女三人经常四处逃难，甚至几天几夜躲在芦苇荡里不敢出来，受尽磨难。”

张闻天入党后，被派往莫斯科中山大学学习。他在日、美留过学，懂日语，能用英语演讲，俄语水平也很高，这在莫斯科中山大学的留学生中简直是凤毛麟角。张闻天和王稼祥等人随后被选入苏联最高理论学府——红色教授学院深造。张闻天沉着、儒雅、有学识，很快有了“红色教授”的美誉。

1931 年，张闻天回国后进入中共中央领导层，曾在宣传教育方面犯过“左”的错误，但他在实践中不断修正自己，很快成为一名成熟的无产阶级革命家。红军长征开始后，张闻天作为地位仅次于博古的党中央常委，转而支持毛泽东的正确主张，坚决同错误军事路线作斗争，促成了 1935 年遵义会议的召开。

毛泽东曾不止一次赞叹“洛甫（张闻天笔名）这个同志是不争权的”，还称他为“开明君主”。张秀君说：“外公被推为总书记后，非常谦虚，再三推辞，拖了 20 多天，后来由中央常委做出决定，这才挑起这副担子，他当时当总书记是得到大家拥护的。”

在革命的征程中，张闻天结识了同样留学莫斯科，在瑞金担任少共中央局巡视员的刘英。红军长征到达陕北，张闻天和刘英结了婚。张秀君听外婆刘英说：外公从年轻时就酷爱读书，喜欢思考，他戴着眼镜，不苟言笑，常在思考问题，从外表看完全是一位温文尔雅的学者。

不敢被人沾边的“名人”

新中国成立后，1953 年，担任外交部副部长的张闻天到上海考察，才在离别近 30 年后，又一次见到了女儿张维英。“那时母亲已经结婚，带着我们来到上海大厦见外公。这也是我第一次见到外公，他个子高高的，很精神，有学者风度。他们聊了很久，临别时，母亲希望外公能给自己介绍份工作，只为有个固定收入。没想到外公说：‘你在乡下种地挺好，还是继续种地吧。’外公身居高位，却从不给子女谋任何方便。”

1955 年，张闻天为了减轻女儿的经济负担，将外孙女接到北京读书。

那年张秀君 9 岁，被送到北京景山后街外公的住所。“那是我童年最美好的一段时光。外公送我就读北京军区八一学校，我是住校的，每周回来一次。我们有时一起去看电影和话剧，外公是个音乐爱好者，喜欢听交响乐，爱去剧院看演出。”

在张秀君记忆中，外公从未刻意要求过她的学业。“小时候我写过一篇作文《扫街》，后来被刊载了，外公异常兴奋。他奖励我们的方式就是买书，他自己也爱看书，每周要去王府井新华书店。”张秀君在外公身边开了眼界，见到了很多政界要人，还登上天安门城楼，亲眼见过毛主席。“城楼上有舞会的，大家都争着和毛主席跳舞，很热闹。”

然而，张秀君和外公的愉快生活十分短暂。1959 年夏，庐山会议召开。会上大家讨论认为，“大跃进”以来成绩很大，前途光明。而彭德怀觉得问题并没有谈妥，上书给毛主席。张秀君说：“当时气氛已经很紧张了，然而外公又在会上做了 8000 字的发言，支持彭德怀的观点。”

刘英曾在回忆录中写道：7 月 20 日，张闻天接到毛泽东秘书田家英的电话。田家英等同志出于关心，劝他如果发言，有些问题就别讲了。不久，胡乔木也来电话，劝他还是少说为好。然而，7 月 21 日下午，张闻天在庐山会议华东组发言，总共讲了 3 个小时，涉及 13 个问题。张秀君说：“这

1956 年 10 月，(由左至右)张闻天、毛泽东、宋庆龄、周恩来、陈毅在中南海

就是外公的性格。其实庐山会议前，外公刚刚动过一个小手术，出院不久就接到通知要召开庐山会议，但是否参加自己决定。外公当时是搞外交工作的，完全可以不去，但他发现老百姓吃不饱，就想把这些藏在心里的话说出来。”

张秀君至今还记得当时的情景：“那时正好暑假，我和刘英外婆在北戴河，约好了庐山会议以后，外公也去。但是怎么等他都不来，刘英外婆可能已经感觉到出事了。”回家后，虽然张闻天从不在孩子面前谈工作，但张秀君还是感觉到了变化。“家里人少了，没有人来，气氛也很压抑，外公睡得很晚，学校的同学对我说‘你外公又犯错误了’。外公一时间成了不敢被人沾边的‘名人’。”

庐山会议后，张闻天成了“彭德怀反党集团副帅”“右倾机会主义分子”，并被追查莫须有的“里通外国”的问题。张秀君能看出外公的苦闷，“这对于一个当过总书记的人是极大的侮辱。外婆说，外公一直意志坚强，从未见过他落泪，只有那一次，他流泪了。”

此后，张闻天的身体每况愈下，冠心病、心绞痛屡屡复发，经常住医院。张秀君说：“我妈妈维英从信中得知消息，想去北京看父亲。但外公回信说，他一切都好，要相信党，接受党的长期考验。”

被囚禁的 523 天

1960 年 7 月，张闻天送走了外孙女张秀君。他写信嘱咐女儿，要让秀君到工农子弟多的学校继续学习。

张秀君给记者放了一段纪录片，她说，“这是中央电视台的一份文献资料，我也是后来才看到的，里面有很多‘文革’的镜头。我第一次看到外公挨批斗的情景，没想到他竟然那么淡定。”虽然张秀君多次从家人和书中了解到外公“文革”时的遭遇，但当真实的画面出现时，她还是忍不住落泪。“外公虽说书生气很重，但绝不懦弱。在关键时刻，能显示出他的品格。”

“文革”中，张闻天被审讯、批斗达200多次。从1969年5月16日起，他和妻子刘英双双被“监护”在北京景山后街寓所。张秀君翻开刘英的回忆录给记者看，上面写道：“我和闻天住的房子只隔一堵墙，但咫尺天涯。每天放风一次，时间错开，不让我们碰面。”张闻天担心妻子个子小，拿不动浸了水的大拖把，便总是把拖把洗净，晾在那里。等到刘英被允许进入盥洗室时，拖把已半干，她不会因为拖不干净地板而被看守人员斥骂。而刘英见到张闻天的衣服泡在盆子里，也会放上洗衣粉为他搓几把……他们就这样被囚禁了523天。

之后，张闻天和刘英被“遣送”到广东肇庆，张闻天改名“张普”，意为“普通的劳动者”，他们在那里煎熬了整整6年。1975年，张秀君收到外公的来信，要她有时间前往。“那时，我已经有近10年没有见到外公了。当我看到身体虚弱，刚从医院走出来的外公时，想说的话，全都说不出口。”

逆境中不变的信仰

张闻天当时的住处，背靠着一座小山冈，几间简陋的平房，离肇庆集镇还有两里的路程。“没有熟人，没有电话，上街买菜、煮饭成了外婆的主要差事，外公则负责打扫院子。他们的生活很拮据，且孤独闭塞，但是在晚辈面前只字不提，我也是从侧面了解到一些情况。”张秀君说，一次外公突发心脏病，外婆只有借来平板车，请人帮忙推到医院。“住处到医院很远，而且又要上下坡，外婆那样一个瘦小的老人，跟着平板车一路小跑，帮着推车，那时她已是一位70岁的老人了。”

张秀君被外公外婆在困境中的相濡以沫所感动。“南方气候湿热，庭院里长满了青苔，苔湿路滑，外婆即便出去买菜，心里也不踏实，担心高度近视的外公万一滑倒怎么办；而外公也尽力帮助外婆分担家务。肇庆没有煤，做饭要用柴草，外公生火，常常被烟熏得泪流满面，咳嗽不止。”即便在这样恶劣的条件下，张闻天依旧没有放弃共产主义信仰，他写了数十万字的笔记和文章，“那时候外公的矫正视力只有 0.2，他每天写作，也没有说写给谁看，外婆依旧很支持他，不停地在一旁帮他抄写。我去了两周，也抄了两周。”有一次，张闻天突然问张秀君，“你能看懂吗？如果能看懂，那多好啊，我的思想可以用你们的名义发表。”看着外公拄着拐杖，一边捶背，一边吞服硝酸甘油药片，张秀君心里说不出地难受。

如今回忆这段往事，张秀君说，她做了一件让自己后悔一辈子的事情。“就在外公处境最难的时候，我与他谈起了信仰问题。当时我真的有点迷茫。我甚至跟外公诉苦，说我在学校的处境，还有表弟为此不能参军了……我真不应该说。”

张闻天告诉外孙女，他坚信共产主义事业能够胜利。“我听了心里很有感触，外公说话时语气平缓，不快不慢。从庐山会议到‘文革’，他受了这么多迫害，但他的信仰还是那么坚定。还有外婆，在那样的情况下，依旧给我讲长征的故事，她说长征时牺牲了多少战友，什么困难没有经历过。我现在想想，他们这两个共产党员真了不起，刘英外婆一直说，向前看，向前看。”

要子女做个普通人

1975 年，张闻天的身体状况越来越不好，经中央批准，一家人来到江苏无锡养病。张秀君曾 4 次前往无锡，看望外公。“我记得 1976 年前后，外公身体已经很不好了，连厚书都拿不动，他还要把厚书拆成小薄本，坚持学习。我两次建议外公写自传，他都坦然回答：‘一个人的是非忠奸，历史是最公正的’。”

张闻天到无锡后，仍然化名张普，蹒跚着出去考察民情。菜场是他考察的一个重点，里面的老百姓哪里会想到，这位经常见面的老人，曾是我党的重要领导人之一。

1976 年，张闻天逝世前与妻子刘英的最后一张合影

1976 年 7 月 1 日，张闻天因冠心病猝死。在无锡病重时，张闻天就给自己安排了后事。“外公告诉外婆，他解冻的存款和补发的工资一共 4 万元，‘一定要做我最后一次党费’。外婆答应了，他还是不放心，于是外婆写了一张字条，约定两个人去世后，把全部存款交党费。”

1979 年 8 月 25 日，中共中央在人民大会堂召开张闻天追悼会，由陈云主持，邓小平致悼词。邓小平在会上郑重宣布，为张闻天平反和恢复名誉，号召学习他服从真理的品质，不计较个人得失的坚强党性。历史终于给张闻天正了名。

张闻天共有一儿三女，大女儿张维英已年近 90，生活在上海，是位没有退休金的寻常百姓。张秀君说：“母亲晚年生活幸福，她非常知足。”二女儿张引娣，1953 年曾在外交部当打字员。1955 年，中央号召各直属机关精简机构，张闻天让女儿带头离开外交部机关，回到上海，在自行车厂做普通职员。张闻天和刘英的独生子张虹生，在父亲的鼓励下，去了新疆生产建设兵团，种过田、赶过大车、放过牛。父亲去世时，儿子都没有见到父亲最后一面。张闻天平反后，张虹生被安排在南京大学图书馆工作，一直干到 1997 年退休。张闻天和刘英 1961 年还领养了一个孤儿，现在北京生活。

张闻天生前曾这样写道：“生命如流水，只有在它的急流与奔向前去的时候，才美丽，才有意义。”采访结束时，张秀君感慨：“我们家的孩子都有一个共同特点，就是靠自己健康发展，不喜张扬，爱读书。要说外公给我们全家人留下了什么，那就是要我们做一个对社会有用的普通人。”（撰文：刘畅）

李英男：父亲李立三的跨国生死恋

李立三，原名李隆郅，湖南醴陵人。1919年赴法国勤工俭学。1921年回国并加入中国共产党，分别在武汉、上海和广州进行工会活动，先后担任1922年“安源大罢工”总指挥。1925年五卅运动总指挥。1927年任中共中央常委。1928年六大后成为我党主要领导人之一。1930年犯过“左”倾冒险主义错误，被称为“立三路线”。1931年被派到苏联学习，任中共驻共产国际代表团成员兼中华全国总工会驻赤色职工国际代表、共产国际工人出版社中文部主任、《救国时报》主编。1945年当选第七届中共中央委员。1946年回国，历任军调部东北三人小组成员、中共中央东北局委员、敌工部长、城工部长等职。1948年任中共中央东北局职工运动委员会书记，中华全国总工会副主席、党组书记。

李立三

新中国成立后，历任中央人

民政府委员、政务院政务委员、劳动部部长。1955年后，任中共中央书记处第三办公室副主任、中共中央工业交通工作部副部长。1960年任中共中央华北局书记处书记，是中共四至八届中央委员，六届中央政治局委员，第三、四届全国政协常委。

在“文革”中遭到“四人帮”残酷迫害，1967年6月22日离世，终年68岁。1979年底，中共中央正式为其平反。

在北京外国语大学俄语学院，有一对特殊的母女教师：母亲李莎，曾在这里耕耘了50载，桃李满天下；女儿李英男，也在此工作了30多年，培养了一批批俄语专业人才。

2009年3月2日，就在《环球人物》杂志记者到访的这天，李英男刚刚办理完退休手续，学生们正围着她，依依不舍。但是，很少有学生知道，这位皮肤白皙、气质出众的女老师，竟是中国早期杰出领导人李立三的女儿。

李英男很热情地招待了记者。谈起父母，她的眼中洋溢着钦佩的神采。“父亲一生历经坎坷，在他背后，有一位默默付出、坚守的女人——我的母亲李莎。”李英男对父母最深刻的印象，就是他们之间“无限的恩爱”。

她说：“印象中父亲每次回家，推开门的第一句话就是问：‘你妈妈在吗？’然后便开始呼唤母亲的名字。他们之间好像总有说不完的话，这种情感在如今很难得一见了，母亲是父亲最贴心的知己。”

李英男回忆说：“母亲告诉我们，俄罗斯女性对爱情的看法是：爱情和理智没有什么关系，如果对两个人之间的爱情进行理性思考，那就不是真正的爱情。”

与俄罗斯少女相识

1930年6月至9月，因推行较为激进的“立三路线”，李立三在六届三中全会上做了自我检讨并离开了领导职位，但共产国际坚持要他到苏联接受批评。1930年底，他被派到苏联国际列宁学校研究班学习。1933年初秋的一天，李立三来到在共产国际工作的中国朋友杨松家做客，一个俄罗斯少女敲门走了进来。这个活泼可爱的俄罗斯少女名叫叶丽扎维塔·巴甫洛夫娜·基什金娜。“叫我‘丽扎’好了，”少女向李立三微笑着说。

李立三和妻子李莎在莫斯科留影

李英男告诉记者：“第一次见面，母亲说她对父亲并没有什么深刻的印象，只是觉得他是个话语不多的中国青年。后来，恰逢十月革命纪念日到来，父亲邀请她和很多中国朋友一起欢度节日。在餐桌上，父亲与大家有说有笑，气氛很热烈。母亲虽然不懂中文，但深切地感受到他对周围人的影响力，被他的魅力深深吸引。不久，他们就确定了恋爱关系。”

当年在莫斯科，很多人一听到李立三这个名字就很警觉，避而远之，唯恐沾上“机会主义”的嫌疑。丽扎身边的很多朋友听说她的交往对象就是曾经犯过‘大错误’的李立三时，都劝告她不要和这个人接触。“妈妈说，其实她早就知道爸爸的身份了，但从未把他的错误与他们的恋爱联系在一起。”李英男一直记得母亲的话：“人的一生谁都有错，何况立三已经认识到了自己的错误。在我的眼中，他只是一个诚实可爱的青年。”

1936 年 2 月初，在莫斯科共产国际“柳克斯”公寓一间 13 平方米的小房子里，李立三和丽扎举行了婚礼。婚礼很简单，只有陈云、瞿秋白夫人杨之华和女儿瞿独伊等十几名来宾参加。按照苏联的传统，女人出嫁后改用丈夫的姓氏，“父亲根据母亲的苏联名字‘丽扎’，给她取了一个地地道道的中国名字——李莎。”1943 年，他们的女儿李英男在莫斯科出生了。

1945 年，中共七大举行，李立三再次当选中央委员，当李立三把这个消息告诉妻子时，李莎既高兴又担忧，因为李莎知道，这意味着丈夫要回到自己的祖国。

李英男至今还记得，1946 年 1 月 16 日父亲回国时的情景。那天，李莎抱着 3 岁的李英男到火车站送别丈夫，“我从母亲的怀里跳了下来，喊着‘爸爸，抱我’。爸爸抱着我说‘英男，你要听妈妈的话，过段时间我来接你和妈妈去中国。’”

1946 年 9 月 20 日，李莎收到了丈夫寄自哈尔滨的信，信中李立三说，东北战火将起，让李莎带着女儿速到中国。经过十来天的颠簸，李英男和母亲来到了哈尔滨，“父亲因为开会没有到车站接我们，但他穿着整齐的军服站在家门口等着我们母女。”李莎回忆，“我跑到父亲身边，跳进他的怀里，亲了又亲。父亲也高兴得像个孩子一样。他对着母亲的耳朵轻声说，‘李莎，我们两个又结婚了’。”

母亲的顽强坚守

1949 年，李立三、李英男、李莎和李人纪（由左至右）在北京

来到中国后，在李莎的多次要求下，组织安排她到哈尔滨俄语专科学校任教。1948 年，李立三和李莎的第二个女儿李雅兰出生。在哈尔滨平静生活 3 年后，1949 年 3 月，李立三全家迁往北京。

这是李立三一生中的辉煌时期。李英男收藏着一张珍贵的历史照片：“开国大典，毛泽东主席宣告中华人民共和国成立，父亲就站在毛主席旁边，中间只隔了一个人。在很长一段时间里，照片中的父亲都被‘截’去了，好在‘文革’后还原了历史。”

开国大典结束后，李立三被任命

为劳动部部长，享受副总理待遇。李立三全身心地投入了工作，被陈云称为新中国的“坦克车”。“那时，我常常见不到父亲，他总是很忙，母亲也忙于北京俄语学院的教学工作。但她总要抽出时间陪伴父亲，跟着他参加一些外事活动，并要管好家里的事情，当好‘后勤部长’”。在北京安定下来后，李莎先后从莫斯科和湖南接回母亲和婆婆。“为了照顾好两位老人，家里分别给她们做一些不同口味的菜肴，给姥姥多吃些奶制品，给奶奶往菜里放点辣椒”。

20 世纪 50 年代末，中苏两国的交往紧张起来。李英男说：“这个时期，一些别有用心的人抓住父亲在苏联的事大做文章，他们说母亲是苏修特务。那个时候，有很多干部的外国妻子都因为国籍问题和丈夫离婚，回到自己的国家。周总理找到父亲，建议让母亲转为中国国籍。”1964 年，在李立三的动员下，经周恩来总理批准，李莎加入中国国籍。李英男说：“这是母亲最艰难的选择，有谁不爱自己的祖国呢？”

更大的风暴接踵而来——“文革”爆发了，李立三首当其冲，被批为国内“苏修特务头子”，通过李莎和国外联络，组织了庞大的“特务集团”，“一直搞颠覆无产阶级专政的勾当”。受批斗、戴高帽、“坐飞机”，成了李立三的家常便饭。李英男回忆：“红卫兵强行我进驻家，割断父亲与外界的联系，并以学习毛泽东思想为名，天天对他进行长时间的审问。母亲也一起被拉去挂牌陪斗。”李英男说，那一段时期，母亲以惊人的毅力承受着一切，每天都安慰父亲要坚强。“平时热闹的家里变得寂静起来，没有人再敢到我家串门，为了我们不受牵连，父母都让我们住校。”

1967 年 6 月 19 日，李立三被造反派从家中带走。两天后在华北局的一次批斗会上，李莎被押上台，没想到在台上却见到了自己的丈夫，夫妇俩用目光互相安慰。批斗会后，他们被押上汽车，汽车刚开到府右街，李莎就被拽出车子。李立三伸出手来和她告别，语重心长地说了一句：“你多保重！”李英男说：“这是父亲和母亲的最后一次见面，第二天，父亲吞下了大量安眠药自杀了，去世前还有一封给毛主席的信，未写完。”

李英男含泪告诉《环球人物》杂志记者：“父亲离世的当天下午，母亲就被看管起来，不久被送到公安部，关进秦城监狱单人牢房。第二天，我和读高中的妹妹李雅兰也以‘谈话’为名，被骗到德胜门外功德林监狱软禁起来，同年10月被正式逮捕转入秦城监狱。”

“其实，专案组手里没有也不可能有任何实际材料。他们得不到口供，就不断施加压力，轮番审讯。母亲在审讯室被连夜提审，不许坐下，回牢房时已经天亮，起床铃一响就不能上床了。吃饭时，送来的窝头粗饭不够填肚，恐怕是想用失眠和饥饿来摧残她的精神。但她不顾一切，一直支撑着，保持了清醒的头脑和坚定的意志。她坚持不撒谎、不说违心的话，不承认莫须有的罪名，更不去诬赖他人。无论是口供、笔供，字字句句都要仔细斟酌、再三考虑，以免失真。”李莎以实际行动抵制了专案组“逼供信”的圈套，她在狱中写出了几十万字的材料，没有一字是假话。

1969年九大以后，开始落实“可教育子女”政策，李英男、李雅兰出狱，先到“五七”干校接受锻炼，然后陆续回到北京。1975年5月，她们被批准去看望李莎。“探监前，专案组宣布了几条纪律：不许把父亲去世的消息告诉母亲，不许说亲友中谁受牵连，也不要抱头大哭，等等”。

“虽然有些心理准备，但没有想到妈妈的变化会如此之大：原本健康活泼、充满朝气的妈妈，变成了一个动作迟钝、表情麻木的老太太。那时她刚过60岁，头发已经全白，而且脱落得厉害，穿一身黑色衣裤，几乎分不清男女。妈妈开口就问：‘你们见到爸爸没有？我想他也在这里。下次你们来看他，不要忘记给他带一条好烟。他从来都是抽烟比吃饭还要紧。’”李英男只能默默地流泪，沉默不语。

几天后，李莎被押送到山西运城。1976年春节，李英男姐妹到运城探望母亲，在李莎的逼问下，李英男终于把爸爸去世的消息告诉了她。“听完，母亲眼睛直直地望着我和妹妹，表情十分痛苦，但没有落泪。她缓缓地对我们说道：‘你爸爸不在人间，其实我心里已经料到了。’说罢，她扭过脸，久久不作声。”

为父母申冤平反

1978年，粉碎“四人帮”后，在一些老同志的建议下，李英男找到了李立三的朋友胡克实家里，向他探讨父母的问题应如何解决，胡克实建议李英男直接去中组部反映情况。

1978年4月初，李英男来到位于西单的中组部所在地。在传达室，她鼓起勇气说：“我是李立三的女儿。”“反革命修正主义头子李立三”的称号在李英男头上已经压了10多年，她好久好久不敢这样大声说父亲的名字了。李英男向中组部相关部门详细叙述了自己一家在“文革”中受到的迫害，也介绍了母亲的近况，希望组织上重新审理父母的冤案，尽早做出公正的结论。

1978年12月5日，十一届三中全会前夕，李英男接到了中组部的电话，“中组部的同志告诉我，耀邦同志已在我的信件上做了批示，同意李莎马上回北京，重新做结论。他们要我立即动身去山西，把母亲接回来。”12月下旬，李莎回到了北京，被安置在北京外国语大学筒子楼的一间宿舍里，许多朋友都闻讯赶来探望她。

在李莎和女儿们的努力下，1979年12月27日，中央正式为李立三同志恢复名誉、平反昭雪。1980年3月20日，中共中央在中山公园中山纪念堂为李立三举办了隆重的悼念仪式，邓小平、胡耀邦等领导同志亲切会见了李莎及其子女。“那一天正好是母亲66岁的生日。在这场迟到了13年的追悼会上，没有遗体，也没有骨灰。党旗覆盖下的骨灰盒里，是父亲生前用过的一副眼镜和一枚印章”。

和谐的国际大家庭

李立三平反后，一些报刊先后发表了回忆他的文章，李立三的子女也联名在《人民日报》发表了长篇纪念文章。

李英男告诉《环球人物》杂志记者，父亲李立三一生共有过四次婚姻，他的屡次婚变与那个时代的背景和革命家动荡不安的生活相关。第一次婚姻是李立三的父亲亲手包办的，妻子林杏仙为他生下了儿子李人纪，不久便患风瘫去世。第二位妻子叫李一纯，两人共同生活5年后，李一纯离开了李立三，他们生有一子李人俊。李立三的第三位妻子李崇善是李一纯的妹妹，她和李立三生了3个女儿：李竞、李力和谢志佩。李莎是他的第四位妻子。

2010年，96岁的李莎住在国家分配的专家楼里，李英男每周都会带着子女去看望母亲。“母亲很健康，她每天都在看书看报，还一心一意地写有关父亲的回忆录，这本书倾注了母亲对父亲的所有思念，马上就要出版了。”

“新中国成立初期，除了三姐谢志佩，其他失散多年的兄弟姐妹都来到父亲身边，他们都管我妈妈叫李莎妈妈，妈妈待他们非常好。”李立三生前很注重子女的学习，他把两个儿子送到外国语学校读书，大女儿、二女儿也被送到大连学习。“我和妹妹从小就在苏联大使馆办的学校学习俄语。我们家里经常用俄语交流，收藏了许多俄文书，说我们家是‘俄语教

和谐的国际家庭，摄于2009年元旦（李莎为前排中；李英男夫妇为前排右一、右二；其他为李莎孙辈）

研室’一点也不夸张。”

1974年，李英男开始在北京外国语大学俄语学院任教，妹妹李雅兰也成了北京第二外国语学院的一名俄文教师。现在，姐妹俩都有了各自的家庭，而且她们的丈夫都是俄罗斯人。李英男笑着说：“我们家一切都是中西合璧的，装修是欧式的，家具是中式的，墙上挂的有油画，也有书法。”在这个国际大家庭里，一家人其乐融融。（撰文：李荣刚）

刘志丹之女刘力贞：斯诺称父亲为“现代侠盗罗宾汉”

提起刘志丹，耳边就会响起那首语调高亢、悠扬的歌：“陕北出了个刘志丹……”这位陕北红军的创始人，在长期的军事斗争中，把游击战术发挥得淋漓尽致，成为陕甘红军的灵魂人物。他 33 年的短暂人生充满传奇色彩。

2008 年 11 月底，记者在西安见到刘志丹的女儿刘力贞时，老人刚刚过完 79 岁生日。她身着中式对襟棉袄，戴着一顶红色帽子，谈话间思路清晰、言语幽默，对于往事有着惊人的记忆力。

刘力贞近照

“你看我长得像不像我爸？”刘力贞问记者。刘力贞家的客厅里摆放着很多老照片，父亲刘志丹和母亲同桂荣的两张大照片放在最显眼的位置。刘志丹牺牲时，刘力贞只有 7 岁，她对父亲的记忆很少，更多是从母亲那里听来的。

山沟沟走出的刘景桂主席

1903 年农历八月十四日，刘志丹出生在陕西省保安县（今志丹县）金汤镇芦子沟村。“那是个山沟沟，我家就在沟壑里。”刘力贞说。

刘家在当地条件较好，刘志丹的祖父和父亲都是私塾先生，兼做一点小生意。刘志丹是家里的长孙。因为出生在中秋节的前一天，祖父为他取名“景桂”，字“子丹”，后来他自己改名“志丹”。

“我的曾祖父和我的曾外祖父是好朋友，在母亲才七八岁时，父亲和母亲就订了亲。”1921 年春，19 岁的刘志丹和 17 岁的同桂荣完婚。婚后第二年，刘志丹考入当时陕北地区仅有的一所中学——榆林中学。在那里，他加入了中国社会主义青年团，“父亲是学生会主席，经常带领同学们举行反军阀、反帝、反侵略的游行示威”。

1925 年 3 月，刘志丹加入中国共产党。同年秋，党组织推荐他去黄埔军校第四期步兵科第一团第二连学习，后转入炮兵科。翌年毕业后，刘志丹被党派到冯玉祥统率的部队，任第四路军党代表兼政治处主任。刘志丹这时只有 23 岁，但在西北军中已是知名人物。

刘志丹

1927 年夏，国民党反共“清党”，刘志丹转入地下活动，1928 年 5 月在渭华发动起义，建立工农革命军，他担任起义的军事委员会主席。渭华起义虽然不到一个月就失败了，但为这一地区后来的革命活动奠定了群众基础。陕北至今流传着一百多首歌唱刘志丹的信天游，“渭华原上开红花，刘景桂主席到我家……穷苦人拧成一股绳，打倒土豪咱当家。”

刘力贞还听家人说，1932 年，不到 20 岁的习仲勋，在甘肃两当县发动兵变失败，非常伤心。父亲鼓励他说：“我失败的次数比你多，我失败了 70 多次，失败了再战，接受经验教训。”从此，两人结下了深厚的友谊。

我是“人见人爱的宠物”

渭华起义失败后，刘志丹回到陕北组织革命武装、创建革命根据地。1929 年冬天，女儿的降生，让刘志丹非常兴奋。“父亲给我取名‘力真’，是‘真诚’‘质朴’的意思。”

1934 年初，31 岁的刘志丹担任红四十二师师长，同年 5 月任陕甘边军委主席。他刚带着军队开始转移，没过多久，国民党便贴出了悬赏捉拿刘志丹家人的告示。刘志丹的父亲带着一家老小十几口人躲进山窨（读 yìn，指悬崖峭壁上挖的岩洞）子里藏着。“他们烧了我们家，掀了我家的祖坟。”夜里，刘力贞的母亲和奶奶去沟里找水，遇到了国民党兵。“奶奶怕连累全家，拉着妈妈滚下山崖，幸亏被树挡住才算捡了条命。”为了缩小目标，刘志丹的家人开始分散转移。

“妈妈带我在一个山洞里藏了 8 天，靠接雨水吃炒面维生。那时我才 4 岁多。后来，二姨父在山上找到我们，将我们带回自己家的草窑里藏起来，才躲过这一劫。”不久，习仲勋打听到她们母女的下落，把她们带到了南梁根据地，才与刘志丹团聚。

在南梁根据地的两年，是刘力贞童年最快乐的时光。埃德加·斯诺在《红星照耀中国》里写道：“一个漂亮的 6 岁小女孩，红军为她特制了一套军服，她扎着军官皮带，帽子上戴着五角星，人人喜欢她；她像个小元帅，还为自己有一个‘土匪’父亲而骄傲。”“红军里头的娃娃很少，所以斯诺的妻子海伦说我是‘人见人爱的宠物’。”刘力贞笑着说。

斯诺在《红星照耀中国》中这样描写刘志丹：“刘志丹是个现代侠盗罗宾汉，对有钱人怀有山区人民的一贯仇恨。在穷人中间，他的名字带来了希望，可是在地主和老财中间，他成了惩奸除恶的天鞭。”“斯诺没见过父亲，他形容父亲是罗宾汉，因为罗宾汉是个杀富济贫的侠盗。其实父亲哪里是侠盗，他是个英雄好汉。”刘力贞回忆，“别看父亲斯斯文文，打仗可厉害！都叫他‘活地图’，哪里的地形什么样，甚至哪个村有几个锅、几个炕，能往哪里跑，他都知道。”

即便在根据地，刘力贞见到父亲的机会也不多。1935 年，刘志丹带着红军去了陕北，4 个月拿下 6 座县城，陕甘与陕北根据地连成了一片。由于形势变化，刘力贞跟着母亲随政府迁往甘泉下寺湾，入秋后又转移到永坪。“妈妈抱着刚出生的弟弟，我自己骑一匹马。一次马突然受惊了，大人们吓慌了，我抱着马鞍一声不响。爸爸跑过来制服了马，哈哈大笑说‘这女子真厉害，到底是我的娃’！”这个片段，是刘力贞对父亲难得的记忆。

1935 年 9 月，刘志丹任红军第十五军团副军团长兼参谋长，他又上了前线。“父亲刚走，我和弟弟就病了。俘虏来的国民党军医给我们开了药。我吃了药就头晕恶心，弟弟吃药不到两小时就断气了。等到明白过来，那个医生已经逃跑了。”为了不让在前线的刘志丹分心，同桂荣没有把儿子夭折的消息告诉丈夫，只是盼着打了胜仗之后，刘志丹能早点回来。

给毛主席做棉鞋

正当人民革命闹得轰轰烈烈时，苏区开始推行王明“左”倾冒险主义路线。10 月 5 日，刘志丹被调去执行一项任务，他骑马路过安塞真武洞时，碰到一位通信员。通信员身上带着一封写给红十五军团领导的信，信中是即将被捕的干部名单，上面有刘志丹的名字。“为了不使党分裂，不使红军自相残杀，父亲毅然舍身顾全大局。”刘力贞说。刘志丹看过信后，把信交给通信员，让他送到军团部，然后转身便去保卫局报到，说：“我知道你们在找我。”

刘志丹被关在瓦窑堡的窑洞里。刘力贞和母亲想方设法去看他，但牢房的窗户全用砖封了，只留下一个气眼。刘力贞喊“爸爸”，听到的只有阵阵咳嗽声。

此时，南方苏区已相继失败，主力红军被迫长征，陕甘苏区成为全国硕果仅存的革命根据地，党中央也决定把大本营放在陕北。1935 年 10 月 19 日，中央红军到达了陕北吴起镇，毛泽东一听说刘志丹被关起来了，立刻下令停止“肃反”。11 月，周恩来到瓦窑堡，亲自将戴着手铐脚镣的刘志丹释放了出来。

“回到家，父亲对母亲说，寒冬腊月毛主席还穿着单鞋，你快给做一双棉鞋。我母亲就去街上买了黑礼服呢面子，两天赶出了一双棉鞋，她亲自给毛主席送去。主席穿着走了两步，夸母亲手真巧，十分感谢母亲。”刘力贞说。

1936 年 3 月，刘志丹率红二十八军东征。4 月 14 日，他在山西中阳县三交镇战斗中牺牲，年仅 33 岁。“当时局势比较紧张，父亲被草草埋在了瓦窑堡城南的一个果树园里。我这辈子都不会忘记，4 月正是梨花开的时候，满院的梨花，我感觉连大自然都在为他吊孝，很多人都在哭。”70 多年过去了，回忆起父亲下葬的场面，刘力贞仍然眼含泪水。

同年 6 月，为纪念这位西北红军和西北苏区的主要创建人，中共中央和陕甘宁边区政府决定将保安县改名志丹县。

1943 年 5 月，中共中央和陕甘宁边区人民为刘志丹举行了隆重的公葬典礼。几乎所有在延安的中央领导都为他题了词。毛泽东题词：“群众领袖，民族英雄”；朱德题词：“红军模范”；周恩来题词：“上下五千年，英雄万万千，人民的英雄，要数刘志丹。”“我很感动，当时边区也是非常困难的时候。他已经走了七八年了，沿途的老百姓还自动地摆香案长跪，还哭。一个给人民做过好事的人，人民是不会忘记他的。”刘力贞说。

最不容易的是母亲

1999 年，94 岁的同桂荣在西安去世。每次想起母亲，刘力贞都抑制不住想哭：“我这个人其实在精神上的依赖性很强，特别是对于我的母亲。”

同桂荣和幼年刘力贞

1938 年，抗大（中国人民抗日军事政治大学简称）曾派人送刘力贞去苏联上学，张国焘叛变后，由于国民党查得紧，走到甘肃就回来了。“幸亏我没去，我走了，母亲想我想到吐血，父亲走了以后，我就是她的生命。”刘力贞流着泪回忆说。

“父亲去世后，祖父觉得我们孤儿寡母在外面太可怜，派人接我们回去，母亲坚决不回。她担心祖父让她改嫁，她和父亲感情非常深。”

一次，同桂荣听说部队要转移，赶紧回家打包裹，邓颖超看出了她的心思，说：“大妹子，你干什么？我们还没动呢，你收拾什么？放心，不会把你丢下的！”

1948 年，18 岁的刘力贞已经有了两年的党龄，成为延安大学校部秘书。这期间，她认识了后来的丈夫，当时在《陕西日报》工作的记者张光。“我不找骑马的、有警卫员的，那样就要当他的附属物，我就失去独立性了。”刘力贞笑着说。

1949 年初，刘力贞到沈阳医科大学学习，后在上海第一医学院读研究生。由于学习紧张，她患上了严重的肺结核，不得不中断学业。回到陕北后，刘力贞拖着病弱的身体，带领 30 人组成的医疗队，在陕北巡回医疗。之后，她留在西安工作、生活。

1980 年，陕西省五届人大工作会议补选副主任时，刘力贞成为候选人。在打印候选人名单时，她的本名“刘力真”被打成“刘力贞”。不承想，刘力贞高票当选为陕西省人大副主任。从此，她的名字也改成了“刘力贞”。

刘力贞有一子一女，如今都已成家立业。“我对孩子说，你们干什么我不干预，人的能力有大小，最主要的是不要亏负于先人，绝不给我们的先人抹黑。”（撰文：刘心印）

方志敏女儿:“父亲还是个金融家”

“方志敏的妻子缪敏在狱中曾生过一个孩子？”“方志敏曾经和蒋介石下棋？”……当方志敏的女儿方梅看到现在影视作品中，父亲的经历被进行了离谱的虚构时，气愤得只能摇头叹气。

方志敏共有 5 个孩子，分别起名松、柏、竹、梅、兰——来自他最爱的一副对联：“心有三爱，奇书骏马佳山水；园栽四物，青松翠竹白梅兰。”大儿子方松在新中国成立初期因病早逝，二儿子方柏（后改名方英）、三儿子方竹（后改名方明）曾留学苏联，学成回国后在各自的岗位默默奉献，近年先后去世。最小的儿子方兰出生时，方志敏已经牺牲，出生后不久就不幸夭折。方梅是方志敏唯一的女儿，也是唯一仍健在的子女。

2011 年 12 月 30 日是方梅的八十大寿，她特地从江西南昌赶回了自己的出生地、父亲方志敏的家乡江西弋阳，尽管距父亲牺牲已隔近 80 年，但是方梅仍旧感时伤事，要继续为父亲做她力所能及的事情。

“1953 年，我识得一点字后，母亲送我的第一本书，就是父亲在狱中的遗著《可爱的中国》。母亲在书的扉页上特别写下一段话，大意是，这本书是你父亲在狱中用鲜血和生命写成的，你一定要精读、细读、反复读，深刻领会书中的含义，继承父亲的遗志。”

一个在江西弋阳，一个在北京，但通过电话，方梅老人和《环球人物》杂志记者一起回到了那个战火纷飞的年代，回到了方志敏的精神世界。

相隔咫尺却无法相见

方梅告诉记者，父母之间有连生死都无法相隔的一段情。她常常感慨，他们在艰难岁月中的相濡以沫、患难与共，如此感天动地的爱情却只有8年的相处光阴，上天对父母太残忍。

方梅的母亲缪敏，1909年11月4日出生于江西省弋阳县缪家村一个农民家庭，她从小有主见，追求上进且能歌善舞。17岁那年，她考入南昌女子职业学校，后却因加入共产主义青年团，被校长以“赤化分子”等罪名开除了学籍，之后在南昌市党的秘密机关从事革命工作。也就在那时，缪敏与方志敏相识。

方梅告诉记者，父母是通过挚友邵式平和夫人胡德兰介绍的。当时母亲缪敏18岁，正值青春妙龄，活泼可爱，一下子打动了时任江西省农委书记、省农民协会秘书长的父亲，而缪敏仰慕方志敏的才华已久，对他无比崇拜，因而发展出一往无前的爱恋。

方梅的母亲原来并不叫缪敏，缪敏的“敏”字是一生清贫的方志敏赠给母亲的订婚礼物，这是方志敏对感情至真至诚的表达。同一个“敏”字，将两颗年轻的心紧紧拴在一起。

1927年6月的一个晚上，在彭湃和当时江西省委书记罗亦农等人见证下，方志敏和缪敏举行了秘密婚礼。方梅告诉记者，新婚之夜，父亲送给母亲两件礼物，“一是让母亲化名为李祥贞；二是送给母亲一支自己用的金笔。父亲当时对母亲说，送给你这支笔，是希望你用这支笔，记下你美好的战斗历程！今后，我们俩就以李祥松、李祥贞的化名，作为兄妹秘密联络的讯号。”缪敏异常兴奋：“太好了！你叫李祥松，我叫李祥贞，又和你共了一个‘祥’字，吉祥如意！”方志敏深情回答：“同生共死。”

1935年1月，方志敏被叛徒出卖被捕。当时的缪敏身怀六甲，躲在德兴县一个农村山棚里，从敌机抛下来的传单上获悉方志敏被捕，顿感天崩地裂，6月，她在痛苦中生下了她和方志敏的第五个孩子。与此同时，方志敏在狱中面对敌人的严刑和诱降，正义凛然，坚贞不屈。他用敌人提供劝降的纸笔写下了《可爱的中国》《我从事革命斗争的略述》《赣东北苏维埃创立的历史》等10多篇共13万余字的文章。这些文章手稿，后来都通过狱中人员，辗转秘密送到上海，交给党组织。6月底，由于叛徒告密，缪敏也被捕。

缪敏被捕后被囚禁在南昌女子监狱，与同时囚禁南昌的方志敏曾相隔咫尺却无法相见。敌人多次、分别向他们夫妻表示，只要签字投降便可团聚，却被方志敏和缪敏同时拒绝。直至8月6日，方志敏被敌人暗杀的噩耗传出，缪敏悲痛欲绝，此时有国民党要人欲保她出狱，并向她求婚，被她冷冷拒绝：“我心中只有方志敏！”

1937年抗日战争爆发，经八路军办事处项英、陈毅出面交涉，国民党才释放了缪敏。1938年暮春，缪敏母子进入延安。毛泽东在窑洞里接见了他们。谈话中，毛泽东慈爱地弯下腰，抚摸着方英（方志敏的次子）的头问：“你知道你爸爸是谁吗？”8岁的方英自豪地抬起头说：“我爸爸是方志敏。”毛泽东还题词赠给缪敏：“没有什么困难可以阻碍人们前进的，只要克服，并加坚持，困难就赶跑了。”

在方梅的记忆中，母亲此生最难忘的，莫过于与父亲朝夕相处的8年时光，那是她此生最幸福的日子。在方志敏牺牲后的42年中，缪敏将对

20世纪50年代初，妻子缪敏将自己的照片与方志敏狱中照合成，以作珍藏

方志敏那份炽热的情感，化作长久的思念及对革命工作的投入。“母亲最遗憾的是，生死与共的夫妻，竟未留下一张可作纪念的合影。”方梅说，“母亲被难以抑制的思念驱使，最后请人画了一张她和父亲恋爱时的像，翻拍成照片，并将自己的照片和方志敏狱中留下的照片画在一起，制成铜牌珍藏，这样仿佛父亲还活着，并且就在她的身边。”

穷人的苦都尝遍了

方梅告诉记者，她出生不久，因为父母要上山打游击，无法带孩子，无奈之下，父母把她送给苏区的一位妇女干部抚养。在她一生中，只见过父亲两次，一次是1932年，父亲在战斗的间隙过来看她，“听母亲讲，我当时身体很弱，哭声很弱，父亲想让我像梅花一样笑傲霜雪，于是给我起名叫方梅。”第二次是1934年，方志敏牺牲前一年。“据养母陈春花后来回忆，当时因为农村条件不好，我得了一种类似于褥疮的病，屁股下的尿布揭下来的时候，带下来一片血糊糊的肉。意志坚强的父亲看了，把头转过去偷偷地掉眼泪。”那次见面，方志敏一直抱着女儿，临走时，他仿佛有什么预感似的，再三叮嘱：我随时都有牺牲的可能，希望你们能帮忙照顾好我的女儿。

此后14年，凡是新中国成立前穷人吃过的苦，她都尝遍了。然而她从没有怨过父亲，“父亲的形象反而在这14年里，深深铭刻在我的心中”。

1981年，方梅在一部关于父亲的电影中，看到方志敏在监狱中与妻子缪敏见面的情形，还描写了缪敏在狱中生下一个男婴；敌人先是严刑拷打有身孕的缪敏，让方志敏当面看；孩子出生后，蒋介石和宋美龄专门到南昌劝降；在一个公园里，蒋介石要方志敏陪他下象棋，宋美龄则在一边做缪敏工作。

“这与事实并不相符。我父亲不会下象棋，更不会和蒋介石下象棋。他在狱中的文稿《我从事革命斗争的略述》里有一段话：‘刘、王两人经常下棋，我对棋是门外汉，看也无心去看，只是看书与写文字。'这书，我读烂了 3 本，年轻时候，能一字不差地全文背诵。这里的'刘'，就是刘畴西；'王'，是王如痴，都是红十军团被俘的高级将领。当时还有一个曹仰山，他们四个人关在一间屋里。"

方梅告诉记者："当时我看完那部电影，觉得应该把真实的父亲再现出来，还原史实。我发现很多人对父亲的了解，多半来自他的遗著，只知道父亲为了革命曾大义灭亲，但有谁知道父亲的五叔方高雨是反动派，为了保住他，祖母曾跪地求情，父亲当着祖母面，列举了方高雨残杀红军的事实，并跪地把祖母扶起，最终大义灭亲铲除了自己的亲叔叔。"

再说在狱中生孩子。缪敏是 1935 年 6 月底被敌人从山上抓到的，当时孩子已经生下来，不过因为害怕孩子的哭声暴露躲在山中的乡亲和游击队的行踪，她狠下心肠，含泪亲手将刚出生的孩子捂死。"她被敌人关进南昌女子监狱时，身体已经无比虚弱，哪里还能生孩子？"

为了还原历史真相，方梅决定自己来写父亲的传记。"但是写书对我来说，真的不容易。1949 年 8 月江西解放时，我 17 岁了，一天书也没有读过。母亲缪敏派人直接把我接到弋阳县城。这时候，我才知道父亲早就牺牲了。"

1949 年 8 月，方志敏母亲金香莲（右二），岳母胡珍莲（左二），妻子缪敏（右一），女儿方梅合影于南昌

"我记得见到母亲时，她正在一个群众大会上讲话，一身军装，腰上挎了把盒子枪，很英武。我知道她就是我的妈妈后，不顾一切冲到台上，抱住她就喊妈妈、大哭，她也抱住我大哭。台下那么多人看着，我们母女二人都哭得不成样子。从那以后，我才开始读书，一共读了 4 年。"

为了写书，方梅老人用 10 多年的时间收集资料，走遍了南昌所有的纪念馆，走访了父亲的老部下和老战友，几乎走遍了父亲生前到过的所有地方。为了获得父亲在监狱中那段生活的真实素材，她曾经一次次背着行囊，自费寻访当年的见证人。

而写作又用了10年。在江西省航管局宿舍七楼的一所两居室里，破裂的地板上，偶尔漏雨的天花板下，有一张桌子，这张桌子用餐时是餐桌、平时是书桌，它就是方梅老人笔耕的地方。因为长期写作，方老握笔的指头完全变形了，加上过度劳累，还一度患了眩晕症，晕起来整个天花板都在转，一起床就吐得稀里哗啦。到后来，方老又得了脑动脉硬化，眼睛看不清东西，路也走不动了。亲友们见此纷纷劝她，不要再写了，再写下去眼睛也会瞎掉。但她还是坚持下来，方老告诉记者，即使在治病时，她也不敢耽误写书，只要身体一有好转，她就投入写作中去。

“其实，因为这些年写书，我对这个家是很亏欠的。”方老告诉记者，这么多年来，她过的是一个固定的生活模式，那就是吃饭、休息、收集整理父亲及其亲人们的资料，然后写书，为了把更多的时间用来写书，她从来没逛过街，没有为家人和自己买过任何东西。

1999年，《方志敏全传》出版；2006年，《方志敏和他的亲人们》出版。方梅老人告诉记者，她如今在写关于方志敏的第三本书，名字还没想好，内容是关于方志敏和缪敏的生死爱情。

忠贞、清贫与大爱

在写书的过程中，方梅发现，父亲是个多才多艺的英雄：他是一位杰出的军事家，以“两条半枪”创建的闽浙赣苏区，被毛主席称为“方志敏式根据地”；他的文章先天下之忧而忧，文笔优美，大气磅礴；他还是一位优秀的演员，经常自编自演戏剧宣传革命，演什么就像什么；更加难能可贵的是，他有超前的经济眼光，发公债、做实业，为开展革命活动筹措经费，展现了出色的经济才能。

方梅说，其实在土地革命战争时期，中共就尝试使用金融工具为红色根据地的经济建设服务。1933 年，方志敏在闽浙赣苏区成功发行了闽浙赣省苏维埃银行股票，这是红色政权正式发行的第一只股票。

方志敏写作的遗著《清贫》脍炙人口："清贫，洁白朴素的生活，正是我们革命者能够战胜许多困难的地方。"而他和他的女儿也正是"清贫与大爱"的践行者。

方志敏的研究者李贤锋给记者讲述了这样一个故事：当年，方志敏作为党的高级领导，经手的钱财数以百万计，然而"当方志敏的母亲从很远的地方踮着小脚找到他，想向他讨一点'花边'（当地人说的官饷）回去买盐巴的时候，他非常难过。他难过自己长年在外行军打仗，却不得片刻空闲侍奉双亲；他难过兄弟二人都在部队，家里田地缺耕少种，爹娘衣食无着，早已一片赤贫；他难过现在母亲找上门来，自己却不能动用分毫的经费补贴家用。他只好含泪告诉母亲，他当的是穷人的主席，莫说花边没有，就是有，也都给了比家里更穷的穷人。"

方梅说："当我把父亲的遗著全部读完，我深刻领会了父亲的精神，他用他的忠贞和清贫实践了他对党和人民的大爱。"

张抡元曾经是 20 世纪 30 年代国民政府江西省弋阳县县长，他曾经和方志敏有一段对话，足见方志敏的忠贞。以下是他写的材料中的一段：

初见面时，有人指着我问方志敏："张县长在弋阳县做得如何？"方志敏答："做得还好，故我几年来，未去打弋阳。"我问："你今日因何失败？"方答："因战略上的错误而失败。"我问："你现在有何希望？"方答："希望蒋介石赶快把我枪毙。"我说："先生为组训民众能手，今日对日本外交紧急，我想蒋委员长必定会重视你的生命。"方怒视不答。我问："你对国军观念如何？"方答："你们人多。"我问："我们今日能抗日否？"方答："红军能抗日，国民党也能抗日，可恨蒋介石不肯抗日。"这时，金鼎三（弋阳地方绅士、工商业者）询问方志敏："你的家属，现在什么地方？"方答："在苏区里面。"金问："你有话交代她们吗？"方答："没有什么。"经金鼎三再三请问，方答："将来如果你见到他们的时候，可寄语他们不要悲伤，说我是为革命而死，大可不必悲伤。"金问："你被俘后，还有什么要说？"

方答："我死倒不足惜，不幸革命受了损失。"方志敏念念不忘革命，其态度从容，神色自若，说话很有分寸，我从未见过如此人物，窃叹蒋介石、国民党不为国家爱惜人才。

方梅老人艰苦朴素的生活作风一如她父亲方志敏。有一次方梅在九江开会，会议结束后，为了收集父亲的历史资料，她立刻从九江坐火车到德安县。晚上 2 点多钟到站，为了省钱，她不想再找旅馆，就一直坐在火车站里，当时整个候车大厅就她一个人。熬到了早上 6 点钟，她才去敲当事人的家门。

方老告诉记者，她目前每个月 1000 多元的退休费中，用于治疗关节炎、风湿病等病症的药费占了很大一部分，而所有剩下的钱都用在了写书上，但方梅却很乐观，很知足。她还告诉记者，父亲是她最大的精神财富，想当年父亲在狱中，尚能写下《清贫》《可爱的中国》《狱中纪实》等光辉著作，而自己目前的生活状况比父亲好多了。

采访结束时，记者问方梅老人如何看待她父亲的一生，她用了一句话来概括："极有价值，仍有意义。"她说："忠贞、清贫、大爱，这是父亲方志敏留给我的最珍贵的遗产。其实，父亲的一生，他自己已经在监狱里写出来了。我觉得我父亲所写的每一件事，都是真实的，没有假话。他所做的很多事情，现在看起来仍然很伟大。"（撰文：邱若水）

杨靖宇之后讲述先辈英雄传奇

从熙熙攘攘的郑州火车站出来，向西走大约一里地，就能看到一片颇为老旧的房子，这里是郑州铁路局的一处家属生活区，抗日名将杨靖宇烈士的后人就住在这里。

在小区门口，记者见到杨靖宇的孙女马继先，她笑着同记者打招呼说："这里还算好找吧，老人家听说有记者要来，一大早就收拾停当，正在家里等着呢。"

马继先口中的"老人家"就是杨靖宇烈士的儿媳妇，88 岁高龄的方绣云老人。

为革命两度改名

说起杨靖宇，大家都知道他是著名的抗日民族英雄，然而说起马尚德、张贯一，却知之者甚少，其实他们是同一个人。

杨靖宇是河南省确山县古城乡李湾村人，生于 1905 年 2 月 26 日，其父亲马锡龄是一个穷苦农民，当时为他取名马尚德。谁也没有想到，这个"打小就调皮捣蛋"的男孩儿，日后会成为一位伟大的抗日民族英雄。

杨靖宇 5 岁的时候，父亲病逝，孤儿寡母的艰难日子锤炼了他，让他在性格上格外要强与上进。“我爷爷从小就很倔，认准的事儿就干，谁说也不中。”马继先说。

“性子里满是正义感”的杨靖宇终于在 1919 年走上了革命道路。当五四运动席卷全国，年仅 14 岁的杨靖宇毫不犹豫地投身于火热的斗争中。

1925 年，杨靖宇在开封（当时的河南省会）开展学生运动；1926 年，他受党派遣回确山老家当农民协会委员长；1927 年，他领导了震惊中外的豫南农民起义，率领 5 万农民武装占领确山县城，打垮北洋军阀第八军的一个旅。这一年，杨靖宇成为一名共产党员，此时，他只有 22 岁。

杨靖宇在外面是敢闯敢干的热血青年，回到家，他要面对的却是口口声声“你爹死得早，娘把你拉扯大不容易，你出点啥事，我可咋向你爹交代”的母亲，还有 17 岁时母亲给他娶的媳妇郭莲，一个从不会对丈夫说半个“不”字的贤惠妻子。杨靖宇对家里的两个女性讲起了俄国的十月革命，中国的北伐战争，再到他组织的农民起义。母亲并不能完全理解，杨靖宇只能说：“娘，儿子干的都是正经事！”

1928 年 4 月，正受警察通缉和搜捕的杨靖宇潜回了家，见到饱经风霜的母亲，扑通一声跪在她面前，“儿子不孝，让您吃苦受累了……”当妻子抱出刚刚出生 5 天的女儿让杨靖宇起名时，他无比愧疚地看着妻子，“就

1958 年，杨靖宇烈士的后人合影。女儿马锦云（二排左一）、儿子马丛云（二排左二）、儿媳方绣云（二排左三）

叫小躲吧，躲藏的躲。”

“我姑姑的名字就叫马躲，后来才改名为马锦云。”马继先说，“爷爷在我爸爸两岁时，就离开了家，家里人谁都不知道他去了哪里，要干什么。”

这一次远离家乡，谁也没有想到，竟是他与家人的诀别。这一年，杨靖宇23岁。1942年，杨靖宇的妻子在老家病逝，临终前她拉着儿子马从云、女儿马锦云的手说：“好好藏着你爹的照片，将来，等红军打回来了，拿着这张照片找你爹去。”

杨靖宇留给家里的唯一一张照片

这张照片是这位抗日民族英雄留给家里唯一的“遗产”。

1929年8月，杨靖宇被派到抚顺，任中共抚顺特别支部书记，化名张贯一。在抚顺，他因领导当地矿工罢工，曾两次被捕入狱，却始终坚持斗争，直到九一八事变后经组织营救出狱，历任中共哈尔滨市道外区委书记、市委书记、满洲省委军委代理书记。

“杨靖宇的名字是他后来打日本鬼子的时候改的，为了不连累家人，干革命方便。”已经耄耋之年的方绣云老人说。

牺牲10年后家人方知

1932年11月，杨靖宇受命组建中国工农红军第三十二军南满游击队，任政治委员，创建了以磐石红石砬子为中心的游击根据地。当时，长白山上抗日武装很多，有的是义勇军失败后上山的，也有的是被逼上梁山抗日的，杨靖宇决定团结一切可团结力量共同抗日。但是，怎样让这一支支相对独立、人员构成复杂的队伍做到心往一处想，劲儿往一处使呢？

杨靖宇认真地做工作，采取了写信、发传单等办法进行联系沟通。有一次，杨靖宇被一支地方武装绑了起来，他说："家乱被人欺，有能耐咱们跟日本鬼子干！"见杨靖宇是条好汉，那队伍的头领亲自给他松绑，并结拜为兄弟。马继先说，"爷爷身高1米92，顶天立地，令人信任。"在杨靖宇的努力下，16支武装力量和他领导的游击队联合起来，共同围攻大兴川、八道河子地区的日军，破坏吉海铁路运输……

东北被日军视为征服中国的战略基地，但东北抗日联军犹如一把尖刀插进敌人的心脏。在对日作战中，杨靖宇很好地运用了游击战术，法国出版的《救国时报》称他是在东北第一个实行游击战术的人。在抗日历史上，抗联牵制了大量的侵华日军，使之无法入关，成功配合和支援了全国抗战。因此，日军对杨靖宇"恨之入骨"，下决心一定要除掉这个"满洲治安之癌"。从1938年起，日本关东军司令部调动军警6万余人，"全力以赴"地捕杀杨靖宇等，强调"同时遇抗联和抗日山林队，专打抗联，不打山林队；若是同时遇到杨靖宇和其他抗联部队，专打杨靖宇，不打其他抗联"。

"可以说，日本鬼子为了除掉我爷爷，打击抗联，真是啥招都用过。"马继先说，"在这样困难的境况下，他们还是继续坚持战斗，伟大的民族信仰，抗日的决心，支撑着他们。"

1940年2月，日军调动了26个"讨伐队",2万多人，封锁了蒙江县（今靖宇县）的所有道路，"围剿"杨靖宇200多人的队伍。2月23日，敌军在蒙江县保安村三道崴子包围了孤身一人的杨靖宇，参加"围剿"行动的岸谷隆一郎，这样形容：他无疑比以前更加饥肠辘辘，但是他却跑得飞快，两只手摆动到头顶上，大步跑去的样子，活像一只鸵鸟在飞奔。讨伐队劝他投降，他的回答是不停地用手枪射击，讨伐队认为生擒困难，遂猛烈向他开火，杨靖宇壮烈牺牲，终年35岁。

"爷爷牺牲后，日本人不明白他五六天没吃饭了，靠什么支撑了这么久，就残忍地剖开了他的腹部，发现他的胃里尽是枯草、树皮和棉絮，竟然没有一粒粮食……"说到这里，看着桌子上祖父被剖腹的照片，马继先数度哽咽，良久无语。

“我18岁嫁到他们家来，根本就没见过公公，也不知道他是做什么的。”方绣云回忆起往事，感慨地说，“到新中国成立后，党组织找到我们，一家人才知道公公在东北打鬼子，牺牲都快10年了。”

从1929年被党组织派往抚顺组织工人运动，到1940年牺牲在抗日事业上，整整11年，杨靖宇改名换姓，甚至对外称自己为“山东人”，身边几乎无人知道他的真实身份。新中国成立后，相关部门曾多次赴山东寻找烈士亲属，却遍访不着。“后来是公公在抗联的一个战友说出他的真实身份，这才找到我们。”方绣云说。

“不要给先人脸上抹黑”

杨靖宇牺牲后，日军召开了所谓的“庆功会”和“座谈会”，特别印制了20万张传单到处散发，并用铡刀把杨靖宇的头颅切下，以领功行赏。最后，杨靖宇的头颅被送到日本关东军司令部，用药水浸泡在瓶子里藏匿起来。

“公公牺牲后，举行过三次公葬，前两次不知道，最后一次我参加了。”方绣云对记者说。

在杨靖宇壮烈牺牲后，伪蒙江县政府曾于1940年3月在保安村北门外的山冈上搭建起祭祀灵棚，为杨靖宇主祭安葬。安葬仪式按日本习俗，焚香供酒，日本僧人念经。

1945年，日军无条件投降后，共产党领导的东北民主联军在蒙江县建立了民主政府。新政府在1946年初召开了各界代表座谈会。会上，动员募捐为杨靖宇将军修墓，县政府做出将蒙江县改为靖宇县的决定。

1948年，长春解放，被日伪军保存长达8年的杨靖宇烈士的头颅也终于被找到。1952年，中国人民志愿军归国代表团提出“于抗日联军主要活动地区修建杨靖宇将军墓”的建议，经东北人民政府批准并于同年6月24日用公函通知当时辽东省人民政府：决定在通化市修建靖宇墓。

“1958年，我们去东北，看到公公的头颅，我丈夫当时都哭昏过去了。”方绣云回忆说，“那次公葬，是将公公的头与遗骸合葬在一起，他牺牲十几年后，才能得以全身安葬，实在令人心痛。”那一次他们辗转前往杨靖宇战斗过的很多地方，并特意带回来一段东北的桦树皮。

“在东北，我和孩子他爸还特意尝了那些草根和树皮，难以下咽。”方绣云回忆说，“公公就是靠吃这个打日本鬼子，干革命的。”从1958年起，随后的几十年，方绣云和老伴马丛云带着儿女们，不知道多少次往返其间，虽然每去一次，“心里都要难受好长时间”，但她认为“难受也要去，就是要让我们这些后人记住干革命有多难，珍惜现在的好生活”。

在老人的家中，记者注意到墙上挂着的一张全家福，这是将军的后代，除方绣云外，还有杨靖宇的三个孙子，两个孙女及孙媳、孙女婿，曾孙、曾孙女。

马继先兄妹五人的名字也是一位与杨靖宇生死与共多年的老战友改的，名字中都有一个“继”字，从大到小依次是：继光、继先、继传、继志、继民，意思是让他们继承先辈的光荣传统，无愧于杨靖宇将军的英名。

杨靖宇烈士的长孙马继光，小时候在农村因病误诊，成为聋哑人，现在是郑州铁路局的铁路工人。长孙女马继先受过高等教育，是土木工程师。二孙女马继传在郑州市铁路局从事财会工作。马继志18岁应征入伍，在对越自卫反击战中荣立三等功，1980年复员后当上火车司机，一直工作到现在，任司机长。老五马继民在南海舰队服役4年，复员后在郑州铁路局物资供应总段工作，与母亲生活在一起。2005年7月，受聘于吉林省靖宇县委县政府，来到当年爷爷战斗和牺牲的地方，担任县长助理一职。

被杨靖宇后人视为传家宝的桦树皮

杨靖宇烈士唯一的儿子马丛云，生前一直在郑州铁路局从事一线工作，终因积劳成疾而过世。马家的第三代几乎都在铁路部门工作，他们继承了父亲的遗训：“本本分分做人，踏踏实实工作，不要给先人脸上抹黑！”

而60多年前，方绣云和老伴从东北带回来的那段桦树皮，也成了马家的传家宝。

“打我记事起，每当逢年过节，我父亲都拿出来，给我们讲爷爷当年的故事。”杨靖宇烈士的二孙女马继传回忆说，“我父亲过世后，我母亲拿出来讲，母亲年纪大了后，我们拿出来给孩子们讲，开始的时候都是懵懵懂懂不太明白，越往后越能理解，想着自己有这样一个英雄爷爷，感到自豪，一定要将他的革命精神传给后辈，让他们好好地做一个革命烈士的后代。”（撰文：赵雪浩）

吉鸿昌女儿：父亲最大的遗憾

“恨不抗日死，留作今日羞。国破尚如此，我何惜此头！”1934年11月24日，北平大雪纷飞。吉鸿昌被带出了国民党北平陆军监狱，站在雪地上，他捡起一根树枝，以枝作笔，愤然在雪上写下了这首气吞山河的就义诗，然后，在刑场上从容就义，时年39岁。

就义前的半个月里，吉鸿昌先后被关押于天津法国工部局监狱、国民党五十一军陆军拘留所和国民党北平陆军监狱。从天津到北京，这条路他不知往返过多少次，然而1934年11月，他走完了人生中最后一段旅程。

“‘恨不抗日死’是父亲这辈子最大的遗憾。”已经80岁高龄的吉瑞芝在天津的家里向记者回忆起那段人生经历，声音低下去，眼睛望着窗外，一下子沉重了许多。

“在我父亲被关进监狱后，母亲也被关进一间密室，当时我太小，对那段经历没有什么记忆，但对我母亲来说犹如噩梦一般。母亲把父亲的悲惨故事讲给我听，我再告诉孩子们，让他们一代一代地传下去，父亲的精神我们永远不该忘记。”吉瑞芝对记者说。

“我是中国人，不做亡国奴”

“印象中，我父亲非常高大。”说到这里，吉瑞芝忍不住激动起来，“你想想，他身高一米九六啊！而且从来都是一身戎装，英气逼人。可在我的内心深处，他是一个慈父。”

出生于1932年的吉瑞芝，父亲牺牲时还未满3岁，对父亲的记忆也仅限于几件“小事”。1934年的夏天，吉鸿昌曾带着吉瑞芝到自己家附近的一家照相馆照相，“当时父亲并没有穿军装，而是一身长袍马褂的打扮”，时至今日，吉瑞芝还是不太理解父亲那次为什么那样着装，“他对母亲说带我去街上逛一逛，就拍下了那张像是普通家庭的父女的照片，那是我和父亲为数不多的几张合影之一。”

吉鸿昌的女儿吉瑞芝

“很小的时候父亲就教我‘演讲’，一般都是他说一句，我学一句，内容记得最清楚的一句就是‘我是中国人，不当亡国奴’。”时隔70多年，吉瑞芝回忆这些往事仍历历在目，“所以，那时家里人都夸我说话好听，吐字清晰，不像一般小孩子那种稚气的童音，这要归功于父亲。”

从记事起，吉瑞芝和父亲在一起的时间要远远多于母亲，甚至吃饭都是和父亲及他的副官、传令兵在一起，抱着一个小碗，“一个人吃馍、夹菜”，因为年纪太小而摔碎了不少碗，却从未受到父亲的责备，父亲还专门去给她买了一个搪瓷碗，从此“再也没有摔碎过碗了”。

正是和父亲的朝夕相处，使吉瑞芝从小养成了独立、自强的性格，她坦言自己“这一点非常像父亲”。在父亲牺牲后，她举手投足间时常流露出一些酷似其父的小动作，引起了母亲胡红霞对父亲的无限怀念。

归来报命日，恢复我神州

除了在性格上受到父亲的影响外，吉瑞芝更深的感触是“父亲对信仰的坚定”。

吉鸿昌烈士及他为部下做的题词：人人奋勉，则团体巩固；有巩固之团体，才能救国救民；我军亦能赖之以生存；愿与诸同志共勉之

1895年10月18日，吉鸿昌出生于河南省扶沟县吕潭镇一个贫苦农民家庭。1913年秋，这个不满18岁的大个子少年弃学从戎，到冯玉祥的部队里当兵。吉鸿昌因吃苦耐劳、勇敢正直，得到冯玉祥的赏识，被提升为手枪连连长，不久又提升为营长。1921年，吉鸿昌回乡探亲时，拿出全部积蓄，用一所破庙做校舍，创办了“吕北初级小学”。吉鸿昌立下规定：凡是贫家子弟，一律免费上学。学校规模一度壮大，曾被誉为“豫东第一校”。

在部队里，吉鸿昌虽不断升官，却丝毫没有改变“当兵救国，为民造福”的初衷，时刻铭记着父亲“做官即不许发财”的教诲，省吃俭用，兴办公益事业。他严于律己，也约束部队不许扰民。

1930年4月，蒋介石、冯玉祥、阎锡山之间的中原大战爆发，吉鸿昌奉命参加讨蒋大战。9月，冯玉祥的西北军战败。吉鸿昌为了保存实力，接受蒋介石改编，就任第二十二路军总指挥兼第三十师师长，不久被蒋介石派去进攻鄂豫皖苏区。吉鸿昌对进攻苏区十分反感。他“托病”到上海与共产党取得了联系，随后又化装到鄂豫皖苏区进行了考察，思想上受到很大触动，随后组织部队起义参加工农红军，但没能成功。蒋介石发现吉鸿昌有“谋反”之意，便解除了他的军职，逼迫他出国“考察”。

1931年底，刚到美国，吉鸿昌就接连地遭到意想不到的刺激。那里的头等旅馆不接待中国人，却对日本人毕恭毕敬。有一次，吉鸿昌要往国内邮寄衣物，邮局职员竟说世界上已经不存在中国了，吉鸿昌异常愤怒，刚要发作，陪同的使馆参赞劝道："你为什么不说自己是日本人呢？只要说自己是日本人就可受到礼遇。"吉鸿昌当即怒斥："你觉得当中国人丢脸吗？可我觉得当中国人光荣！"为抗议帝国主义者对中国人的歧视，维护民族尊严，他找来一块木牌，用英文仔细地写上："I am Chinese！(我是中国人！)"

在国外期间，吉鸿昌通过接受记者的采访，以事实揭露了日本侵略中国的种种罪行，并谴责英国纵容日本侵略中国和蒋介石对日妥协的丑恶行径。在德国时，吉鸿昌曾多次要求到苏联进行访问，遭到使馆的百般刁难，不予签证。悲愤之下，吉鸿昌挥笔疾书："归来报命日，恢复我神州。"

1932年，上海"一·二八"事变爆发后，吉鸿昌闻讯立即回国寓居天津，秘密与中共华北政治保卫局联系。不久，他整理出版了《环球视察记》，借以抒发他忧国报国的热情。同年4月，吉鸿昌在北平光荣地加入了中国共产党，由一个爱国的旧军人转变为坚定的共产主义战士，从此踏上了新的革命征程。不久，根据党的指示，吉鸿昌秘密赶赴山东联络冯玉祥出山组织武装抗日，随即毁家纾难，变卖家产6万元购置枪弹。

1933年5月26日，吉鸿昌同冯玉祥、方振武等抗日将领在张家口宣布成立"察哈尔民众抗日同盟军"。吉鸿昌战至10月，因弹尽粮绝而失败。

为信仰献出生命

1934年5月，吉鸿昌回到天津，组织成立了"中国人民反法西斯大同盟"，他被推为主任委员，进行抗日民族统一战线工作。在他家三楼一角，设立了一个秘密印刷所，出版了机关刊物《民族战旗》。他的住宅也成了党组织的地下联络站，因而被党内同志称为"红楼"。6月，吉鸿昌秘密与西安的杨虎城将军取得联系，并得到杨虎城的援助。吉鸿昌积极筹资购买武器，进行武装抗日反蒋的准备工作。

1934年11月9日晚，吉鸿昌在法租界秘密开会时被法国工部局逮捕，随后被引渡到国民党北平军分会。11 月 23 日，北平军分会举行了一场所谓的“军法会审”。吉鸿昌在法庭上义正词严地说：“我是中国共产党党员，由于党的教育，我摆脱了旧军阀的生活，而转到为工农劳苦大众的阵营里来，为我们党的主义，为全人类解放事业而奋斗，这正是我的光荣……”11 月 24 日，所谓的“军事法院”以“叛国罪”（多次煽动兵变）和“叛党罪”（脱离国民党加入共产党）判处吉鸿昌枪决。

“可以说，父亲接触了解到中国共产党是救民救国的党，是全心全意为了人民利益而奋斗的党后，就坚定了共产主义信念，一辈子都没改变，临终的时候还高喊着‘抗日万岁、中国共产党万岁’的口号，他是一个有着坚定信仰的人。”吉瑞芝回忆说。

“父亲的一生从参加北伐，到退出军阀混战，再到拒绝内战，坚决抗日，这一路走来，他都在追寻救国救民的真理，最终他是找到了，这对他来说是没有遗憾的。”吉瑞芝感慨道，“为一个坚定的信仰而终身奋斗，直至献出宝贵的生命，我的父亲做到了。”

给妻子改名“红霞”

在吉鸿昌多年的军旅生涯中，吉鸿昌将军的夫人胡红霞给予了丈夫最大的支持。“说起妈妈，我心里就很不好受，她一辈子吃了很多的苦，受了太多的罪。”已经满头银发的吉瑞芝在说到自己的母亲时，眼中泛起了泪花。

1926 年 6 月下旬，时为冯玉祥部十八师第三十六混成旅旅长的吉鸿昌率部到达兰州。经人介绍认识了出身书香门第的兰州女子师范学校的高才生胡兰英。“所以，我父母的爱情一点都不浪漫，并不像某些电影和文学作品上写的那样。”吉瑞芝笑着说，“那毕竟是艺术需要，可以加工塑造，但事实不是那么回事，父母是通过媒妁之言走到一起，共同的理想和追求使两个人逐渐找到了共同语言，成长为一对人人称赞的革命夫妻。”

1931 年 10 月，吉鸿昌和夫人胡红霞在美国底特律

从1927年结婚到1934年吉鸿昌将军英勇就义，在共同相处的8年时间里，他们相敬如宾，恩爱无比。在婚后，吉鸿昌见妻子忠厚贤淑，知书达理，谈吐不凡，特意将妻子的名字“兰英”改为“红霞”，寓意妻子有“霞光万道”之美。胡红霞更是对丈夫一片深情，在吉鸿昌英勇就义后，国民党特务不许家属领回烈士遗体，悲愤至极的胡红霞一头撞在了铁栏杆上，鲜血直流。胡红霞以鲜血向敌人表示了最强烈的抗议，并最终用居住多年的“红楼”做抵押，赎回了丈夫的遗体。吉瑞芝说：“母亲在与家人、友人商议后决定将父亲的棺木运回河南老家下葬”。

1935年春，吉鸿昌的灵柩运至故里，家乡父老2000余人，自发洒泪迎灵。

“1951年，我第一次陪着母亲回河南老家去给父亲扫墓，母亲一路上除了给我讲述父亲的故事外，偶尔也提及他们的爱情。”吉瑞芝回忆，“特别是在父亲的墓碑前，母亲泣不成声，这让我感觉到在父亲牺牲那么多年后，母亲一直都将她对父亲的爱藏在心底最深处，父亲牺牲时，她才28岁，这对她该是多大的一个打击，此后她又拉扯着我东躲西藏，艰难度日……”

1934年11月24日，吉鸿昌在临终前曾写遗书与夫人胡红霞，言道“夫今死矣，是为时代而牺牲。人终有死，我死您也不必过分伤悲，因还有儿女得您照应。”

1949年1月15日，天津解放，吉瑞芝和母亲也受到了党组织的照顾，开始了新的生活。新中国成立后，胡红霞曾作为吉鸿昌的遗孀参加了开国大典，当年17岁的吉瑞芝也见证了这一历史事件。

1971年，周恩来总理指示“吉鸿昌同志由旧军人出身，后来参加共产

2011 年 3 月 31 日，几名解放军老战士在郑州吉鸿昌烈士墓前，向烈士表达敬意

党，牺牲时很英勇，从容就义，很有必要把他的事迹出书”。晚年的胡红霞，在天津当地政府的支持下，开始收集、整理关于吉鸿昌的史料，并在女儿吉瑞芝、女婿郑慈云的帮助下陆续出了几本关于吉鸿昌的书籍。胡红霞所著的《吉鸿昌就义前后》为后来《吉鸿昌》电影的拍摄提供了蓝本。此后传承革命精神的任务落到了吉瑞芝的身上。

“我小时候，来家里找我姥姥讲故事的人特别多，有记者、编剧、作家、党史研究专家等等，我就在一旁听着。”吉瑞芝的女儿郑吉安告诉记者，他们兄妹三人从小都是在姥爷的故事熏陶下长大的，大哥郑吉平是天津广播电台的高级编辑，从事了 30 多年的媒体工作；姐姐则是一名普通的公务员。虽然工作不同，但都不同程度地承担着传承姥爷革命精神的使命。郑吉安在北京军区天津疗养院担任领导工作，不管多忙，她都要抽出时间替母亲承担宣讲、编写外祖父事迹材料、编辑出书等工作。

“我的女儿是天津师范大学新闻系的学生，在学校的时候，她一直热心于公益服务工作。”郑吉安说，每次看电视的时候，只要看到有关姥爷的，母亲就会把自己的女儿还有侄女、外甥叫过来。总而言之，姥爷给我们留下的最宝贵的是精神财富，这是无价的，也是取之不尽用之不竭的，对于我们来说，就是鞭策和鼓励。一想到外祖父，都不能不努力工作。

郑吉安笑着说：“这么多年，母亲工作之余就一直到处宣讲外公的故事，沿着外祖父的足迹走访当年的知情人和亲历者，收集资料编辑写书。到现在都 80 岁了，腰和腿都不灵便，她就在家里讲，还把家里布置成姥爷事迹展览馆，只要去人就讲。她几十年如一日地这样做，我也是随着年龄越大才越理解，她就是为了让姥爷的爱党爱国爱民的精神传承下去，这是我们中华民族一笔珍贵的财富，并不只为我们一家所有。”（撰文：赵雪浩）

赵一曼孙女:"最大的压力是怕玷污奶奶"

"宁儿:母亲对你没有尽到教育的责任，实在是遗憾的事情。母亲因为坚决地做了反满抗日的斗争，今天已经到了牺牲的前夕了！母亲和你在生前是永远没有再见的机会了。希望你，宁儿啊！赶快成人，来安慰你地下的母亲！我最亲爱的孩子啊！母亲不用千言万语来教育你，就用实行来教育你。在你长成大人之后，希望你不要忘记你的母亲是为国而牺牲的！"

位于宜宾翠屏山的赵一曼雕像，摄于2013年

1936年8月2日，著名抗日女英雄赵一曼，在被日军押赴刑场的途中，给儿子写下了这封遗书。其中饱含着一位母亲对儿子深深的爱、希望与不舍。

面对拯救民族危亡的大任，这位看上去弱不禁风的女子，让凶残的日本鬼子无计可施。他们不但没有从她口里得到半个字，最终还留下了一生的不安与忏悔。

由于“赵一曼”并不是这位女英雄的真名，所以在她牺牲后，长达20年的时间里，她的儿子都还在苦苦地寻找自己的母亲……一家人的命运，充满了坎坷与辛酸。

天性中有股拧劲儿

在四川省宜宾市风景秀丽的翠屏山上，坐落着抗日女英雄赵一曼的纪念馆。每逢清明节，一位母亲就会带着女儿来到赵一曼的雕像前，手捧鲜花进行祭奠。她便是赵一曼的孙女陈红。陈红的外貌酷似奶奶，就连与赵一曼生活过的抗联老前辈都这样说。因此，宜宾纪念馆的塑像，就是根据陈红的外形设计的。

赵一曼生前只给亲人留下了一张较为清晰的照片。每当拿起它，陈红总会感慨：“时过境迁啊！如今我的父亲走了，我的女儿转眼30多岁了。虽然没有见过奶奶赵一曼，但我知道自己的血液里流有她的血。我告诉女儿，无论我们做什么，都不能忘了这一点！不能给奶奶丢脸！”

陈红告诉记者，她曾在纪念馆里看到很多日本战犯接受审判时的笔录，“他们心服口服，说赵一曼确实是一个受过高等教育的、美丽的奇女子。他们难以想象，怎么能有如此坚强的女性！”

1905年，赵一曼出生在四川省宜宾县北部一个封建地主家庭。父亲是医生。赵一曼原名李坤泰，她有5个姐姐、1个哥哥和1个弟弟。因为是家中最小的女儿，赵一曼最得宠爱。陈红说：“也许就是这样的成长环境，让奶奶天性中就有一种追求自由的‘拧劲儿’。”

赵一曼13岁时，父亲去世，哥嫂对她多方管制。为了少惹是非，哥嫂将她收集的进步书刊付之一炬，并准备把她嫁出去了事。她激愤之下于1924年8月6日在《妇女周报》上用“一超”的名字发表了要求脱离家庭的宣言。因此在参加革命后，她改名李一超。

赵一曼的大姐夫郑佑芝是她的革命“领路人”。在郑佑芝的教导下，

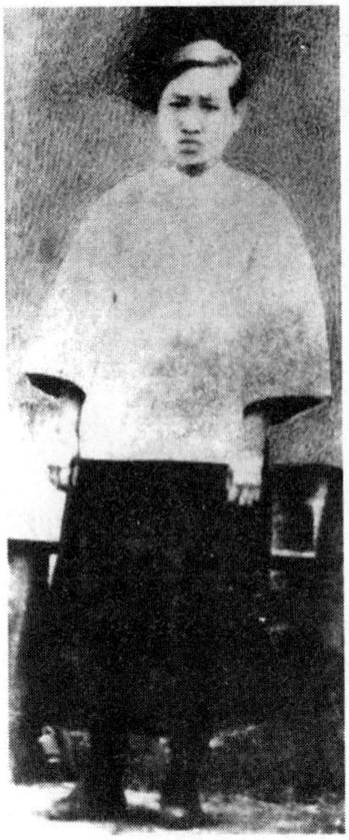

赵一曼在宜宾女子中学读书期间的照片

赵一曼从小读私塾，反抗家乡的封建习俗。她不仅自己不缠足，还用菜刀剁烂了裹脚布和小尖鞋，组织“妇女解放同盟会”，会员很快达到 180 多人。她们在闹市街头贴标语，画漫画，把乡绅们画成了狐狗、魔鬼。当地封建势力对赵一曼等人恨之入骨，扬言要用粪水泼她们。家人曾想用做女红的方法收敛赵一曼的心，把她关在房间 9 个月让她学绣花，结果她 9 个月没绣出一朵，却读了很多革命书籍。

在宜宾女子中学读书期间，校长按照封建当局的要求，特别规定女校学生必须一律绾髻。赵一曼带领几个女同学去找校长：“我们梳不来头，绾不来髻，请你给梳、给绾吧！”以道学著称的校长一时尴尬不堪。随后，赵一曼和同学们拿出了准备好的剪刀，为自己剪了短发，结果被校方开除。

1923 年，赵一曼加入社会主义青年团，1926 年入党。经党组织推荐，她进入黄埔军校女生队，成为近代中国第一批女军校学员。毕业后，赵一曼辗转来到上海，被保送至莫斯科中山大学学习，从此成长为一名真正的革命者。

赵一曼和丈夫陈达邦（合成照）

在去莫斯科的船上，赵一曼认识了与她同一批被派往苏联的校友、黄埔军校六期学员陈达邦。他们不久即结为革命伴侣。1927 年，因为疾病和身孕，赵一曼奉调回国，先后到宜昌、上海、南昌等处做地下工作。

受刑真相遭杜撰

赵一曼能顺利生下孩子非常不易。当时，刚刚在宜昌开展革命工作的她，眼看就到了预产期，却被房东连夜赶出了门。按照当地习俗，外人在自己家里生孩子"就会断自家的香火"。挺着大肚子的赵一曼无家可归，只能躺在路边的草垛子里过夜。后来，她幸而被一位好心的码头工人收留，才顺利产子。她给儿子取名"宁儿"，意思是希望天下的孩子和母亲都能过上安宁幸福的生活。然而，"宁儿"出生不到 1 个月，那位帮助他们的码头工人就被警方关押了。为了救出恩人，赵一曼决定变卖自己的结婚戒指，她匆忙来到首饰店，却因此被特务盯梢，暴露了身份。赵一曼不得不连夜背着"宁儿"乘船逃往上海。

1931 年九一八事变爆发，党中央为了加强东北的反帝救国斗争力量，决定派一批干部去东北工作，赵一曼主动请缨。为了天下所有母亲和孩子的幸福，她选择离开自己的骨肉。她与丈夫陈达邦的妹妹陈琮英（任弼时的夫人）商量，忍痛将"宁儿"送到武汉陈琮英的堂兄家里，托他抚养。

1931 年，赵一曼和儿子"宁儿"在上海合影

临行前，赵一曼将身边最珍贵的照片——她与儿子唯一的合影，寄给了故乡的好友郑双璧。她请郑双璧在适当的时机将照片转交给二姐李坤杰。李坤杰当时是中共地下四川省委的秘密工作人员。赵一曼从苏联

回国后，就与她失去了联系。

在东北前线的5年，抗日斗争艰苦卓绝。1933年，为掩护身份，赵一曼同满洲总工会负责人老曹（黄维新）假称夫妻。1934年7月，她赴哈尔滨以东的抗日游击区，任中共珠河中心县委委员，后任珠河区委书记。1935年秋，她兼任东北人民革命军第三军一师二团政委，被战士们亲切地称为“我们的女政委”。

1935年11月，赵一曼率领的部队被日伪军包围，她要团长带队突围，自己担任掩护，此时她左手手腕已中弹负伤。她在村里隐蔽养伤时被敌人发现，在奋起迎战时，赵一曼左大腿骨被子弹打穿，因流血过多昏迷而被捕。

随着很多中日史料的解密，赵一曼从被捕到受刑致死的全过程，被演绎出多个版本，有些细节骇人听闻。2011年，一篇来历不明的文章《赵一曼受刑记》，详细刻画了抗日英雄赵一曼受拷打的经过，但描写耸人听闻，着眼点让人瞠目。谈起此事，陈红非常气愤，她不理解为什么一个舍家为国的民族英雄，会被自己的同胞这样“戏说”？历史的真实情况究竟怎样，曾审讯拷打赵一曼的日本战犯大野泰治，在1955年的笔供复印件，揭露了这一历史疑团：

日本侵略中国期间，大野泰治曾担任伪满滨江省公署警务厅特务科外事股长等职。他后来回忆：当时，由于日军用的是七九步枪子弹，赵一曼腿部的伤口很大，流血过多，随时有生命危险。她穿着一件黑棉衣，腰下被血染着，脸伏在车台上，头发散乱，大腿的裤管都被血灌满了，不断地往外渗，碎骨头散乱在肉里，共有24块，甚至面临截肢的危险。为了让赵一曼说出共产党的组织和活动情况，大野泰治拿鞭子抽打赵一曼的伤口，但赵一曼宁死不说。后来，日军将她关押到哈尔滨警备厅拘留所地下室。在那里，用木棒再次抽打她的伤口，赵一曼几次疼得昏死过去。

赵一曼的住院病房

赵一曼牺牲地，黑龙江省珠河（现尚志市）

1935年12月13日，赵一曼腿部伤势严重，日军为得到重要口供，将她送到哈尔滨市立医院进行监视治疗。住院期间，看守警察董宪勋与女护士韩勇义被赵一曼所感动，决定帮她逃离魔掌。1936年6月28日，董宪勋与韩勇义将赵一曼背出医院，送上事先雇来的小车，几经辗转，到了阿城县境内的董宪勋叔叔家。6月30日，赵一曼在准备奔往抗日游击区的途中，不幸被追捕的日军赶上，再次落入日军的魔掌。

据敌伪档案记载，赵一曼被带回哈尔滨后，日本宪兵对她进行了更加残酷的拷问，使用了多种酷刑。但她始终坚贞不屈，没有吐露任何实情。1936年8月2日，抗日英雄赵一曼英勇就义，年仅31岁。

丈夫、儿子含冤去世

赵一曼就这样做出了自己的人生选择，而她的丈夫却毫不知情。赵一曼的丈夫陈达邦，是任弼时夫人陈琮英之兄，1900年出生在湖南长沙，在苏联留学后，被共产国际派往法国工作。1935年，吴玉章在法国巴黎创办《救国时报》，陈达邦任印刷厂厂长。1936年，陈达邦在参加排版工作时，《救国时报》曾大量登载过东北抗日联军与日本侵略军浴血奋战的英勇事迹。但他哪里知道，他的妻子，就是这支铁血队伍中最杰出的女指挥员。

1942年，陈达邦回国后，辗转重庆找到了自己的儿子，但却听说："一超把'宁儿'送来之后，就再也没有回来过。在武汉的时候，听说她去了东北，以后就没了消息。后来听说她被日本人杀害了。"1948年，正在南京上学的"宁儿"又从他的一位从北平来的堂姐口中得知，他的生母人称赵大姐，是做过许多工作的共产党员，七七事变前就在东北被日本人杀害了……

1950年，毛泽东、周恩来率代表团访苏之后，正酝酿请苏联“老大哥”代印人民币。此时，陈达邦任中国人民银行总行国外业务局印刷处处长，并作为中国人民银行国外业务局专门委员（全权代表）秘密赴苏处理印钞事务。而就在这一年，电影《赵一曼》在全国上映。抗日女英雄的事迹传遍了大江南北。陈达邦和儿子看了一遍又一遍，然而还是丝毫没有察觉。

1953年5月，周恩来的办公桌上，放着一封来自四川宜宾的普通信件，内容是李一超姐姐打听曾在上海中央机关工作过的李一超的下落。周总理看了又看，总也想不起这个李一超是谁。在中共中央办公厅工作的陈琮英对李一超是了解的，但她也无法将李一超和赵一曼两个名字联系到一起。

此时，“宁儿”已长大成人，从人民大学外交系毕业后，被分配在北京工业学校任教（后为北工大一分校）。“宁儿”后来成家，为赵一曼生了两个可爱的孙女，大孙女陈红在宜宾由李坤杰的长女肖幼卿抚养成人，二孙女旅居国外。

陈红告诉记者，直到《赵一曼》一书的作者何家栋先生带上奶奶赵一曼怀抱父亲“宁儿”的照片在尚志县（原珠河县，今尚志市）为写作收集资料，见过她的人才认出照片上的女子就是李一超，她在当年党领导的珠河根据地，还有个绰号叫“瘦李”。

“1956年，父亲专程来到哈尔滨，抄写了奶奶留下的遗书，并用蓝墨水在自己的左臂上刺下了‘赵一曼’3个字。父亲的这一举动深深震撼了我，也影响了我的一生。”

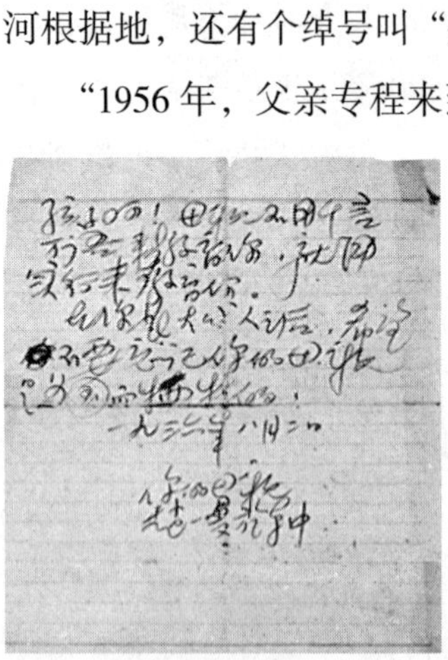

“宁儿”亲手抄写的母亲赵一曼留给他的遗书

刚刚得知亲人的消息，本以为从此全家就能安宁平静地度日。不承想，一场政治风暴，再次席卷了这个家庭。1955年3月1日，苏联印制的新版人民币三元、五元和国内印制的二元、一元及角、分币共10种开始发行流通。陈达邦亲笔题写了新版人民币上包括

"中国人民银行"行名在内的所有需要更换的汉字书法字体，并一直沿用到第三、四、五套人民币，至今仍清晰可见。

请苏联代印人民币对于提高印刷质量、有效防伪，本是件大好事，但随着中苏关系逐渐紧张，苏联利用手中掌握的人民币版样，擅自印发钞票，扰乱中国金融市场。为此，中国人民银行决定从 1964 年 4 月 15 日开始限期收回 1953 年版的三元、五元和十元纸币，不再流通使用。与此同时，许多和苏联有一定关系的干部被打成"苏修特务"，陈达邦也未能幸免。

1966 年，陈达邦被迫害致死。临死前，他对自己的孩子交了底："要相信你的父亲是清白的，人民币改版题字是经过领导批准的。""宁儿"怀揣告状信独闯中南海为父申冤，被打成"现行反革命"，于 1982 年去世，终年 55 岁。

陈红说："父亲去世我并不知道，因为我在四川，得知父亲病危，等我坐火车赶过去，父亲已经走了……很多年我都以为他是脑出血去世的，后来姑姑才告诉我，她说父亲的房间里很多烟头，他抽了很多烟，好像有些东西也烧了，到现在我都不知道是什么原因。"

只求晚年平淡度日

陈红 1958 年出生，退休前是成都大件运输公司的一名员工。从童年开始，陈红就和姨妈一起生活在四川宜宾的乡镇。家中经历了太多的坎坷与磨难，这反而让陈红对生活的要求变得很简单。她在平凡的岗位上退休，享受着四川人安逸的小日子。

陈红为人非常低调，即便参加纪念活动，她也总是默默地来，默默地离开，很少主动介绍自己。她告诉记者，自己只有碰到实在不能解决的困难，才会请求帮助。"那是很多年前，我 45 岁时，单位裁员，我下了岗，当时女儿正要上大学，需要用钱。我实在无奈，向四川省委党史办和黄埔军校同学会说明情况，能不能等女儿毕业我再下岗。最终我顺利工作到了退休。”也就是因为这件事，陈红周围的同事才知道，原来她是赵一曼的孙女。

陈红说，这么多年，她心里最大的压力，就是怕做一点对不起奶奶的事情。“奶奶在我的心中太神圣了。我一点都不敢玷污她，所以工作的时候，我就想一定要对得起我的工资，我没有更高的境界，上一天班就要对得起我那点稀饭钱。至于各种活动，如果是宣传我奶奶，那这是我作为后人的义务和责任。你们什么时候要我来，我会第一时间赶到。但别的，我就婉谢了。”

陈红喜欢旅游，最喜欢去藏区，“我几乎把那里走遍了。”她说，这些年来，还曾有日本机构邀请她赴日访问。“这怎么可能！我这辈子都不会去的！既有国仇又有家恨！我今生都痛恨日本侵略军！”

陈红喜欢养花、养狗，“虽然身为四川人不会打麻将，但我喜欢织毛衣。现在女儿马上要生孩子了，我要给孙子准备小衣服。”陈红说，这就是她特别享受的日子，“周末再能约几个朋友去田园里走走，多安逸，多踏实！”

现在，有些机构和团体找到陈红，希望能与她一起合作，用赵一曼的名字做点产业，开个酒楼。“我不会用奶奶的资源，感觉这是一种玷污。很多人说你的资源多好啊，你就是不会运作。我说‘别想，压根儿就不要有那种想法，因为我们家，从我爷爷到爸爸，就没有想要借着奶奶的名义谋利益’。爸爸生前跟我说，以后奶奶在我们心里就行了，要靠自己！结婚成家也不要找什么显赫家庭，就找一般的工人阶级，踏踏实实过日子。我爸给我的印象很深刻，所以我一直都按他的想法去做。我永远不会忘了自己姓什么！”（撰文：刘畅　王肖潇）

特务委员吴玉章

“一个人做点好事并不难，难的是一辈子做好事，不做坏事，一贯地有益于广大群众，一贯地有益于青年，一贯地有益于革命，艰苦奋斗几十年如一日，这才是最难最难的啊！”

这段大家熟悉的话，是毛泽东主席 1940 年 1 月 15 日在延安为革命元老吴玉章补办六十寿辰庆祝会上讲的。毛主席说：“我们的吴玉章老同志就是这样一个几十年如一日的人。”

吴玉章是四川荣县人，1878 年 12 月生。他早年留学日本，曾参加同盟会和辛亥革命。后孙中山改组国民党，吴玉章历任国民党中执委、中常委。1925 年初，吴玉章加入中国共产党，后与董必武、林伯渠、徐特立、谢觉哉一起，被尊称为我党著名的“延安五老”。

留学日本时期的吴玉章

吴玉章是国民党的“元老级人物”。因此，在国民党档案中有很多关于他早期从事革命活动的记载。

入川整顿党务

1912 年 1 月，中华民国临时政府在南京成立。吴玉章受临时大总统孙中山邀请，到总统府秘书处工作，因此和“国父”有了更紧密的接触，并建立了良好的私人关系。

第一次国共合作（1924 年 1 月—1927 年 7 月）期间，吴玉章受我党委派，在国民党内做统一战线工作。1925 年，他“奉命”回四川整顿党务、推进国共合作一事，就是个典型的例子。现存于国民党中央党史馆的一份题为“派吴玉章为四川省党部筹备员”的档案（档案号：汉 4044），这样写道：

> 迳启者：七月三日本会第九十二次会议议决，派执事为组织四川省党部筹备员，务请从速入川，会同石青阳同志筹办一切，俾四川党部得以早日成立以利进行。此致吴玉章同志。
>
> 中央执行委员会
>
> 七月四日

这是国民党中央执行委员会 1925 年 7 月 4 日写给吴玉章的公函，任命他为四川省党部筹备员，到四川整顿党务、筹备党部。

原来，当时重庆等地由于受军阀和国民党右派势力压迫，进步刊物被查封，共产党人肖楚女、张闻天等人被驱逐出境，革命形势不容乐观。四川方面的共产党组织和进步人士，希望国民党中央派人来川整顿国民党党务，促进国共合作。他们点名要的人就是吴玉章。

当时，一些地方的国民党组织涣散，地方党部领导人与中央貌合神离，且“隐隐有异志”，以至于“党部冷冷清清，门可罗雀”。见吴玉章有意入川，有人奉劝他说，四川党部“是个烂摊子”，要整顿“只怕是白费力气”。

但吴玉章并不灰心，他决心从基层做起，先把四川的国民党组织整顿好。1925 年 7 月，吴玉章等取道广东入蜀。到四川后，他一方面努力健全国民党组织机构，培养革命骨干；另一方面，选派得力干将充任国民党地方党部筹备员，在重庆和周围一些区县建立起区分部，还以“特许”的办法在学校成立特别区分部。这些措施，很快为四川的党务工作开创了一片新天地。吴玉章还多方筹措资金，开办中法大学，并亲任校长。他还聘请共产党人在学校担任重要职务，这些为在学生中发展革命力量打下了基础。

经过两个多月的整顿，至 1925 年 10 月 20 日，四川国民党共组建了 441 个区分部，党员 8000 余人。这让原本不看好吴玉章的人大为吃惊，纷纷称赞他“手段真高明，像神仙一样”。其实，他们不知道，吴玉章成功的背后，有坚强的共产党的领导。

杨尚昆同志的哥哥、当时重庆地区共产党的负责人杨闇（音同“暗”）公曾在一封写给上级组织的报告中称：“玉章同学（当时中共党员之间常互称同学——笔者注）较返川时要彻底得多了，并能努力工作，且非常切实。对于校义（马克思主义——笔者注），也非常的明白而有真认识了。此次归川的同学，渠当首屈一指。”

成立四川特务委员会

1925 年底，吴玉章等人作为四川省代表，赴广东参加国民党第二次全国代表大会。会前，吴玉章担任大会秘书长，负责筹备工作。

而在四川，国民党右派分子朱叔痴、张赤父等人则趁吴玉章不在，召开四川省市党部联席会议，企图把省党部从重庆迁往成都。结果，朱叔痴等被国民党中央停职。现存于国民党中央党史馆的一份档案（档案号：汉 8830），记录了国民党中央执行委员会对此事的批复：

迳复者：现接报告，以朱叔痴等借开省市党部联席会议，勒将省党部迁移成都，不遵决议，违反纲纪，请停止该临时省党部职权，听候查办……

虽然国民党右派分子的阴谋没有得逞，却给吴玉章提了个醒。他意识到必须对省党部进行彻底改组，以纯洁革命队伍。

1926年7月，北伐军从广州出发，一路所向披靡。8月，北伐军连克长沙、岳阳，逼近武汉。北伐战争的形势，使拥有庞大军队的四川军阀惶惶不安。而川军的选择，又是北伐战争能否在长江流域胜利发展的一个重要因素。当时，四川由于军阀连年混战，“兵员之众，番号之杂，甲于全国”。其中大军阀有杨森、刘湘、刘成勋、赖心辉、田颂尧以及袁祖铭，他们各不相让，相互讨伐，而且政治信仰不明确，朝秦暮楚。如何从众多四川军事将领中甄别出哪些是忠于革命的，这成了摆在国共两党面前的重大课题。看到这种形势，吴玉章致函国民党中央政治委员会及该会主席谭延闿（字组庵），提出组织四川特务委员会，并推荐刘伯承等担任特务委员。现存于国民党中央党史馆的一份档案（档案号：汉4593），对此有如下记载：

组庵先生同志大鉴：近来川中各将领以我北伐军迭获胜利，多数均有倾向国民政府之趋势，惟其派别复杂，利害互异，应付稍有不慎反致引起纠纷，而为前途之障碍，故拟仿照湖北例组织四川特务委员会，具有公函，请为提出政治会议。至于人选问题，拟推四川临时省执行委员李筱亭及担任四川临时省党部军人部工作之同志刘伯承。此外如无相当人员，弟亦愿承乏一席。可否？仍请裁酌。

中央执行委员会四川特派员吴玉章

八月二十日

吴玉章的想法是：在四川建立自己的军队，或策动一部分川军起义，推动四川军阀易帜，必要时带领义军会师武汉，配合北伐。1926年8月

21 日，国民党中常会第五十次会议讨论吴玉章提议。同日，政治委员会根据吴玉章函请，任命吴玉章、刘伯承、李筱亭为四川特务委员，专门负责川中军事工作。

助刘伯承顺泸起义

刘伯承是四川开县人，少年从军，有勇有谋。他曾参加孙中山组建的“中华革命党”，后受命回川发动“川东起义”，组建护国军抗击袁世凯的北洋军队。到 20 世纪 20 年代初，他已是赫赫有名的“川中名将”了。

1923 年，刘伯承在成都结识吴玉章，两人志同道合，一见如故。1926 年，由吴玉章、杨闇公介绍，刘伯承正式加入中国共产党。正因为与刘伯承相交甚深，在四川革命的紧急关头，吴玉章第一个想到了刘伯承，意欲“携手共济时艰，拯民于水深火热之中”。

吴玉章与刘伯承一起，在四川做的一件最为惊天动地的事，就是 1926 年底震惊全国的顺（庆）泸（州）起义。顺泸起义影响深远，可以看作是南昌起义的一次“预演”。

刘伯承是顺泸起义的直接领导者，但他 1962 年在四川省文史馆看到《顺泸起义记》这部史料后，特别指出：“吴玉章在这次起义中发挥了至为关键作用，当时中共对顺泸起义的指导均是通过他之手而进行的。”

起义之前，吴玉章等积极协助刘伯承在川军中开展工作，他利用以前与军阀的关系，分头做工作，选择的第一个目标是驻扎在南充的川军第五师师长何光烈。但这位标榜“进步”的军阀，实则最不进步。经过摸底，吴玉章发现，何光烈原来还是一家工厂的老板，他的工厂里发生过共产党组织的工人罢工，所以，他对共产党和工人运动恨之入骨。吴玉章虽最终劝说不成，却成功地将何光烈手下的两个旅长拉入了革命阵营。接着，吴玉章又做起了大军阀袁祖铭手下两个师长的工作，后成功将其中一人收编。

1926 年 9 月，北伐军攻克武汉，革命势力顺长江迅速发展。四川军阀刘湘、杨森、赖心辉等派代表沿江东下，向北伐军“表诚意”。北伐军对刘湘、赖心辉等委以军职，但他们心存观望，迟迟不就职。四川情势仍然云山雾罩，极不明朗。

当时，中共中央复信重庆地委，同意策动四川军阀起义，以“加速军阀政治之崩坏”。9 月 28 日，刘伯承等以国民党省党部名义召开军事会议，确定在顺庆和泸州发动起义。会议推举刘伯承为国民革命军各路总指挥，黄慕颜为副总指挥。11 月中旬，刘伯承与朱德、杨闇公在重庆浮图关刘伯承家召开紧急会议，传达中共中央关于在川组织暴动的最后决定。会上正式成立了中共重庆地委军委会，以加强对起义的领导，杨闇公为书记，刘伯承、朱德为委员。经过反复讨论，提出具体计划，并将起义时间暂定在 12 月 5 日。

现存国民党中央党史馆的一份刘伯承给国民政府秘书处近 3000 字的军事报告，对起义经过进行了详细记载：

> 四川陆军第五师师长何光烈所属旅长秦汉三、杜伯乾两同志，三月以前各于部队内作党义宣传，光烈禁之，汉三、伯乾更秘密从事于党的组织……现值我党军北伐胜利，革命潮流高涨之际，其工作已成不可掩之事实。光烈十分危惧，一面严令解散党的组织，一面分调汉三、伯乾与其部队分离，拟谋杀之……

在此情形之下，12 月 1 日，泸州城先打响了起义的枪声。12 月 4 日清晨，起义军胜利占领顺庆城。12 月 10 日中午，在刘伯承主持下，顺泸地区起义军 7000 余人在顺庆果山公园举行誓师大会，宣布正式成立国民革命军川军各路总指挥部，并通电全国。

当时在武汉的吴玉章，得知顺泸起义，十分兴奋，发来慰勉电：“诸同志内遭环境压迫，外受潮流之激荡，偏师以来，薄海腾欢，奋斗精神，足使帝国主义者及其走狗寒心破胆，革命勋功，信当永垂史册。”但很快，起义军被四川军阀组织的数万部队包围，激战数日，损失惨重，不得不撤出顺泸地区。后来，这支队伍编入国民革命军，投入了北伐战争。

赴鄂整军理财

1926年12月，广州国民政府北迁武汉，组成民国中央党政临时联席会议。12月17日，吴玉章被临时联席会议委派为特派员，赴鄂西视察党务、军事及社会情形。

这时的吴玉章，可说是临危受命。当时，北伐军刚攻克宜昌就出了状况。宜昌的各方军队很复杂，有贺龙率领的湘西民军，有新加入国民革命军的黔军王天培、杨其吕部，还有后来以反共著称的湘军何键的第三师等。几方为争夺驻地、军械、给养摩擦不断，民众叫苦不迭。就在吴玉章获命的当天，宜昌就出现了大规模的抢劫和武装冲突。这不仅威胁到当地的安定环境，还使武汉政府的收入来源缺乏安全保障。

抵达宜昌后，吴玉章分别会晤了宜昌军政当局，严令军队不得干涉民政财政，并严肃军纪，杜绝了扰民事件的发生。针对“商旅滞涩”的情况，吴玉章推动恢复川鄂长江航运，保证了长江上游交通的顺畅。

当时，在宜昌的地主和商人中间有传言称，宜昌的骚乱主要是贺龙部队的问题，发生枪战也与贺龙部队有关。事实真的是这样吗？吴玉章不露声色地暗查了宜昌骚乱的来龙去脉，并向中央联席会议提交了一份《调查鄂西军队劫夺暴行事报告书》。这份档案现存于国民党中央党史馆。

吴玉章在报告中写道：

“十七日午，因缴北军械，发现枪声，登时枪声四起，被缴械之兵与缴械之兵遂乘机抢劫，秩序大乱，继以搜索枪械为名，肆行掠夺，城内外各商店住户被劫者几十有六七……”

文中所提“北军”为贺龙部，这段文字足以表明，发生枪战的过错并非全在贺龙军队一方。而国民党党史馆的另一份档案可说做了进一步的印证。这是国民革命军第十军军长王天培写给吴玉章的一封信。王天培当时在行军途中听到枪战的消息后，“于即夜赶至，极力镇抚，并将查获之不法军民分别处决”，他还自责称“弟未能先事预防，良用抱疚”。这说明王天培的部队也参与了枪战和骚乱。

事情到了这里，已经水落石出。不过，贺龙部队“名声差”还有更深层次的原因。当时，贺龙带领的部队是最倾向于国民党左派的，因而深受国民党右派分子嫉恨。何键等军阀与一些地主、商人极力鼓动国民党中央对贺龙部采取措施。他们甚至劝说吴玉章，让其参与消灭这支部队。

好在吴玉章沉着应对，一边制止何键的险恶企图，一边设法调离贺龙部。他在打给国民党中央的报告中称“人民极盼将该军他调”，这其实也是在掩护贺龙部。吴玉章还提出调离贺龙部队的条件，即由宜昌的地主和商人拿出 400 万银圆，作为军费。这样，既部分缓解了武汉政府的财政压力，又让贺龙部队逃离险境，为革命保存了火种。

1927 年，吴玉章参加南昌起义，任革命委员会委员兼秘书长。大革命失败后，他赴苏联学习，1938 年回国。1939 年，吴玉章赴延安，任边区

1958 年 4 月 14 日，中共中央委员、老教育家吴玉章视察重庆大学

政府文化委员会主任、延安鲁迅艺术文学院院长、延安大学校长等职。

新中国成立后，吴玉章出任中央人民政府委员、中共中央委员和全国人民代表大会常务委员会委员。1966 年 12 月 12 日，时任中国人民大学校长的吴玉章病逝。（撰文：马思宇　赵庆云）

工运先锋冯菊坡

冯菊坡这个名字，对如今大多数人来说已经比较陌生。而现存于台北国民党中央党史馆的档案中，关于冯菊坡任职国民党工人部秘书时的相关档案达 108 条之多，他在大革命时期的重要地位由此可见一斑。

辅佐廖仲恺

冯菊坡出生于 1899 年，原籍广东省顺德县（今佛山市顺德区）伦教镇。早年就读于广州育才英文书院，因组织革命团体被学校开除学籍。1921 年加入广东社会主义青年团，不久转入中国共产党，并代表广东出席了同年 9 月在上海召开的中共中央扩大会议。1922 年 1 月，冯菊坡受时任中共广东支部书记谭平山的委派，代表广东中共组织前往苏联，参加共产国际召开的关于民族与殖民地问题的会议，并聆听了列宁的讲演。回国后，冯菊坡的领导地位不断提高，历任中国劳动组合书记部广东分部主任、中共广东区执委会代理委员长和工委书记等。

1924 年 1 月，国民党一大召开，冯菊坡被任命为国民党中央工人部秘书，辅佐部长廖仲恺。当时，国民党各部不设副部长一职，秘书的职权实际相当于副部长，地位举足轻重，从现存于国民党党史馆的一份工资预算表中可见端倪：工人部部长月薪150元，秘书月薪140元，待遇相差无几。

再者，由于廖仲恺是孙中山极为倚重的臂膀，国民党元老邹鲁在《中国国民党党史》一书中，曾说廖“一身兼十三职衔，当然挂名而不能办事”，所以工人部的实际决策都由冯菊坡拍板。这一点在档案中也时常可见，例如在1925年5月18日廖仲恺致全国总工会的信函上就标有“冯菊坡代”的字样。

冯菊坡身兼国共两党工人领导机关要职，对工人运动满怀热情，加之得到国民党要人廖仲恺的倾力支持，因而将工人运动开展得有声有色。

统一工会

当时，广东的近代工业不多，产业工人较少，大部分工人是手工业者、苦力和店员。因此，广州的工会大多带有行会色彩，并受到无政府党派、帮派、会党的影响，大大小小160多个工会组织各自为政，彼此间成见极深，冲突械斗、流血事件时有发生。

冯菊坡深入分析了这一状况，认准当时最重要的任务就是要把四分五裂、性质复杂的各种工会统一起来，组成“广州工人代表会”。为此，他深入到工人中去，首先吸收了粤汉铁路、广三铁路、广九铁路、海员工会、洋务工会和印务工会的一些工人积极分子入党，将这些工会争取过来；然后再向无政府主义者控制的酒楼、茶室、理发、汽车等工会的负责人提出合作建议。经过冯菊坡的多方努力，1924年3月5日，国民党工人部召集各工会的1000多名骨干在广州太平戏院举行筹备会议，工人组织形成了合力，并推举冯菊坡起草组织章程。同年5月1日，“广州工人代表会”（简称“工代会”）在广州西瓜园正式成立，参加会议的160多名代表人，分别代表着70多个工会和10多万工人，入场旁听的工人多达2000余人。孙中山也应邀到会，发表了题为《中国工人所受不平条约之害》的演说。可以说，冯菊坡是广州工人组织初步统一的奠基人。

"工代会"成立后，还曾开办工人运动讲习所，吸收60多名工会干部入所学习，冯菊坡亲任教导主任。讲习所主要讲授社会主义、工会组织、帝国主义侵华史、国民革命等课程。冯菊坡有一定的理论水平，曾撰写《国民革命与工人》一书，论述国民革命中工人之地位，工人之责任及觉悟等，此书当时作为宣传材料，流传甚广。

筹建党部

1924年7月，冯菊坡亲赴香港联络工会组织，筹建临时党部。国民党中央党史馆的档案中，存有他给国民党中央执行委员会写的报告，其中写道：

> 香港党员旧无党部组织，且无公开活动机会，故党员数目无从调查，各皆在省加盟，故无名册可考，只皆向各党员数多之工会，如持平工会、米行工会、沙藤工会、杂货工会、茶居工会、货箱工会、水货工会、革履工会、车衣工会、木匠工会及海员工会、联义社等领袖接洽，当即公定下列十九人为筹备委员会委员：凌公爱、梁子光、唐丽波、杜沧洲、胡泽泉、廖祝三、谭海山、梁丽堂、黄忠、周树垣、冯敌、黄臣洲、梁日清、袁新、苏兆征、熊振父、文棠、黄金源、胡荫。
>
> 此十九人须由中央执行委员会加以委任，方能开始工作，此为香港党员特别情形，务请照办。至临时党部须另找地址，因不能在各工会内作筹备地点，须另找会所，表面作为俱乐部，以便各党员登记。筹备费须拨足港银三百元，作两个月内筹备期中之会所租费。兹根据下列理由：1.港地工会会所因政府限制之故，不能假作筹备会所。2.港地屋租太昂。3.港地既不等于县，当然筹备费不能限于县党部筹备费。4.港地接近广州，地位重要，而党员从无组织，非有一定地址不能吸

收，港地党部有特别补助之必要，请迅予议定补助办法，以便进行。此呈

中央执行委员会工人部秘书

冯菊坡

冯菊坡的报告中着重提出成立筹备委员会，筹建香港临时党支部，请求拨发特别补助300元，并提出了切实的理由。7月17日，国民党中执会批复并同意了冯菊坡的建议。报告中所列19名筹备委员中，不少人成为此后罢工运动的中坚力量，如苏兆征为省港大罢工委员会委员长，黄金源为省港大罢工工人纠察队总队长，梁子光、谭海山、胡荫等人也都成为罢工总指挥部的成员。冯菊坡在香港工会组织的早期联络工作中亲力亲为，为日后发动省港大罢工打下了基础。

突出的贡献让冯菊坡备受器重，但冯菊坡为人处世低调务实，不恋权力地位。1924年12月2日，他致函廖仲恺（档案号：部2445），要求辞去工人部秘书一职，以便可以更专注地从事工人运动的实践活动。函文如下："仲恺先生：菊坡自受职以来，从事工作因地位悬殊，无补实际劳工运动，未凑肤功，因此耿耿于心，而每疚神明者也。兹值国民革命发展之秋，正是工人运动奋斗之日，菊坡决拟辞去秘书一职，致力实际运动。尤有言者，陈君日光在江门作劳工运动有年，经验素著，若以此君承菊坡之乏，当能胜任愉快。想执事谅亦以为然。"但廖仲恺对他深为倚重，在信上批有"不必辞职"四字，加以慰留。

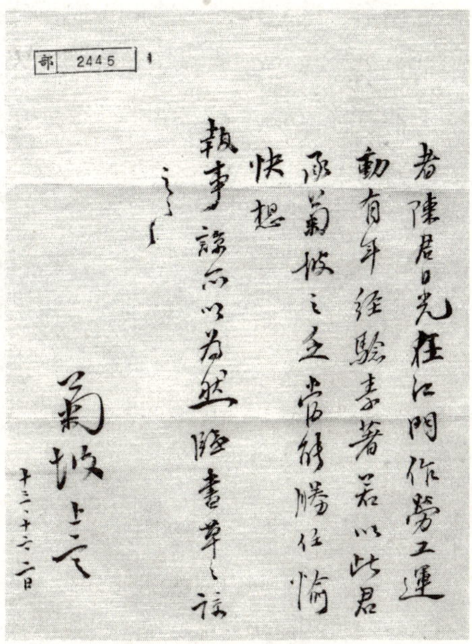
部 2445

者陈君日光在江门作劳工运
动有年经验素著若以此君
承菊坡之乏当能胜任愉
快想
执事谅亦以为然
菊坡 上言
十三、十二、二日

1924年12月，冯菊坡写给廖仲恺的辞职信

组织罢工

五卅运动爆发后，冯菊坡负责广州沙面、东山等地洋务工人罢工的组织工作。他领导发动粤汉、广九、广三铁路的工人罢工，不为叛军运送军队和枪支弹药，协助革命军迅速平定叛乱。1925 年 6 月 19 日，省港大罢工全面爆发后，冯菊坡负责中华全国总工会招待部工作。招待部的任务很重，要安排好数万罢工工人的食宿和医疗卫生问题。冯菊坡工作细致，和革命同志在广州、深圳、江门、石岐分设接待站，在广州市分区设立宿舍、饭堂。宿舍主要是通过廖仲恺的关系，借用各家会馆，以及启用曾经被查封的烟赌馆等场地，拨给工人住宿；饭堂则采用包饭制，一律免费。因为前往广州罢工的工人日益增多，省港罢工委员会值日委员冯煜南曾就请拨房屋一事致函冯菊坡：

敝会现因各工友由乡来省日众，以前各寄宿舍不敷住宿，以至各工友无地栖宿，殊堪可惜。况值天时严寒之际，确难为情。兹据各工会纷纷来函请封借房屋以便工友住宿等情，相应函达，请烦查照发给封条四张，交来人携返，以便封借房屋，而应工友住宿。……

1925 年 6 月，冯菊坡、刘尔嵩、陈延年与杨匏安（从左至右）的合影

冯菊坡以国民党工人部名义分发封条，统筹安排，上引档案中还记有“即发给由十六至十九号封条四张，交来人带回”的批示。

省港大罢工爆发不久，中华全国总工会省港罢工委员会就成立了宣传学校，1925 年 6 月 29 日举行开学典礼，校址设在长堤海珠戏院侧永德公司，校长正是冯菊坡。7 月 14 日，学校迁入太平戏院并举行学员大会，到会 400 余人。宣传学校结合训练，组织起 10 个演讲队，连日出发到各地工会，按省港罢工委员会宣传部制定的宣传大纲进行演讲宣传。

在领导工人运动的长期实践中，冯菊坡认识到广东工人经过多年奋斗，已经形成了自己的力量，进一步将工人组织起来势在必行。因此，他说服各工会，尤其是机器工会和广东总工会的领导人，参加统一的工会组织，把广州工代会发展成为广州工人代表大会。

1926 年 4 月 1 日，广州第一次工人代表大会隆重开幕，200 多个工会的 2500 多名代表人出席会议。省港大罢工能持续 1 年零 4 个月，正是得益于工会组织的迅速扩大化和群众化。

1926 年 6 月，中华全国总工会在广州创办了中国工人阶级的第一所大学——劳动学院，以培养工会领导人才。冯菊坡讲授《广东工会问题》，邓中夏讲《中国工人八大斗争》，讲课联系实际、深入浅出，颇受工人学员欢迎。

在大革命时期的工人运动中，冯菊坡为基础性的组织、发动、宣传工作不遗余力，虽然其作用在党的历史中不如刘少奇、邓中夏等人那么耀眼，但因他所处的关键位置，以及务实肯干的精神，实际上发挥了相当重要的作用，将他称为早期工人运动领袖毫不为过。

20 世纪 30 年代后，冯菊坡投身教育，先后任教于西南联合大学、重庆南开中学等校。新中国成立后，曾任广东省政协副秘书长。1957 年因病逝世，终年 58 岁。（撰文：赵庆云）

杨匏安，撕了蒋介石的劝降书

马克思主义在中国传播之初就充满了生机和活力，这在很大程度上得益于先锋旗手的鼓与呼，其中不仅有李大钊、陈独秀等知名人物在全国造成的巨大声势，还有众多干将在地方的默默奉献。有一位传播马克思主义的先驱，时光荏苒，湮没了他的名字，但他做出的贡献不会被历史遗忘，这个人就是杨匏（音同“袍”）安。

播撒马克思主义第一批种子

杨匏安出生于1896年，广东香山县（今中山市）南屏镇北山村（今属珠海市）人。原名锦焘，笔名匏安。因父亲早逝，母亲承担起了他的幼年教育工作，教他背诵唐诗宋词，后来他常自称“幼有诗癖，盖源母教”。中学时期，杨匏安师从著名国学家、诗人吴道槠、黄节、徐信符等，打下了深厚的国学基础，同时也接触到了洋务派、改良派、无政府主义等文化思潮。

中学毕业后，杨匏安回到家乡小学任教。秉性耿直的他由于揭发校长贪污，反遭诬陷，被扣上“图谋不轨”的罪名逮捕下狱。出狱后，杨匏安东渡日本，半工半读。他广泛阅读欧美近现代文化书刊，接受了马克思主义思想的启蒙。1916 年的冬天，杨匏安从日本回乡。1919 年，他发表了《马克斯（思）主义》一文，系统地介绍了马克思主义的 3 个组成部分，与李大钊的《我的马克思主义观》遥相呼应，共同播撒下了马克思主义在中华大地生长的第一批种子。

1921 年，中国共产党一成立，杨匏安就加入了党组织，并以其高度的革命热情和出色的办事能力得到重用。国共第一次合作筹备时期，中共中央指派其担任共产党在国民党的党团书记，负责统一共产党员和共青团员在国民党会议中的思想和行动。1924 年国民党第一次全国代表大会后，杨匏安担任了国民党中央组织部秘书一职，后又在原部长谭平山离职期间担任代部长，实际负责组织部的具体工作，为国民党的顺利改组以及国共统一战线的巩固做出了突出贡献。

杨匏安不仅热心于扶植工农力量，而且积极投身其中，在几次大规模的工农运动中挺身而出。1925 年 6 月，滇、桂军阀杨希闵、刘震寰发动武装叛乱，攻击广东革命政府。当时政府的兵力仅有 1000 多人，被 3 万多叛军逼退到珠江南岸，情况十万火急。

好在杨匏安等中共领导人早已预测到可能出现的叛乱，未雨绸缪，秘密着手发动工农。武装叛乱发生后，杨匏安立即组织广州郊区及番禺、珠

1925 年，国民党广东省党部执行委员合影。前排右二为彭湃，右三为何香凝，后排右二为杨匏安

村的数千名农民自卫军，同政府军一道阻击叛军，为大部队回师救援提供了宝贵的时间。

6 月 13 日，叛乱结束，就在大家欢庆胜利的时候，杨匏安已悄然踏上了新的征程，这次等待他的是更为艰难的挑战：他受国民党中央和中华全国总工会的委托，以革命政府财政部部长兼国民党中央工人部部长廖仲恺代表的身份，前往香港发动罢工。

秘密领导省港罢工

这场罢工的起因在于 1925 年 5 月 30 日，英国巡捕在上海枪杀我国同胞，制造了震惊全国的“五卅惨案”。瞬间，反帝的怒潮席卷了整个中国。作为革命力量的中心，国共两党在广东迅速作出了反应。6 月初，中共中央广东地区负责人陈延年和中华全国总工会党团书记邓中夏讨论决定，要进一步发动省港两地人民，开展罢工、罢课、罢市斗争，将反帝运动推向新的高潮。为此，邓中夏和杨匏安等 5 人组成领导香港工人大罢工的核心，赴港发动工人大罢工。

他们借住在老朋友戴卓民家中。分头调研后，领导小组决定召开一个“全港工团代表联席会议”。在会议中有部分工人谈到了自己的担心，“不做工就没有钱，我们生活怎么办呢？”有的则更为直接：“罢工了，政府给我们饭吃吗？”如果不能打消工人们的顾虑，就很难调动起他们的积极性。

还好，廖仲恺和杨匏安很早就考虑到了这一问题。杨匏安在会上发言，声明廖仲恺先生允诺，政府会全力为工友们提供食宿保障。同时，杨匏安义愤填膺地历数帝国主义的种种罪行：“他们欺压中国人民，把一个个不平等条约套在我们身上，夺取我们的路权、海权、海关权和办银行权，我们的领土、主权和人权都被他们破坏得不成样子了！”接着，他大声问道：“各位兄弟，难道我们心甘情愿，永远做外国人的牛马和奴隶吗？”“不甘心！”“不愿意！”工友们愤怒的呐喊声响彻整个会场，杨匏安的宣讲为省港大罢工的爆发创造了良好的舆论环境。

6月19日，香港海员工会、电车工会和印刷工会拉开了省港大罢工的序幕。热潮迅速波及全港，共有25万余人参加了这次罢工。杨匏安等人并未食言，积极安排这些工人的生活。在台北国民党中央党史馆收藏的档案中，有一封杨匏安发给廖仲恺的电报（档案号：部14874），内容为：“鉴工人留此极多，请即牺广九局交涉，速开专车来圳。”这是要求国民政府尽快派车来将坚持罢工的工人接到广州，以便妥善安顿。正是在杨匏安等共产党人的积极组织和国民政府的大力配合之下，省港大罢工才得以爆发出惊人的力量。

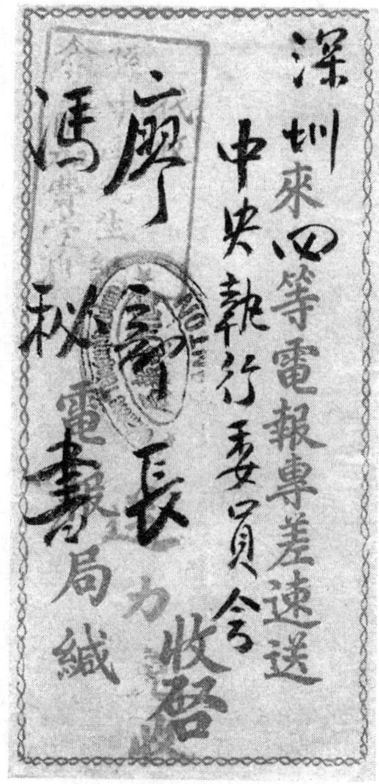

1925年6月，省港大罢工期间，杨匏安给廖仲恺发的电报

把法庭当斗争舞台

可就在罢工开始后没几天，意外发生了，留在香港做善后工作的杨匏安被捕入狱。消息传到广东，国民党中央立即委派时任外交部长的胡汉民出面交涉，又由组织部致函工人部，要求该部处理此案，表现出了极大的关心，该函（档案号：汉15694）全文如下：

> 顷据广州市第五区第二区分部常务委员苏坤投称，现据同志刘公博投称七月一日下午十时留香港同志杨匏安戴卓民惨被香港政府派差搜查杨戴住宅，复在临近四处守候，竟将杨戴二君捕获，留押狱牢，消息隔绝。伏贵会俯念杨戴二君因愤帝国主义者之惨杀我沪汉岛粤各

地同胞，激于义愤或失言谈论各工团罢工回省之正理。事虽失检，究属爱群。务恳贵会设法交涉保释杨戴二君，俾得恢复自由，实为得便等情。

杨匏安领导工人罢工一事一直处于严格保密状态，为何警察要抓他？难道有叛徒出卖？原来，当时控制着香港的英国当局在经受省港大罢工的打击后，草木皆兵。凡是华人三五聚谈的，皆被以为“煽动罢工”，或以“不法行为罪”拘押。杨匏安等人常在戴家出入，引起了英警的注意和监视，不由分说将其抓捕入狱。

杨匏安面对严峻的形势，丝毫没有胆怯，而是昂首面对、坚持斗争。他随机应变，用假身份和港英当局机智周旋，称自己是从澳门来港办事的。杨匏安还把法庭当成了展现革命斗志和雄辩口才的绝佳舞台，批评港英警察局的做法，既违反了民主国家的法律，也侵害了被捕者的人权。警察被他说得理屈词穷，又迫于社会舆论的压力，在无理关押杨匏安 50 天之后将他释放。

出狱后的杨匏安获得了国共两党领导人及广大工人的热烈欢迎。8 月 20 日，杨匏安出狱当天，恰逢省港罢工工人代表大会在广州开会，中华全国总工会的执行委员兼组织部长、省港罢工委员会干事局干事长李森（李启汉）在会上作报告，他开头便说：“有一件值得我们欢喜的（事），就是杨匏安先生已被释放了，一二日间便可来省（广州）。我们加了这一位很有力的助手，更稳操胜算了。”大会堂中立刻响起了热烈的掌声和欢呼声。

省港罢工委员会机关报《工人之路》也专门为杨匏安获释出了特刊，用醒目大标题发布了《欢迎杨匏安先生出狱》的特别消息，文中写道：“杨先生现已由澳门经行到省。大家闻之，当必有无限之愉快。”委员会还准备在广州搭牌楼，举办盛大的仪式来欢迎他。但杨匏安不肯答应，他说：“为革命工作、坐牢乃至牺牲，是共产党人的本分，我们唯有继续奋斗。”

8 月 25 日，省港罢工工人召开第十七次代表大会，大会上也专门设置了一项“欢迎苏俄全国总工会代表并欢迎杨匏安先生出狱”的议程，并请他出席。但杨匏安一回到广州，就立刻投入追查杀害廖仲恺凶手和料理其后事的工作当中。他对革命的热忱和全心全意的付出赢得了工人们对他更高的敬意，与会代表决定在他并未出席的情况下，依然全体起立，对他行鞠躬礼。此后，杨匏安又担任了香港罢工工团宣传学校的名誉校长，为罢工工人解决食宿问题而奔波忙碌。

在以杨匏安为代表的国共革命人士的积极推动下，省港大罢工历时 1 年零 4 个月，成为世界工人运动史上规模最大、坚持时间最长、影响最深远的一次罢工，沉重打击了帝国主义。同时，它也促进了广东革命政府的稳固和广东革命根据地的统一，为国民革命向全国发展和北伐战争的开展奠定了基础，在中国近代史上写下了辉煌的一笔。

铁狱不改主义真

大革命失败后，革命活动遭受了沉重的打击，随之而来的党内“左”倾错误，更是雪上加霜。当时，杨匏安被谣传要“组织第三党”、另起山头搞分裂，在中共党组织中受到了冷遇。饱受委屈的杨匏安专门在中共中央机关刊物——《布尔塞（什）维克》上发表文章，表明自己忠贞不渝的立场和态度。1929 年，杨匏安到了上海，参与中央机关出版物的编辑工作。当时杨匏安一家住在上海公共租界东有恒路（今东余杭路）2048 号。

杨匏安白天为党工作，晚上加紧写稿或译书，还得帮家人推磨做米糍，好让老母亲和孩子第二天一早上街叫卖，以维持生活。杨匏安一家生活异常艰难，他自己患肺病，妻子体弱，7 个儿女有两个因为生病看不起医生而早夭。但杨匏安平生廉洁奉公，从不动用革命经费中的一厘一毫贴补家用。后来，周恩来经常以杨匏安为官廉洁的例子教育党员。

然而，更大的不幸又降临在杨匏安身上。1931 年 7 月 25 日，由于叛徒出卖，杨匏安被上海地区反动武装的大本营——国民党淞沪警备司令部拘捕。国民党对抓到这样一条“大鱼”很是兴奋，打起了如意算盘：杨匏安在国共合作时期担任过很多重要职务，在中共内部影响巨大；同时他又蒙受了错误处分，郁郁不得志。因此，拉拢他，借此分化中共应当易如反掌。

然而，在大义凛然的杨匏安面前，这场劝降大戏以失败而落幕。国民党首先出动了淞沪警备司令部司令熊式辉和吴铁城等要人，结果都碰了一鼻子灰。后来派出以能言善辩著称的国民党中央监察委员吴稚晖，吴对他“循循善诱”：“蒋总司令不要你出卖同志，也不要你出卖良心，只要你写一份自首书或在报上发表声明脱离共产党，就给你自由，并且保你有高官可做。”但杨匏安斩钉截铁地回答：“我是为了寻求真理才加入共产党的，既已选定，就不能动摇。”吴稚晖又以死亡相威胁，杨匏安轻轻一笑：“我从参加革命开始，就已经把生死置之度外了。死可以，变节是不可能的！”

蒋介石无奈，只好亲自出马，但他的两封亲笔信都被杨匏安撕掉了，他打来的电话也被杨匏安拒接。蒋介石恼羞成怒，下达了“就地枪毙，让他秘密消失”的命令。1931 年 8 月的一天夜里，杨匏安在淞沪警备司令部内的荒地上被秘密枪杀。

杨匏安一生多次入狱，但对革命的忠贞始终未改。他曾在狱中写过一首《示难友》的诗，正是其崇高人格和坚定信仰的真实写照，今天再读这首诗，这位共产主义战士仍然令我们肃然起敬。

慷慨登车去，相期一节全。
残生无可恋，大敌正当前。
知止穷张俭，迟行笑褚渊。
从兹分手别，对视莫潸然。

（撰文：马思宇）

彭德怀建成首座核反应堆

新中国成立后，在众多杰出军事将领中，毛泽东提名彭德怀出任第一任国防部长。

近日，《环球人物》杂志记者专访了当年彭德怀的军事参谋（相当于秘书）王亚志。这位年逾八旬的老人，回忆起在彭德怀身边工作的日子，仍然激动不已。

千里决胜一江山岛

在国防部长任上，彭德怀面临的第一场硬仗，就是攻打一江山岛。

一江山岛位于浙江东部的台州湾外，是当时国民党军占据的大陈岛的北侧屏障，距解放军驻守的东矶列岛很近。1954年7月，华东军区建议攻打一江山岛，为下一步攻占大陈岛创造条件；从长远看，解放东部沿海小岛，是为最终解放台湾做准备。毛泽东和彭德怀都同意采纳这一建议。8月，华东军区在宁波成立浙东前线指挥部，张爱萍任司令员，开始了作战准备。

但这一年11月下旬，形势突变。美国和蒋介石集团在大陈岛海域举行了3次联合军演；12月2日，台湾和美国又签订了“共同防御条约”。于是，在华东军区“拟于20日攻打一江山”的报告上，毛泽东批示：“彭德怀、粟裕同志：因美军正在浙东海面做大演习，攻击一江山时机目前是否适宜，请加考虑。”

彭德怀收到毛泽东的批示后，一面电告华东军区推迟行动，一面仔细权衡美军可能的反应。他认为，要弄清楚美国的底牌，就不妨在一个小岛上刺激它一下，但我军必须取胜。他特意询问在浙江前线的张爱萍有没有取胜把握？张爱萍说：“‘绝对’二字不敢说，但只要美军不插手，把握肯定有。如停止进攻，老兵复员后，重新训练新兵反而不利，建议仍按原计划实施。”

在报毛泽东批准后，彭德怀决定发起对一江山岛的进攻。

1955 年 1 月 18 日上午，彭德怀、粟裕、陈赓和有关负责人，走进了设在中南海居仁堂的总参谋部作战室。此时，对一江山岛的轰炸已经开始。值班参谋进来说：“前线发来电报。”彭德怀命令道：“念。”“我军航空兵在歼击机掩护下，轰炸机 3 个大队、强击机 2 个大队，于 8 时轰炸了一江山岛；另，轰炸机、强击机各 1 个大队，轰炸了大陈岛的指挥通信设施和炮兵阵地，现飞机已全部返航。”彭德怀听完汇报，看看手表说：“快两个小时了。”陈赓高兴地说：“过去打仗，我们总挨敌人飞机的轰炸，这次也让敌人尝尝飞机下蛋的滋味。”作战部代部长王尚荣说：“下午，航空兵还要配合地面炮兵实施火力准备。”

这时，大家的目光都集中到彭德怀身上。他知道，大家最担心的是美国的反应和态度。他说：“我们都打过仗，知道部队出动从下决心到出发，要经过一定的程序和时间。美军要来干涉，它首先要判明情况，弄清我们是不是攻岛，是只攻一江山岛，还是攻大陈岛。还要判明我们在战区的兵力……估计一两天内美军难以到达战区。这样，我军就有了比较从容解决战斗的时间。告诉部队，占领一处滩头阵地后，后续部队要源源上去。我军能打夜战，加上明天一天，估计可以攻下来……成功与否，今天下午是关键，作战和情报部门要密切掌握情况，随时汇报。”

地面攻击一江山岛的战斗，在当天中午 12 点正式开始。1.2 万余发炮弹和 300 多枚航空炸弹倾泻在 1.75 平方公里的小岛上。我军登陆部队在火力掩护下抢占滩头阵地，经过 3 小时激战，全歼守敌 1086 人，俘虏 567 人，占领了一江山岛。情况果然如彭德怀所料，美军当天没有“协防”，直到 1 月底才调来大批海军、空军，迫临浙东近海。但最终，美国政府出于对其全球战略的考虑，决定让蒋介石的军队从大陈岛撤退。

从此，浙江沿海的岛屿全部解放。

力保义务兵役制

作为首任国防部长，彭德怀肩负着一个重任：完成解放军从战时到平常的战略性转变。大到国防制度、海防边防、战略方针，小到军队条令、训练方针，他都得从零做起。在他的推动下，从 1954 年到 1955 年，我国的义务兵役制度、薪金制度和军衔制度（合称“三项制度”）相继建立。

1954 年，第一届全国人大通过的《宪法》，确定我国实行义务兵役制度。但毛泽东等领导同志，对此仍有不同看法，主要是担心战时后备兵源不足。彭德怀一直惦记着这件事。1955 年 9 月，他在视察广东边防时，南澳岛守备团团长汇报说，岛上原本兵力不足，但这里有很多民兵，平时对他们进行训练，需要时就能参加作战，从而解决了兵源不足问题。彭德怀由此得到启发：把民兵和预备役合而为一。经过充分酝酿，他在 1957 年的军委会上提出“民兵与预备役相结合的制度”，毛泽东批示“同意”。1958 年 3 月，他的建议得到中央政治局的认可，争议了 3 年之久的义务兵役制从此被固定下来。

1955 年，军队薪金制度开始实行。在此后的两年时间里，彭德怀一直在观察各方反应，考虑薪金标准是否合理。1957 年，他发现，军队中最高薪金和最低薪金过于悬殊，不利于发扬上下一致的光荣传统，便决定从正师级到军委副主席，每级都不同程度地降低薪金。他将自己军委副主席的月薪，从 450 元降到了 400 元，两年后又从 400 元降为 360 元。1958 年，毛泽东在中央政治局扩大会议上，提议考虑取消薪金制，恢复战争年代的供给制。但彭德怀几经考虑，认为“实行一种制度主要考虑它能不能促进社会发展”。于是，薪金制被坚持下来。

彭德怀还力倡实行军衔制。在国防部会议和军委会议上，他讲到一个故事：“新中国成立以后，军队同外国的往来一天天多起来，没有军衔实在不方便。1951 年时，志愿军在朝鲜板门店同美国人谈判，人家有军衔，我们没有军衔。为了和对方平起平坐，只好临时给谈判代表安上一个头衔，这种状况往后不能一直这样。”1955 年，军衔制度开始实施。

“三项制度”的相继实行，成为“我国国防建设的基本起点”，使我国的国防建设逐渐步入了正轨。

“要有自己的核武器”

彭德怀深知科学对国防现代化的重要意义，因而十分重视军事科学和尖端武器的研制工作。

1955 年 5 月，彭德怀以中国政府代表团团长的身份出访东欧。回国途经莫斯科时，苏联领导人赫鲁晓夫主动问他想参观些什么。彭德怀提出想参观海军。赫鲁晓夫说，对中国同志是没有任何秘密的，可以去看看核潜艇。彭德怀到达列宁格勒波罗的海舰队驻地后，舰队司令满口答应第二天就参观核潜艇，可第二天早晨又说“核潜艇已出海”。经交涉，苏联方面说可以到塞瓦斯托波尔去看，但到了那里，又说黑海舰队没有核潜艇……彭德怀对此非常气愤，回国后向毛泽东做了汇报，并提议尽快发展我国的核能事业。

此后，彭德怀经常把钱三强、钱学森等科学家请到家里，为自己讲课。他接受钱三强的建议，决定先建一个试验性原子反应堆和一个加速器，为研制原子弹准备条件。

1957 年 6 月 15 日，天还没亮，彭德怀就起床去参观中国人自己建成的原子反应堆。技术人员把他领到一个水泥浇铸的筒形建筑前，说：“这就是原子反应堆的心脏部分。”

“好家伙，像座碉堡！”彭德怀乐呵呵的。

“现在还没有封口，可以看到内部，封口后就什么也看不到了，得通过仪器观察。请彭总看看。”

彭德怀说：“技术上的事，我是外行。我只说两件事：一是对废料、废液一定要严格处置，绝不要造成环境污染；二是一定要加强防护，保证工作人员身体健康。”

这次参观，让彭德怀很高兴：“我们终于有了自己的原子反应堆，这是个好的开端。有了它，以后就会有我们自己的火箭、导弹和核潜艇，再也不用去看人家的了！”

但是，彭德怀最终没能看到研制出的核武器。1959 年，庐山会议上，他受到错误批判，从此离开军委和国防部。“文革”中，他受到残酷的批斗。即便如此，他仍然为祖国军事科技的飞跃激动不已。1964 年 10 月，他在广播中听到了我国第一颗原子弹爆炸的消息。1970 年 4 月，他又听到了中国第一颗人造卫星上天的消息。但 1971 年中国核潜艇下水、1974 年 8 月交付使用的消息，因未对外公布，他到 1974 年 11 月去世时都不知道。在临终遗言中，这位新中国的第一任国防部长念念不忘：“我国的战略防御设施不完善，国防工业和科研跟不上需要，这是我最担心的。”（撰文：许陈静）

彭钢：为伯父彭德怀上“万言书”

彭钢，彭德怀最小的侄女。彭德怀一生没有子女，彭钢是和他生活时间最长，也是交流最多的晚辈。从12岁住进中南海永福堂开始，她断断续续和伯伯生活了15年。庐山会议后，彭德怀最为惨淡的日子，彭钢都历历在目。

在部队，提起彭钢，常会听到两种极端的评价：“厉害得很，不讲情面，见到她都躲着走。”“讲原则，办事认真，踏实。很值得交的朋友。”彭钢曾有个外号叫“军中女包公”，从总后勤部的专职纪委副书记到总政治部纪检部部长、中央军委纪委副书记，彭钢干了整整十年，她的认真、较劲，远近闻名。

彭钢任总政治部纪检部部长期间，工作的范围是监督军以上的干部，常常是在原则、争议和压力面前艰难抉择。人们都说这个官最难当，很烫手。特别是对于彭钢来讲，更难，因为她说：“总有一面镜子在那里照着”，这面镜子就是他的伯伯彭德怀。

中南海里的天真少女

1938年，彭钢出生在湖南湘潭。从她记事起，家中就动荡不安。“我们不停地躲藏，不停更换姓氏。我从大人们那里听说，大伯搞了平江起义，是‘共匪头子’，国民党扬言要斩草除根，把彭家所有的孩子全杀光。”

“国民党派军队驻扎在离我家一里地远的地方，监视我们。为了不连累老乡，我们最后只能躲在山上。”彭钢至今还记得，一个漆黑的晚上，山上下着小雨，阴冷恐怖，她紧紧钻进二姐的怀里，不停地哭喊：“天怎么还不亮？”

彭钢的父亲彭荣华和二伯父彭金华很早就参加了共产党，受大伯牵连，他们先后被国民党杀害；彭钢的母亲也受了伤，手腕的骨头被打断了一块。“国民党甚至两次派人来挖了我们的祖坟，连家门都给封了。”

1953 年，彭德怀与侄女彭钢在中南海永福堂合影

1949 年，彭德怀的老战友吴德峰，派人将彭德怀的侄子、侄女共 5 人，接到武汉汉口上学。一年后，他们来到了北京。12 岁的彭钢在北京饭店第一次见到了大伯父——时任西北军政委员会主席的彭德怀。她坦言：“初次见面，挺拘束的。”

不久，彭德怀将彭钢接进了中南海永福堂。戒备森严的中南海，与轻松活泼的学校相比，彭钢更喜欢后者。直到上初中，彭钢都一直住校，只有周末回来。“那时伯母经常出差，伯伯回家后总是冷冷清清，他劝我‘还是走读吧，家里热闹些’。我不愿意，觉得不自由。”彭钢提出条件：“走路上学要半个小时，这个时间我还可以看书呢。除非给我买自行车，否则我不走读。”一向节省的彭德怀，真的破例给侄女买了辆自行车。“这辆车是‘永久’牌的，天蓝色，非常好看。”彭钢视其为珍宝。

彭德怀总是担心侄女的安全，一到放学时间，就在院子里来回踱步，不停地说：“这丫头怎么还不回来，不要出什么问题啊！”每次彭钢一推开家门，便看到警卫员匆匆赶来，“快上去吧！你伯伯正着急呢！”

彭钢说那是她人生“最快乐的时光”。“永福堂里有两棵海棠树、两棵杏树。我看到海棠熟了，就爬上去摘果子。警卫员吓得大喊，‘快下来！’惊动了伯伯。他冲出屋，立即示意警卫员不要喊。我在树上冲他做鬼脸，他在树下冲我笑。等我下了树，他变了脸，狠狠责备我，‘风吹树摆你也摆，吓不吓死人哪？’”

1955 年 9 月，彭德怀被授予元帅军衔，位居十大元帅的第二位。彭钢记得，“那天他穿着蓝色的礼服回来，说‘你看，像不像女人穿的衣服啊？’

1954 年，彭钢（前左）随伯伯彭德怀（二排右）、伯母浦安修（前右）一起参观北京十三陵

我说，‘你们自己定的，还说什么？’”那时的彭钢对元帅并没有什么概念，她和大部分年轻人一样，梦想当兵。

最早明白“沉默是金”

1959年，高中毕业的彭钢如愿以偿考取了第一志愿——西安电讯工程学院计算机专业。十年没有回湖南老家的她，利用假期回家，给伯伯带回来一份特殊的礼物。“我早想好了，要带个南瓜给伯伯。因为他总给我讲有关南瓜的故事，说太行山地区的南瓜养活了多少人，湖南老家的南瓜养活了多少人。”回到北京，彭钢一直憧憬着伯伯见到南瓜时的表情。

1959年8月19日，彭德怀从庐山开会归来，彭钢兴冲冲地赶到机场迎接伯伯。“以前他开会我也去接过，那天很奇怪，人们都低着头不吭声，没有人跟他打招呼，他也不跟人家打招呼。他一直拉着我的手，从下了飞机就没有放。他就问了我一句，考得怎么样？我平静地说，考上第一志愿了。他又问，你妈妈在家怎么样？我说，妈妈挺好的，我还给你带了个大南瓜。”伯伯再也没有说话，彭钢期待的情景没有出现，空气像凝固了一样。

回到家中，伯母浦安修把彭钢叫到了卫生间，边说边哭起来：“你伯伯被打成‘反党集团’的首领，右倾机会主义分子。”伯母劝彭钢去换个专业，不要读军事院校。话音未落，彭德怀听见了。“伯伯说，‘你跟她说什么呢，一个孩子家，改什么志愿。一人做事一人当，还能把她一个小孩子怎么样。’后来情况说明，伯伯在这方面还是太天真、太单纯了。我在学校确实受到了牵连。”

之后的日子，彭钢一辈子也忘不了：“我每天看着伯伯坐在书桌前写信，写了撕，撕了又写。有时候坐在那里不动，有时又在院子里走来走去，一走就是几个小时。”彭钢就坐在屋檐下的藤椅上，默默地陪着伯伯，看着他走。她也想不通，为什么一个正直的人，一夜间就成了反党人士。

“在我即将入学的前一天，伯伯走进我的屋里，他说‘我看你东西不多，把我出国时用的小皮箱给你吧，反正我也用不上了’。伯伯的一句话，让我再也忍不住了，眼泪噗噗地往下落。收拾完行李，他突然说，晚饭把你带回来的南瓜吃了吧。”

那是一顿异常安静的晚餐，吃南瓜饭的时候，没有一个人说话。饭后，彭德怀把侄女叫进办公室。“伯伯对我说了很多，他说‘你现在走向社会了，再也不是我身边的小孩子了。你要对自己严格要求，不要为我的事操心。你还要争取入党，要好好学习。’这是伯伯出事以后，讲话最多的一天。”

1959 年 9 月，彭钢进入西安电讯工程学院，在北京的彭德怀更为孤单和落寞。9 月 30 日，被罢官的彭德怀举家从中南海迁出，搬往颐和园附近的吴家花园居住。传说，这里曾是吴三桂住过的园林，解甲后的彭德怀在院子里挖地种菜，过上了农民般的生活。

彭钢说，她青年时期最先明白的人生道理就是“沉默是金”。“刚上大学，我还和一些同学有来往，后来常有指导员来打听彭钢都讲了些什么，我再也不说话了，叫我干什么我就干。”那个天真烂漫的小女孩儿，一下子就变得非常老成。

1962 年，迫于各方压力，彭钢无奈休学。她放不下伯伯彭德怀，想利用这段时间好好陪陪他。

父女，朋友，知己

“在吴家花园，我对伯伯有了更深的了解。特别是 1962 年后，情况发生了变化，在七千人大会上，伯伯又被扣上了‘里通外国’的帽子，这让他更加痛苦。”

彭钢清楚地记得，当时文件发下来，伯伯就坐在办公室里发呆。“我进去时，看到他的眼睛里含着泪水。他把七千人大会上毛泽东、刘少奇

彭钢在吴家花园

的话给我看，意思是别人都能平反就是彭德怀不行，因为他在国内搞颠覆活动，里通外国。我问他打算怎么办，伯伯说他要上诉。”此时的彭德怀，已经把小侄女视为知己。年龄不过二十三四岁的彭钢，成了他唯一的倾诉对象。“考虑几天以后，伯伯告诉我，他要用事实说话。不表功，只说事实。所以他给中央和毛主席写了一封长信，就是人们说的‘八万言书’。后来毛泽东认为这是翻案书，其实他写的都是实情。他在信中有很多地方还做了自我检讨，伯伯一向严于律己，甚至有些不该检讨的地方他都检讨了。”

写完八万言书，彭德怀坚持要求侄女认真阅读，他将彭钢带进卧室里，反锁着门，非常谨慎。“我看了一下午，直到六七点钟，把吃饭都耽误了。他再三问我，记住了没有？我奇怪地说，这些事情我又没有经历过，又不像小说那样吸引人，我记不住。”之后，彭德怀总是有意识地反复在侄女面前，讲述他“八万言书”中的内容。

彭钢知道，此时无论说什么，也无法排解伯伯的苦闷。她陪伴伯伯一起读书："我推荐《远离莫斯科的地方》给他看，挺厚的三大本，伯伯看后还和我讨论主人公巴特诺夫，很多外国人的名字他都能记住。伯伯最喜欢《马克思的青少年时代》，还买了很多本送人。他说那本书写得很真实，既写出了马克思的聪明好学和才智过人，也把他童年时代的顽劣和青年时期一度有过的放荡甚至吃喝玩乐、耍酒风，都描写出来了。他称赞这本书表现出马克思是一个从小就有自己独立思想和意志的人，写出了马克思的个性。他认为青年人就应该这样独立思考，而不是人云亦云；伯伯的办公室里放满了书，有马克思主义经典作家的著作，也有二十四史，还有大量的经济学著作以及文学作品。伯伯很爱看书学习，直到他去世前，还在看一本小说《沸腾的群山》。"

彭钢认为，她和伯伯之间的感情既似父女，又似朋友，更似知己。伯伯的无微不至，她一辈子都难忘。"我喜欢游泳，但家里没有热水洗澡，他总是把一盆一盆的水拿到院子里面晒热了，等我游泳回来用。即使父母也很难做到这样。"彭钢工作以后，因为工作地点很远，下班回来后总是疲惫不堪。"伯伯就帮我洗衣服，他说'反正我闲着也没事'，我听后特别心酸，再也不敢留下脏衣服在屋里。每天上班，伯伯总是一早就把奶粉调好，再把鸡蛋打进去，才敲我的门叫我起来吃；吃完早饭，他会送我到公车站，说就当散步；晚上下班，伯伯已经站在站台上，等着接我了。"每每提起这些往事，彭钢都难掩泪水。

侄女的"万言书"

1965 年，彭德怀被派往成都任三线建设第三副总指挥，两人由此告别。谁也没想到，再见面时，彭德怀已重病缠身。

"庐山会议后，伯伯在巨大的痛苦中生活了 15 年。1967 年他被红卫兵揪斗打断肋骨，接着又被专案监禁，直到 1973 年 4 月发现癌症晚期入院，我才得到允许去看他。"1974 年 10 月，彭德怀半身瘫痪，他用唯一能动的手紧紧拉着彭钢说：“我想死后和你们的父亲埋在一起，但是他们是光荣的烈士，我却被打成反革命，我怕玷污他们。”说着眼泪流了下来。11月29日，自称“我仅是一个幸存者”的彭德怀辞世，他的骨灰被化名“王川”寄存在成都的一座公墓里。

1978年，当彭钢看到很多曾经被打成“右派”和“反革命”的同志都陆续得到平反时，她决定向党中央写信，为伯伯澄清冤屈。“我突然间意识到，伯伯一次次反复向我讲述‘八万言书’，似乎早有用意。我写的就是伯伯‘八万言书’讲的事情。时任国务院副总理的王震知道了，答应帮助我。我从此一头埋进回忆中，写作的过程非常艰辛。从来不抽烟的我，一夜抽了一盒烟。但我越写越坚定，就是把我打成反革命，我也要这么做。20多页的纸我不知改了多少遍，写了几个月的时间。”

在王震的帮助下，彭钢的信终于送到了邓小平手中。不久，党中央为彭德怀平反。1978年12月24日，中共中央在人民大会堂为彭德怀举行了隆重的追悼会，邓小平致悼词。然而，十一届六中全会上，《关于建国以来党的若干历史问题的决议》征求意见稿中，却未见“庐山会议”的事。彭钢着急了，她去请求黄克诚。“因为当年被定为‘彭黄张周’反党集团的，就剩他一个人还活着。开始黄伯伯认为这是个人问题，不方便出面。后来我急了，我说这不是个人的事，我把八届八中全会的公报拿去给他念，念完跟他说，你看，这里说你不但是‘彭黄张周’反党集团的，你还是‘彭高饶’反党集团的重要成员！这下可把黄伯伯给说动了，他半是无奈半是赞赏地说，‘你这家伙还真有头脑，你伯伯没白疼你。我是应该站出来说话，你也以家属的身份给中央写信。’”彭钢用激将法，说服了黄克诚。功夫不负有心人，彭钢最后终于看到了十一届六中全会上，《关于建国以来党的若干历史问题的决议》中谈道：“庐山会议后期，毛泽东同志错误地发动了对彭德怀同志的批判……”不久，彭钢也重返部队，又穿上了久违的军装。1999年，彭德怀的侄子侄女们，实现了彭德怀的遗愿——将骨灰送回湖南湘潭老家，葬在两个弟弟身边。彭钢心中百感交集，“不管怎么样，伯伯终于回家了。”

总政第一位女将军部长

也许是长期生活在伯伯身边的缘故，彭钢的身上潜移默化地融入了彭老总的一身正气。1990 年，总政治部正式设立纪律检查部，彭钢先后被任命为副部长、部长和中央军委纪委副书记。1991 年 6 月 27 日，时任中央军委主席江泽民签发命令，授予彭钢少将军衔，她成为新中国成立后人民解放军第九位女将军，同时以“第一位女将军部长”的纪录，载入总政治部的历史。

做官越久，彭钢越能体会到伯伯的不易和勇气。很多上级领导不好处理的事情，最后就派彭钢去“排雷”。有些本来查好的案子，由于一些原因，上级领导犹豫不决，就让彭钢重新写报告，甚至吃饭时也有领导劝她，“彭部长你手抬一抬就过去了。”彭钢并不据理力争，她只是坚定地说：“首长，这不是抬不抬手的问题。”

2007 年，有朋友来告诉已经退休的彭钢，海军原副司令员王守业因涉嫌经济犯罪被免职。审判时，他对所有罪行供认不讳，只有一项，死都不承认。他曾给某军事学院批了几千万元，凭他一贯的做事方式不可能分文不取。王守业急了，无奈地喊道：“我敢吗？那个‘铁姑奶奶’的侄子在那里工作，我不是往枪口上撞嘛！”王守业提到的“铁姑奶奶”就是彭钢，可见她的威慑力。

其实，彭钢并不像外界传言的那么“凶巴巴”，“有就有，没有就没有。纪检部门也负责把你没有的事情，给你更正过来”，这是彭钢查案时经常说的一句话。据说，有一位过去的战斗英雄被告有四项违纪问题。一见面，那人就给彭钢一个下马威：“彭部长，你坐在主审席上，你今天是要审我啊！”彭钢反问道：“我小时候就是听你的英雄事迹长大的，你过去的英雄气概哪去啦，怎么成这样啦？”接着彭钢又以柔克刚：“咱们先不谈问题，这刚过年，我先给你拜个晚年。”这么一来，两人之间的距离拉近了。彭钢核实后发现，四个问题中的两个问题不存在，剩下的属于管教子女不严。之后，当事人便讲：“你们都说彭部长厉害，她的确也厉害，但是她是讲道理的，没有就没有，她还是公正的。”

记者见到彭钢时，她刚刚出差回来，看上去异常忙碌。“今年是抗美援朝胜利55周年和彭德怀诞辰110周年纪念日。我这辈子最后的、最大的愿望，就是想出版彭德怀的文集。虽然有很大难度，但这是我晚年的心愿，也是给伯伯的一份告慰。”（撰文：刘畅　周玲）

彭雪枫，战火中写下87封家书

今年71岁的彭小枫是抗战名将彭雪枫之子，历任兰州军区副政委、国防大学副政委、第二炮兵政委，2006年被授予上将军衔。

接受《环球人物》记者采访时，彭小枫端坐着铺开父亲彭雪枫将军的画集与传记。追思父亲的往昔，他仿佛亲历那段峥嵘岁月，细节与关键时间脱口而出。其实彭小枫从未见过父亲，一眼都没有。

“你爸爸真的很了不起”

1944年9月，我还未出生，父亲就牺牲在收复抗日敌后根据地的战场上了。我对父亲的了解，多是从长辈们的追忆中和他留下的文稿书信中得来。

以前，周恩来、陈毅、黄克诚、张震、张爱萍，这些和父亲一起战斗过的长辈们，时常会跟我讲起父亲。在中南海看戏时，叔叔伯伯们见到我就说：“这是彭雪枫的儿子啊，你爸爸真的很了不起！”印象最深的是，我小学毕业第二年，1958年的一天，周总理把我叫去他家。“小枫啊，今天有个礼物要送给你。”说着便拿出一条毛毯。“这条毯子是1938年我与你父亲分别时，你父亲送给我和邓颖超的。当时战争条件艰苦，你父亲说没什么别的，就把这条毯子给了我们，之后他牺牲了，毯子也再没盖过。我们把它保留起来，今天送给你，是希望你能记住，你的父亲是中华民族的英雄。”

小时候，母亲很少提起父亲。长大一些后，母亲才给我看了父亲当年写给她的信。从 1941 年两人相识，到 1944 年父亲牺牲，父亲写了 87 封家书。从这些字里行间，我能感受到他对母亲、对家的牵挂。在信中他对母亲说：“你对我也许比我对你了解更多一些，还曾感慨‘家如月夜圆时少，人似流云散出多。’”父亲懂得爱、追求爱，是个理想主义者——战场上是，爱情里也是。

父亲在抗日前线英勇牺牲时，为了避免我军高级指挥员牺牲的消息对前线抗日形势的不利影响，也为了稳定我母亲的情绪，使她能安心养胎，组织上决定暂不立即发布消息，并继续以“雪枫”的名义给她发电报，盼她顺利分娩，勿念西线。所以母亲一直以为父亲就在前线，直至 1945 年 1 月 20 日，我快满月时，她才知道父亲已于 4 个月前殉国了。她日思夜想，盼来的却是父亲的灵柩。

父亲牺牲后，他的战友、朋友对我和母亲都很照顾。我的名字“小枫”，就是父亲的老战友邓子恢伯伯起的。母亲原本为我起名枫遗，意为唯一的遗子。邓子恢知道了跟母亲说，不要叫这样的名字，既然是雪枫同志的儿子，就叫小枫吧。

“痛痛快快地干一场”

1907 年，父亲出生在河南省镇平县七里庄一个农民家庭，少年时代他就胸怀大志。在 1919 年五四运动影响下，父亲开始接触《新青年》《共产党宣言》等进步书刊。1926 年，父亲在北京育德中学正式加入中国共产党，后转入汇文中学担任该校党支部书记。1927 年，因李大钊被捕，父亲转移天津，做“秘密党的工作”。

1930 年 5 月，在父亲的迫切要求下，中央军委派父亲前往鄂东南红五军工作，任五纵队教导大队第三大队队长，成为一名红军指挥员，满足了他“痛痛快快地干一场”的强烈愿望。

1934年，中国革命进入最危急的关头，中央红军被迫进行万里长征。在血与火的考验中，父亲逐渐成长为一名红军高级指挥员，协助周恩来在广西界首前线指挥军委第一纵队抢渡湘江。

遵义会议期间，父亲临危受命，接任红三军团第五师师长，指挥部队击退敌人，夺取了著名的刀靶水大捷。此后，在毛泽东和中央军委指导下，父亲率部夺取黔北险隘娄山关，揭开了遵义战役的序幕，取得了红军长征以来的毛泽东等指挥的第一个大胜仗。毛泽东欣闻喜讯，挥笔写下了《忆秦娥·娄山关》，纪念这一伟大胜利。

毛主席钦点的“特使”

1936年，日本侵略者的野心进一步膨胀。在中华民族最危险的时刻，中国共产党不计前嫌，呼吁停止内战，一致抗日。根据中共中央确定实行“逼蒋抗日”，进一步做好张学良东北军、杨虎城西北军和阎锡山晋绥军统战工作的指示精神，毛主席钦点父亲担任“特使”，出使山西，做阎锡山的统战工作。父亲去山西前一日，毛主席在延河边上找他长谈。父亲当时不到30岁，对手阎锡山却是个工于心计的老狐狸。毛主席告诉父亲：“对人诚恳是不会失败的！”

带着党中央、毛主席的重托，父亲以中共中央代表身份，化名彭雨峰经天津到太原，与阎锡山进行联合抗日秘密谈判。他将阎锡山“守土抗战”、力图自保的心理与蒋之间的矛盾作为谈判的突破口，力促阎锡山权衡利弊，转变立场。同时，他推动设立红军驻太原秘密联络站，建立了太原与延安的电台联络，并在太原等地开设商店为延安采办物资，打开了晋绥两省统战工作的通道。

西安事变爆发时，阎锡山晋绥军的政治态度成为影响国共能否合作共同抗日的重要一环。父亲沉着冷静，向阎锡山转达中共中央与毛泽东的抗战主张，最终不辱使命，成功促使阎锡山的政治态度从最初的“反对”转变为最终的“共维大局”，为西安事变的和平解决、国共两党以及其他各势力的联合抗战做出了重要贡献。

八路军驻晋办事处成立后，父亲任办事处主任，积极向社会各界宣传共产党抗日救亡的方针与游击战争理论。他也用耐心和智慧说服阎锡山，同意八路军入晋，并共同商定黄河渡口、行军路线。

1937 年 8 月 20 日，八路军一一五师由陕西三原地区出发，经韩城芝川镇入晋，后抵达晋东北地区；9 月 3 日，一二〇师从陕西富平出发，紧随 115 师东渡黄河，进抵榆次地区。接着，八路军总部由陕西晋阳县渡黄河经太原到达五台山。最后，一二九师在 9 月 30 日由山西富平出发东渡黄河，在太原补充后迅速开至正太路南北地区。在父亲的极力争取下，晋绥军为我八路军各部提供了 5 类共 19 种军需物资，包括 20 部电台、200 挺机关枪，以及手榴弹、军用地图等到火车站，分发给八路军。父亲对阎锡山晋绥军的统战工作，为抗战以来中国军队的第一个伟大胜利——平型关大捷创造了条件，为八路军指挥部和三个主力师进入晋东北、晋西北、晋东南创建根据地，奠定了重要的政治基础，开拓了新的战略空间。

智破“驱逐新四军”的阴谋

1937 年冬，日本侵略军大举进攻，企图打通华北与华中的联络，进窥中原。在山河破碎、中原危机的情况下，父亲肩负着毛主席关于“日寇打通京（平）汉路后，开展豫西敌后游击战”的新使命，告别朱德、刘少奇、杨尚昆等人，并交代了八路军临汾兵站等各项工作，水陆兼程，赶赴武汉接受中共长江局对他的工作安排。

其后，父亲率部转赴河南竹沟，作为河南省委军事部长，负责开辟河南抗日工作，运筹中原抗战。父亲协助中共豫南特委集中整编新四军第四支队第八团，智破豫南土顽企图“驱逐新四军”的阴谋，组建新四军游击支队。

1938 年 5 月，河南省委确定加紧准备豫西山地游击战，支持豫东敌后平原游击战。9 月，父亲根据党中央、毛主席关于发展河南地区游击战争的指示，提出在豫东、鄂北、鲁南、皖西北交界处建立根据地，牵制日军沿大别山脉西进的战略意见，被党中央、毛主席采纳。随即，父亲在竹沟组建新四军游击支队，并率部誓师东征。

此时，东征的新四军游击支队里父亲带的两个新兵连仅 373 人。在挺进豫皖苏边区后短短一年的时间，就发展成为 1.7 万余人的抗日武装，建立了 7 个县的抗日民主政权，完成了初创豫皖苏敌后根据地的战略任务，宛如一把利刃插在敌人的心脏。

随后，父亲提出创建敌后根据地的战略方针，即“把敌人的后方变为游击区，把游击区变为抗日根据地”，并将这些思想贯彻到根据地建设与军事斗争中。原来的 1 万余人的队伍也发展为由主力军、地方军和民兵组成的 12 万余人的武装力量。在歼灭日伪军的敌后游击战争中发挥了重要作用。1941 年 1 月 20 日，这支武装力量奉命改编为新四军第四师，父亲被任命为师长。

在土地革命战争时期，我党我军主要是依托偏僻山区和湖滨等有利地形，开展游击战。抗战开始后，在敌后平原地区开展游击战，成为重要任务，但又缺乏经验。有些人担心平原没有依托，游击战难以开展。对此父亲总结了扩建豫皖苏根据地和打击日军、伪军的作战实践，创造了开展平原游击战、建立平原抗日根据地的成功范例，为我军抗击日寇的军事斗争提供了实践经验和理论思考。

中央追悼“彭故师长雪枫同志”

我曾数次听前辈说起父亲牺牲的那段历史。那是 1944 年的夏天，再有一年抗战便胜利了。日军当时为扭转失败局势，发动了中原战役，妄图打通大陆交通线。国民党军第一战区司令汤恩伯仓皇放弃郑州、遂平等地，退守伏牛山区，河南大片土地陷于日军之手。父亲主动向新四军军部请缨率部西进收复豫皖苏根据地。不久，父亲奉命率新四军第四师主力誓师西征。

8 月底，父亲与参谋长张震、政治部主任吴芝圃率部顺利进至河南萧县、夏邑与永城边境。当时毛主席的战略构想是：让新四军五师向北靠，山东一部分八路军南下，父亲带着四师继续西进。9 月 10 日，中央军委向华中局、八路军前方总指挥部等发出了《关于击破国民党三路夹击计划的指示》，父亲被授予“统一指挥”该地区所属部队的重任。那个时候第四师已行至夏邑八里庄，父亲与张震、吴芝圃商议后决定，11 日围歼投靠日寇的伪区长李光明。上阵前，第十一旅旅长腾海清还跑到师部对父亲说：“打八里庄你非亲自去吗？杀鸡用不着宰牛刀！”父亲朗声笑道：“我和参谋长打八里庄去，估计不要几天就能回。”

这日深夜 1 时，部队在月光下向八里庄急进。4 时战斗打响，部队迅速突破大圩子，向小圩子进攻。张震后来回忆：“雪枫同志实在太疲惫了，他几天来亲自动员，主持作战，又安排地方工作……我劝彭师长休息一下，以便白天指挥作战。他才回到（当作临时指挥部的）天主教堂内，把油布铺在地上和衣而睡。我正在要睡未睡的时候，突然机枪声大作，警卫员急匆匆地跑进来说，敌人反攻了！雪枫同志从油布上一下爬起来说，‘走！’”

当时隐蔽在天主教堂东边的四连指导员唐德诚回忆了这次对敌人的攻击：“只听一声‘开炮’命令，山炮‘轰’地命中碉堡。第二发炮弹刚装好还没发射，敌人就慌乱地向西南突围了。彭师长鼓励大家说‘这一仗打得好啊’，全连战士怒吼着加快追击的脚步。”少顷，李光明部全部被歼。战斗即将胜利结束，父亲直接登上围墙指挥战斗。就在此时，他被一颗流弹击中左心房，牺牲在阵地上，年仅 37 岁。

八里庄战役我军大捷，但全军却因父亲的牺牲陷入悲痛。张震、吴芝圃向中央电告了父亲殉国的消息，又派人买了一副黑漆棺材，将父亲的遗体入殓。因中原战乱，辗转两个多月后，父亲的灵柩才被送回第四师师部所在地泗南县（今江苏泗洪县）半城镇东南的洪泽湖畔。当时为了保密，灵柩被放于停泊在濉河上的大木船上，棺木用红色幔布遮盖着，外人一概不知。

直到1945年1、2月间，局势稳定下来，中共中央办公厅发出了《关于追悼彭故师长雪枫同志的决定》。2月7日，毛泽东、朱德、刘少奇等领导同志与延安各界代表1000余人，在中央大礼堂举行了父亲的追悼会。

1988年，我44岁，也是父亲去世44周年。那年中央军委确立了我党的33位军事家，父亲位列其中。去年9月3日在纪念抗日战争暨世界反法西斯战争胜利69周年座谈会上，习近平总书记把共产党和国民党在抗日战争中牺牲的8位将领及众多英雄群体列为“中国人民不畏强暴、以身殉国的杰出代表”，父亲是其中之一。我感到，党和人民的纪念，足以告慰父亲的英灵。（撰文：彭小枫　毛予菲）

左权：为抗日不回黄河南岸

左权

左太北今年75岁，因去年摔伤了股骨，至今仍住在北京一家福利院。采访那天，户外气温接近35℃，《环球人物》记者比预定的时间早到了20分钟，刚进福利院大门，就远远地看到左太北端端正正地坐在一辆轮椅上等候着。

"谢谢你们来采访我。"左太北微笑着说。她戴着一副眼镜，显得斯文沉静，很像她母亲刘志兰在那张流传很广的左权将军全家福上的样子。隔了大半个世纪的光阴，照片上的婴儿如今已是满头白发的老人。而当年把她抱在怀中的父亲左权，在拍完全家福两年后，牺牲于山西辽县十字岭，时任八路军副总参谋长。从此以后，左太北对于父亲的一切，都只能通过文字和影像去追寻。

"却恐十年不能回家"

"在他微黑的脸上有两只锐利的眼睛。他很沉默，他沉默地闭着嘴巴是他那坚定性格的特征。他身体是结实的，战争以及一切繁忙，仿佛是丝毫不能动摇他、影响他的。不管在哪里，他的腰永远挺得直直的。走起路来，迈着沉着、严正的步伐。讲话时，用沉着而果敢的音调。”

这是作家刘白羽在纪念文章中回忆的我父亲。在很多人的记忆中，父亲都是坚定而沉默寡言的。这或许继承自他的母亲。我的祖母是一位性格坚强、吃苦耐劳的湖南农村妇女，祖父早逝，她独自一人拉扯大四子一女，父亲是最小的孩子。

祖父去世时，父亲只有一岁多。从懂事起，他就开始拾柴、放牛、喂猪……8 岁时，父亲进入私塾，后来在亲友的资助下读完了新式小学，1921 年考入醴陵县立中学。那时，五四运动所倡导的新文化、新思想已经传播开来，父亲积极加入学生组织，阅读进步书刊。1924 年，他考入广州的陆军讲武学校，同年 11 月，转入黄埔军校第一期。1925 年 2 月，在学友陈赓等人的介绍下，父亲加入了中国共产党。

从黄埔军校毕业后，父亲参加了讨伐军阀陈炯明的第一次东征，因为作战勇敢，很快晋升为连长，之后又几次东征西战，迅速成长为一名素质突出的军事指挥员。1928 年，父亲被选送到苏联伏龙芝军事学院学习，与刘伯承成为同学、挚友。

1930 年春天，父亲奉命提前毕业回国，被中共中央分配到闽西革命根据地工作。离开上海前，父亲给老家写了一封信：“我虽回国，却恐十年不能回家，老母赡养，托于长兄，我将全力贡献革命。”

血染十字岭

抗战爆发后，父亲被任命为八路军副总参谋长。1937 年 9 月 6 日，父亲随朱德、彭德怀等率八路军总部渡过黄河，奔赴华北抗日前线。9 月 23 日，父亲协助朱、彭部署了平型关的作战行动，两天后便传来了平型关首战获胜的消息。这一战歼灭日军精锐 1000 余人，更重要的是，这是抗战以来中国军队取得的最大胜利，给当时甚嚣尘上的“亡国论”当头棒喝，更给全国人民以极大的振奋和胜利的信心。

1938年，黄河渡船上的左权（右一）

同年12月，父亲在行军和战事间隙，给我祖母写了一封信，除了表达思念之情，还控诉了日本侵略军的暴行，表示："我们决心与华北人民共甘苦、共生死，不管敌人怎样进攻，我们准备不回到黄河南岸来，我们是要坚持到底的！"

从1939年1月到6月，父亲每半个月或一个月就在《新华日报》上发表一篇文章，总结分析华北战况，前后写了8篇。其间，他还撰写了《论坚持华北抗战》和《坚持华北抗战两年中之八路军》两篇军事著作，阐明坚持抗战的意义，总结经验教训，对鼓舞战斗士气起到了很大作用。

1940年8月20日，八路军发动了大规模的正太路破袭战，后逐渐发展为"百团大战"。父亲周密细致地组织了战前计划，于8月10日前完成了侦察、器材补充、部队调动等准备工作，使大战第一阶段的破袭取得了巨大成功。

1942年5月，日军集结3万多兵力，对晋东南根据地发动了空前残酷的大"扫荡"，企图"铁壁合围"八路军总部。危急时刻，父亲连夜开会部署转移之事。5月25日，他掩护总部和北方局向西北方向突围，敌人的飞机不断轰炸扫射，警卫连长一再恳请父亲撤退，他却始终坚持在战斗岗位。就在大部分人员已经突围出去，安全地带近在眼前时，一颗炮弹击中了他所在的十字岭山头，父亲中弹牺牲，年仅37岁。

"将为你流尽复仇的血"

刚到华北抗日前线时，父亲曾给他的叔父写过一封信，里面写道："我牺牲了我的一切幸福为我的事业来奋斗，请相信这一道路是光明的，伟大的……"

正是为了这一光明而伟大的事业，父亲直到34岁还没有成家。1939年春天，我母亲刘志兰随中央巡视团来到位于太行山的八路军总部，并代表中央妇委讲话。朱德夫人康克清很喜欢我母亲，知道她与彭德怀夫人浦安修是北师大女附中的同学和好友，就同浦安修一起做工作，把母亲留在了北方局。朱老总一直想为父亲解决婚姻问题，觉得母亲是合适的人选，就去征求父亲意见，没想到父亲早已对母亲一见钟情。朱老总又去问母亲，母亲却说要考虑一下。她去找康克清和浦安修商量，康克清说："像左副参谋长这样的人，这样的条件，怕你到别处再难找到第二个了。"

1939年4月16日，父亲和母亲在八路军总部结了婚。不久，母亲怀孕了，早期反应很厉害。当时她住在北方局妇委，父亲每天傍晚都骑马从总部驻地去看她，坚持了两个多月。于是周围的男同志都知道左参谋长"爱老婆"，女同志则都羡慕母亲有个体贴的丈夫。翌年5月，我出生在总部医院里，父亲非常高兴。因为这里属于太北区，彭总就对父亲说："刘师长（刘伯承）的孩子叫刘太行，我看很有纪念意义，你的小女孩叫左太北吧。"

父亲很爱我们母女，但因指挥"百团大战"异常繁忙，加上母亲希望能继续学习，所以在我3个月大时，母亲带着我回到了延安，与父亲相隔两地，只能靠书信传情。母亲是要求进步的人，那时她才23岁，独自带着孩子，陷入家务之中，不免对生活状态感到疲惫、忧虑乃至埋怨，这种情绪也体现在书信里。父亲总是把责任归咎于自己，每次都在信中温言劝慰，尽力解释，字里行间充满了对我们母女的思念和眷恋。因为在苏联留过学，他在家书中用了不少"酸词儿"，经常写"志兰，亲爱的""紧紧握着你的手"这样的话。

尽管父亲非常想念我们，但他始终把抗击侵略的民族大义放在第一位。在信中，他多次描述日军的暴行："在敌后的孩子们实在是太可怜了。李田的小孩子长得很好，在上次大扫荡中得了病，竟长病而死了。大章同志的孩子寄养群众家中，亦不幸遭万恶的鬼子连同奶妈一齐枪杀了。听说该小孩被鬼子打了一枪后，痛苦了好几个钟头才死，真是可怜。"这也让他时刻惦记着我的安全与健康。

"太北身体好吗？没有病吧？长大些了没有？更活泼了没有？方便时请一一告我。"

"记得太北小家伙是很怕冷的，在砖壁（村）那几天下雨起风天气较冷时，小家伙不就手也冰冷，鼻子不通，奶也不能吃吗？……当心些，不要冷着这个小宝贝，我俩的小宝贝。"

"差不了几天太北就一岁了。这个小宝贝小天使我真是喜欢她。现在长得更大更强壮更活泼更漂亮，又能喊爸爸妈妈，又乖巧不顽皮，真是给我极多的想念与高兴。可惜天各一方不能看到她抱抱她。"

…………

每封信里，父亲都事无巨细地询问我的情况，并想方设法托人给我带来一些衣物。他在信里叮嘱母亲："不要忘记教育小太北学会喊爸爸，慢慢地让她懂得，她的爸爸在遥远的华北与日寇战斗着。"

当时，日本人正在叫嚣轰炸延安，父亲已经做了最坏的打算："我虽如此爱太北，但如时局有变，你可大胆处理太北的问题，不必顾及我……"这是他写给母亲的最后一封信，三天后，父亲便牺牲了。得知消息，母亲悲痛欲绝，写下了《为了永恒的记忆——写给权》一文："我不仅为你流尽伤心的泪，也将为你流尽复仇的血。"

接过11封家书

父亲牺牲后，母亲每每想到曾在书信中发牢骚，甚至迁怒于父亲，都感到非常痛悔。之后悠长的岁月中，母亲几乎不对任何人提起父亲。我对父亲最初的记忆，仅仅是一些模糊的照片。在延安保育院时，毛主席每次来总要问：左权的女儿在哪儿？然后抱抱我。在我成长的过程中，对父亲的了解基本都来自老师和父辈们。

1957 年，母亲到外地工作，还在读中学的我被接到了彭德怀伯伯家里，一住就是两年多。彭伯伯很慈祥，但和母亲一样，他也极少提到父亲。只有一次，他对我说："你爸爸一定知道，那次敌人打的第一颗炮弹是试探性的，第二颗炮弹准会跟着来，躲避一下是来得及的。可他为什么没有躲避呢？因为当时十字岭上集合着无数的同志和马匹，你爸爸不可能丢下部下，自己先冲出去。他是死于自己的职守，死于自己的岗位，死于对革命队伍的无限忠诚。"

1965 年，我毕业于哈尔滨军事工程学院，后来在国家经委、国家计委、航空航天部等单位工作。1982 年 5 月，母亲把父亲写给她的 11 封家书（实有 12 封，一封遗失）郑重地交给了我。在此之前，我并不知道这些信的存在。之后的岁月里，不知有多少次，我泪流满面地读着父亲写下的文字，不知多少次在梦中见到了他。

2000 年，我退休了，从此踏上了寻找父亲足迹的旅程。几年间，我多次去太行山，走遍了当年父亲战斗和生活过的地方：他的牺牲地十字岭，他一手建设的八路军兵工厂所在地黄崖洞，他和母亲居住过的砖壁村奶奶庙……当年八路军刷写的标语和激战后的弹壳还在，老人们抱住我老泪纵横……2002 年，在母亲去世 10 年后，我把父亲的家书结集出版，希望今天的人们永志不忘山河破碎的历史，不忘那些为抵抗外敌入侵而献出生命的民族英雄。（撰文：左太北　尹洁）

徐向前：打赢对越自卫反击战

粉碎“四人帮”的第二年，即1977年，邓小平出任国务院副总理和中央军委副主席，成为党和军队的主心骨。他把整顿、建设军队的工作，托付给了几位老帅。当时，健在的老帅只有4位——85岁的刘伯承、80岁的叶剑英、78岁的聂荣臻和76岁的徐向前。1978年2月，第五届全国人民代表大会上，“最年轻”的徐向前，被任命为国务院副总理兼国防部长。

北京西山“重回”战争岁月

1978年10月，徐向前出任国防部长仅仅几个月后，对越自卫反击战在云南、广西边境打响。

战争让人忘记年龄，徐向前仿佛又回到了革命战争的年代。他每天都到位于北京西山的统帅部指挥作战室，亲自参与作战方案的拟订，关注前线战事的进展。他指挥作战时有个习惯，只要前线的枪声一响，就睡不着，吃得也少。当时，77岁的他患有头痛病，经常发作。前线战事正紧时，头痛得实在厉害了，他就坐在沙发上，闭上眼睛强忍。作战室里的将领们，都以为不爱说话的徐帅在思考问题。秘书和警卫进来发觉他病了，才连忙送上他常吃的药片。

徐向前本已戒烟多年，但在指挥对越自卫反击战的那段时间，由于经常熬到深夜，精神紧张，身体疲劳，他的“烟瘾”又犯了。好几次，他自己没带烟，就吸起了“伸手牌”——找吸烟的将领们要香烟。不过，有时他已经把烟点着了，一看保健医生，不等提醒，就会丢掉。

只要是有关作战的事情，徐向前事无巨细，都很关心。一次，听说许多上前线的连队，还和从前一样，让炊事员背上笨重的行军锅。他当即火了：“这怎么行，又费时又费劲，一定要把吃饭的问题解决，当成个课题研究改进！”

1979 年 3 月，对越自卫反击战结束。徐向前回到家，夫人黄杰开玩笑地对秘书说：“老徐一打仗精神好多了，只怕今后没有那么多的仗打呢。”徐向前听了，哈哈一笑：“失业好嘛，军队失业，可以全力投入经济建设。”

不避讳“穷家底”

徐向前在很多场合说过，他是世界上年纪最大的国防部长了，希望早一天交班。但当时，中国的国防现代化建设还需要他。

1980 年 3 月，邓小平把一个艰巨的任务交给了徐向前——主持军委扩大会议，讨论军队的精简整编问题。在随后召开的大大小小会议上，各大军区的将领们围绕军队“消肿”问题，各抒己见，如同一群医生给一个重病号会诊，开出了许多药方。3 月 11 日，徐向前对这些会议做了总结：“在座的都是老同志，60 岁以下的不多，但大家都壮心不已，都有一股劲儿……军队现代化是个很复杂的事情，打起仗来军队是一部很复杂的机器。搞不好，你来我不来，自己打自己，有东西送不上去，相互联络不上。我现在提出这些问题，有些要做研究，有些也可以做些试验。”

作为国防部长，徐向前还要承担繁重的外事工作。1980 年 8 月，他接受了意大利著名记者纳西·皮劳斯的采访。很多人担忧，这名记者到过许多国家，爱钻空子，更何况西方总是戴“有色眼镜”看待中国。谁料，徐向前一见到皮劳斯，就对他直言："我国虽然很大，但人口多，很穷，非常需要有一个长期和平的环境来建设国家。"这种毫不避讳"穷家底"的态度，让皮劳斯很惊讶，也很感动。最后，他问："我很想听听国防部长对战争持何种态度？"徐向前说："我们一向主张和平，主张国与国通过协商，平等地解决相互分歧。我们的原则就是毛主席提出的'人不犯我，我不犯人；人若犯我，我必犯人'。"

两次发火

在国防部长任上，徐向前两次发火的事，让身边的工作人员至今难忘。

一次，徐向前从内参上看到一条消息：在昆明街头，一位残疾军人佩戴着勋章讨饭。这让他十分难过。之前，他已听到不少反映：一些残疾军人的生活条件很差；一些烈士家属得到的抚恤金，还抵不上一头牛的价钱；有些地方的烈士家属甚至领不到抚恤金。每次得知这样的情况时，他总是感到难过。一次他愤怒地说："战士战死还抵不上一头牛，这是什么政策？"于是，他特意让总参谋长杨得志向中央书记处"提要求"：地方政府一定要安排好残疾军人的工作和生活，建议国务院拨专款解决这个问题。

还有一次，徐向前看到一份简报上说，部队的后勤干部反映，他们的工作"低人一等"。他找来后勤部长洪学智，问："你说后勤工作是不是低人一等啊？"洪学智是徐向前的老部下，一听徐帅的话，便像当年一样直来直去："徐帅，我这个部长是挨骂的呀！"

徐向前一笑："有人敢骂，好，说明你还民主嘛。"

洪学智又说："做后勤工作的同志确实感到有点低人一等。"

徐向前说："打仗，没有后勤工作寸步难行。你们觉得后勤干部比人低，我看你们还比人家高呢。"

此次谈话后不久，徐向前专门开了一次后勤工作会议，做了《后勤工作是决定战争命运的大问题》的讲话。这给了后勤干部们很大的安慰和鼓舞。

对老百姓的疾苦，徐向前同样非常关心。20 世纪 80 年代初的一天，几位来北京开会的大别山区县委书记，特意前来拜访徐帅。徐向前问：“老区人民的生产、生活情况怎么样？”

这一问，顿时让气氛冷了下来。沉默了好长时间后，一位年轻人壮着胆子说：“徐帅，您还记得七里坪吧？”徐向前点点头。他怎么能忘记，那是大别山下黄安县的一个区。在那里，他指挥过黄安战役，还负过伤。

“我陪新华社记者到七里坪做过访问。”年轻人接着说，“那里有些人家，每人只有一条裤子，想要洗洗，都没有换的。有一家姓王的，7 口人只有 6 个碗……”

“什么？”徐向前站起身，表情凝重地重复着，“7 口人只有 6 个碗？”

送走客人后，徐向前再也忍不住了。他立即着手做了进一步的调查，然后向党中央写了《关于请关注老区建设的意见》，建议中央书记处、国务院派人到井冈山、大别山、陕北等经济落后的老区，进行系列调查，研究尽快改变当地面貌的措施。给中央的报告发出后不久，他的生日到了，家人要给他做寿。徐向前生气地说：“做什么寿啊！不要忘了，有一家 7 口人只有 6 个碗呀！”从此，每逢他过生日，家人、工作人员陪他照张相，就算是“祝寿”。

刘伯承之女刘弥群：父亲不愿自称军事家

提起刘伯承元帅，人们脑海里马上会联想起“独眼战神”“彝海结盟”“刘邓大军”等形容词。然而，对于军事之外的刘伯承，人们却知之甚少。刘伯承非常注重子女的教育，他的6个子女中，有两个是将军。其中，女儿刘弥群是我国空军历史上第一位女将军。

刘弥群是一个组织观念很强的人，办事情很认真。接到《环球人物》杂志记者的电话，她首先问：“您对我的父亲了解吗？请先多看些资料，我们再见面吧。”

采访被安排在空军指挥学院招待所一个小型会议室里，刘弥群从包里取出一大沓信件：“你看，这都是父亲写给我哥哥的信。看了后，你会知道父亲是什么样的人，也会了解父亲的教育方法。父亲常常对我们说，不要有个人主义，我们所取得的一切，都是党教育的结果。”

革命军队是个大“家”

刘弥群从小在父亲思想的熏陶下长大。“勤能补拙，俭以养廉，从小爸爸就让我们把这句话作为座右铭，妈妈说，这句话是祖父送给父亲的。”

1892年12月4日，刘伯承出生于四川开县一个贫苦农民家庭。“父亲生前不止一次向我们讲起他的家史。父亲虽然家境贫寒，但是祖父母不甘受人欺辱，举债供他读书。1904 年，12 岁的父亲和祖父同时参加乡举科试，因为他们俩是吹鼓手的后人，而被逐出了考场。通过此事，父亲体会到封建等级制度的黑暗，因此在他幼小的心灵里，埋下了对旧社会仇恨的种子。1908 年，祖父出世后，父亲挑起了一家 7 口人的生活重担。”

1911 年，刚满 19 岁的刘伯承投身革命。1916 年，在攻打丰都的战役中，他身负重伤，失去了右眼。1926 年，34 岁的刘伯承加入中国共产党。1935 年，他与夫人汪荣华在红一、四方面军胜利会师时相识，一年后结婚。1955 年，刘伯承被授予元帅军衔。

刘弥群说，父亲一生谦虚谨慎，淡泊名利。解放初期，苏联编写《大百科全书》，其中有刘伯承的词条，开头写着：“刘伯承，四川开县人，革命军事家……”刘伯承看到后，毫不犹豫地把“军事家”三个字勾掉，改成了“军人”两个字，他对身边的同志说：“我是革命军人嘛！我们都是在毛主席领导下打胜仗的，革命军队是个大‘家’，不要说自己是军事家嘛！”

回顾父亲的生活，刘弥群说，父亲虽然戎马一生，经历过无数的血战，但自己其实非常厌恶战争。“父亲一直不喜欢看打仗流血的影片，觉得很残酷，如果电视放的是战争影片，他常常会换台。”刘伯承去世后，亲人们按他的遗愿把他的骨灰撒在他曾经战斗过的地方。

不要当“红色贵族”

“没有大德、大才，就不要去当官，即使当了，也不能很好地为人民服务。”在刘伯承写给子女们的信中，谈到最多的一句话便是：“廉洁的品行，要靠平时俭朴的生活养成。”

刘弥群有一个哥哥，一个姐姐，还有两个弟弟和一个妹妹，在家中排行老三。“父亲是个很严厉的人，只要我们犯了错误，他就会狠狠地教训我们。发现我们的问题，就会给我们写字条，告诉我们错在哪里。”

解放战争时期，河北武安县阳邑镇行知小学收留了一些在前方打仗的干部子女。刘伯承叮嘱老师，不要透露孩子父母的职务，避免他们产生优越感；为了培养他们的独立生活能力和集体观念，刘伯承让孩子们都寄读在学校。

刘弥群清楚地记得，有一次，她丢了母亲买的新钢笔，刘伯承知道后很不高兴，给女儿讲了一个故事："在战争年代，爸爸身边有一个参谋，一天他突然哭了起来，爸爸问他为什么哭，参谋回答说丢失了一支红蓝铅笔。"刘伯承拍拍女儿的头，语重心长地说："人家一个参谋，丢了一支红蓝铅笔就哭了起来，而你丢了一支钢笔还不在乎……因为这支钢笔不是你劳动得来的，而那位参谋从小打草喂猪，知道铅笔来之不易。"

1962 年，刘伯承看到教育部一则关于高等学校的调查，他马上写信给儿子刘太行说："这次调查，成绩优良者 10 人，8 个是高级知识分子的子女，一个是农民之子，一个是右派之子，而干部子弟一个也没有……要警觉，干部子弟生活优裕，自由散漫，看不起人，认为学习没有意思，自甘落后，这必须大力教育……"在这封信中，刘伯承还询问儿子，"谦虚谨慎的学习习惯在修养否？"

1964 年，刘弥群在北京航空航天学院读书，适逢社会主义教育运动在农村开展，大学生需到农村参加 8 个月的"社教"活动。刘伯承知道后非常支持女儿参加，"父亲要我下去体会一下劳动人民的思想感情，还很严肃地指出，干部子弟生活优裕，如果长期脱离群众，将会养成资产阶级意识。他说下农村是好事，不要让人说我们是'红墙里的贵族'。"

在刘伯承家的电话间里，一直贴着一张母亲写给子女的告示——

儿女们，这些电话是党和国家供你爸爸办公的。你们私事绝对不许用这些电话。假公济私是国民党的作风，不许带到我们家里来。

"我们兄妹穿的衣服，都是代代相传，甚至不分男女的。"刘弥群的弟弟刘蒙读中学时，还穿着姐姐穿过的女式旧军装，以至于很多同学笑话他，叫他"黄皮"。回到家，刘蒙吵着以后再也不想穿女军装了，还遭到母亲的严厉批评。

1972 年，刘弥群和父亲在位于北京东四的家中

1970 年后，刘伯承的儿女们先后结婚，但都和本单位的职工住在一起。长子刘太行结婚后，一直住在单位分配的 9 平方米的房子里，厨房和厕所都是公用的，直到刘太行的孩子出生，单位才给他们调换了一个 18 平方米的套间。

“父亲最厌恶的就是个人主义，希望《环球人物》杂志不要过多宣扬刘伯承和他的家人，而要通过刘伯承的故事，给青年读者以启示，多点集体观念，少点个人主义。”采访过程中，刘弥群不时向记者强调。

父亲学习的诀窍就是刻苦

刘伯承在写给孩子的书信中，大量引经据典，一些难懂的文言文后面，他还用蝇头小楷标着注释。“爸爸从小就让我们学习《古文观止》《孙子兵法》等古汉语文学，要求我们背诵。他的毛笔字很好，练习写毛笔字也是我们几兄妹的必修课。”

刘伯承每天早上 5 点多起床，然后叫醒子女一起背书、习字。“‘取法乎上，得乎其中；取法乎中，得乎其下’。父亲常常用这句话告诉我们学习之道——做学问要给自己树立高标准，严要求。”

刘伯承学习俄语的经历，成了孩子们最生动的教材。1912 年春，刘伯承以优异的成绩被重庆陆军将弁学堂录取。1927 年 11 月，南昌起义失败后，35 岁的他受中共中央委派，从上海来到苏联，进入莫斯科高级步兵学校和伏龙芝军事学院学习深造。刘伯承一下船，就被告知自己的俄文名叫“阿法纳西耶夫”，进校报到时，他仍在心里默念着这个名字，却突然发现，周围的人都看着他哄笑起来，原来上面已经点到“阿法纳西耶夫”了，他愣是没听出来。刘伯承从此坚定了要学习好俄语的信念。

“父亲的川音很重，发音跑调是常事。加上他的右眼装着假眼，要学习必须付出比常人更多的努力。”刘弥群说，为了练习“P”的准确发音，刘伯承从早到晚一有空就一个人站在墙角，一个劲儿地念“P——P——”。为了记单词，晚上熄灯了，他还跑到走廊里去背。那段时间，他几乎每天学习到凌晨两三点。为了不影响别人，他蒙着毯子，在“小帐篷”里点着灯。半年后，刘伯承顺利进入苏联著名的伏龙芝军事学院，实现了能听、说、阅读俄文的夙愿。

1930 年，留学 3 年的刘伯承回国。“在战争中学习战争”，是刘伯承在军事生涯中一贯遵循的原则。他经常说：“战争是要流血的，必须从战争实际出发。”他从不拘泥于书本上的东西。回国后，刘伯承任中央苏区中革军委参谋长，面对共产国际代表的教条主义错误给苏区反围剿带来的损失，他把学到的军事知识，用于指导反“围剿”战争。亲自翻译有关苏军的作战条例，把在苏联学到的军事理论用于指导中国革命的实践。在作战间隙，他及时总结作战指挥当中的经验教训，并写文发表在《红星报》《红色中华》等报刊上。刘伯承在紧张艰苦的作战年代，在马背上构思，在油灯下写作，先后写下了 390 万字的军事文献，翻译了 190 万字的苏联教令教例等译著。

“父亲对待学习的态度，一直影响着我们全家。我的记忆力并不是太好，但至今还能背诵小时候他让我们背的古文。父亲曾说，学习的诀窍只有一个，那就是刻苦。‘人一能之，己百之；人十能之，己千之。’我就按照父亲说的做。”刘弥群说：“言必行、行必果；学以致用都是父亲常教育我们的。”

父爱无言

刘弥群不想突出自己，更不愿谈及个人的经历。在记者的一再追问下，才对她有了一些了解。

1963 年，刘伯承夫妇和子女在北戴河，第二排右一为刘弥群

1944 年，刘弥群出生在延安，和其他在延安的孩子一样，出生不久就随部队南北转战，在马背上的摇篮里长大。解放邯郸时，她在随军转移途中，遭遇国民党军队的飞机轰炸，险些夭折于荒野。解放南京时，她坐在运送军用物资的马车上一路颠簸，吃尽了苦头。谈起自己幼年时的经历，刘弥群感慨："随部队解放大西南时，我只有 5 岁，坐在爸爸的军用吉普上，透过车窗看见两边山坡上的尸体。这时候，妈妈用手捂住我的眼睛，但爸爸却说，要让我看见外面的情景，他说在战火中长大的孩子就要有这个胆子。"

1962 年，刘弥群考入北京航空航天大学，学习导弹、火箭发动机专业。1975 年 4 月特招入伍，在空军司令部某实验室从事地空导弹武器的技术革新工作，先后自学了 800 多万字的理论教材、专业资料和有关武器系统的全套书籍。

1984 年，刘弥群带领的课题组对国产某型号导弹的推进燃料进行改造，大大改善了武器的战斗性能。为此在 1985 年获得了"全国三八红旗手"称号，同年 9 月被选为代表，出席了中共十二大。1998 年，刘弥群调入空军指挥学院任副院长。2001 年，57 岁的刘弥群被授予少将军衔，成为中国人民解放军空军史上的第一位女将军。

2001 年，刘弥群在空军指挥学院办公室

在父亲的教育下，刘弥群和其他兄妹全都是干技术工作出身，在不同的工作岗位上，取得了成绩。长兄刘太行，是

前任空军指挥学院副院长；大姐刘解先和妹妹刘雁翎分别是总后门诊部和三〇一医院的医生；大弟弟刘蒙现任广州军区装备部副部长；小弟弟刘太迟在空军工作。

“父亲的爱是无言的，我们有今天的成绩，都是父亲教育的结果。”刘弥群说，现在老了，她反而越来越懂自己的父亲。“父亲曾说，自己的一生，如果有一点点成就，那也是党和毛主席教导的结果。如果他死了，能在他的墓碑上题上‘中国布尔什维克刘伯承之墓’几个字，那就是他最大的光荣。”（撰文：李荣刚）

小叶丹之孙讲述爷爷和刘伯承的兄弟情

3月的北京，春暖花开。然而，四川凉山彝族自治州的首府西昌，已经到了穿短袖的季节，《环球人物》杂志记者一下飞机，就被耀眼的阳光烤得直冒汗。出租车司机热情地向记者介绍："西昌属于亚热带气候，基本没有冬天。又因为这里多山，地形崎岖导致交通不便，西昌被称为'来了就回不去'的城市"。得知记者是来采访彝族首领小叶丹（果基约达）的后人，司机更激动了，他说："彝族男人个个都是'喝大碗酒，吃坨坨肉'的性情中人，小叶丹是其中的典范。"言谈中，记者了解到小叶丹在彝族人中的知名度很高，他当年与刘伯承结盟的故事几乎无人不知。可以说，没有小叶丹，彝族人就没有今天的幸福生活。

善于辞令的尊者

3月11日，记者在西昌的一座咖啡厅，见到了小叶丹的孙子果基伍哈，他还有个汉族名字叫沈建国。沈建国有着典型的彝族人特点：古铜肤色，高鼻深目、头发微卷，笑起来特别爽朗。沈建国说："爷爷小叶丹应该也像我这样吧。爷爷没有留下任何照片，因为去世早我也没见过。但在我心目中，他是个高鼻梁、高大魁梧的彝族汉子。"

1894年，小叶丹出生在四川省黑彝果基家支的一个家庭。沈建国说，历史上凉山彝族从未建立过统一政权，由土司和黑彝家支分区域统治，所以家支是彝族社会最基本的组成单位。过去的彝族人特别讲究纯正的血统，同一家支的族人有共同的姓氏，他们一起生活、生产，并把家支看作是终生的归宿。凉山彝族有上千个家支，很多家支世代联姻，却经常因利益出现械斗，“所以家支首领不是通过选拔产生，也不是看你有多少金银财宝，而是要有平息家支内外纷争的能力，必须是有威望的人”。小叶丹在兄弟姐妹中排行老四，从小性情豪爽、讲义气。因为出身贵族，耳濡目染，到了中年又熟悉了彝族的各种习惯法与典故，处理内外纷争公平正义，自然而然地成为家支头人。沈建国说：“爷爷掌事期间，家支势力范围方圆100公里，有几万人口。他是果基族人心中的优秀首领，甚至在冕宁乃至凉山地区都是有影响的彝族头人，被视为善于辞令的尊者。”

长期以来，彝族人与外界的交流不多，直到民国时期，还有很多彝族人从来没有见过外面的世界。沈建国告诉记者：“因为凉山属亚热带气候，很久前彝族人就开始种植鸦片。爷爷便用鸦片换来珠宝、金银和枪支弹药，做生意到最远的地方也就是云南和越南的交界地带，所以对红军、共产党都不了解。”

小叶丹与汉人的交往也仅限于当地人和一些生意人。彝族有句谚语：“石头不能当枕头，汉人不能做朋友”。当时彝族与汉族存在隔阂，这是由于历代统治阶级一贯实行民族压迫政策造成的。到了民国时期，凉山有个汉人叫邓秀廷，他精通彝语，了解彝族社交习惯，带领一帮人横行霸道，彝族群众对他又恨又怕。1919年，国民党的军队驻防凉山冕宁县，将邓秀廷收编了。邓秀廷变本加厉，带着军队强占了重要官道，向路人搜刮钱财，烧杀抢掠无恶不作，搞得民不聊生。彝族与国民党的矛盾不断发展，斗争愈演愈烈。

“彝海结盟”成历史佳话

1935年5月，凉山彝族同胞又迎来了一支汉人军队，这是红军长征的队伍。当时，浩浩荡荡的红军西征队伍已经渡过了金沙江，需要立即越过天险大渡河。国民党认为红军不敢走崎岖的小路去大渡河右岸的安顺场，刘伯承却反其道而行，决定避开大路走小路，便与聂荣臻带领一支先遣队前往侦察，随后毛泽东也同意了这个路线。

“凉山彝区是这条小路的必经之地”，沈建国告诉记者，“爷爷当时收到了消息。听到有人快打到自家门口了，就琢磨这群人是来干什么的，于是派手下沿红军走过的路去打探”。探子溜达了一圈儿，回来汇报情况：“沿路的百姓全都吓得躲进了山里。但这支军队穿得很简朴，特别是与国民党相比，纪律严明。他们想借点米、喝点水，都是自己取了然后把钱留在百姓家门口”。

一路上，红军先遣部队四处宣传“是打国民党的军队”，还在县城里张贴了“中国工农红军，解放弱小民族；一切夷汉平民，都是兄弟骨肉……”的布告。到达彝区南边的大桥镇后，刘伯承召集当地百姓，让人传话给“即将路过的北边田地的管事人”，说“若有必要愿意与其结盟”。这管事人就是小叶丹，他早就听说红军是来打国民党的，所以对这支汉人队伍颇有好感，就告诉前来接头的先遣部队成员萧华，说愿意结盟，约刘伯承在彝海边见面。

彝海离大桥镇不远，海拔两千多米，是个高山淡水湖。沈建国说：“爷爷在这里第一次见到刘伯承，便要摘掉头上的黑帕子行磕头礼，刘伯承急忙上前扶住说‘大哥不要这样’。接着，两人通过通司（彝族翻译）交谈起来。刘伯承介绍了共产党主张汉彝平等的民族政策，说大家要团结起来去打国民党军阀，小叶丹被深深打动了。于是，双方欣然决定结盟。按照彝族的习惯，杀鸡取血是最高的结盟规格。但没有酒和酒杯，刘伯承从警卫员的皮带上解下两个搪瓷缸，叫警卫员舀来彝海的水，以水代酒。小叶丹派手下将鸡血滴入搪瓷缸后，让刘伯承先喝，因为先喝者为大哥，兄弟应该服从大哥。刘伯承听到后，高兴地端起搪瓷缸，一口喝下，紧接着小叶丹也一饮而尽，两人立下血誓，成为兄弟。中国革命历史上著名的“彝海结盟”顺利完成。

“中国夷民红军沽鸡（果基）支队”红旗

结盟后的当天傍晚，红军回到大桥镇。据说，刘伯承买光了镇上所有的酒，按价付钱收下群众送来的猪羊肉，点燃篝火，邀请小叶丹和其他彝族兄弟共同庆祝。他还代表红军授予小叶丹一面印有“中国夷民红军沽鸡（果基）支队”的红旗与几支步枪，委任小叶丹为支队长。刘伯承说：“红军马上要赶去安顺场，希望彝族人民与国民党抗争到底。我们还会再打回来，彝族以后要自己管理自己，不再受其他人的欺压”。第二天一清早，在彝族人民的热烈欢送中，先遣部队启程北行。后续部队便沿着“彝海结盟”这条友谊之路，畅通无阻地过了这片彝区，直达安顺场。

关于这场在大桥镇的联欢活动，一位彝族老太太还有着清晰的记忆。在接受记者采访时，她说那是“一群美丽善良的青年，生得俊俏，对彝族人非常友好”。沈建国也说：“是红军开明的民族政策让爷爷作出结盟的决定，加入正义的队伍中。你看，红军没有食言，如今的凉山已经建立了彝族自治区。”

延续至后辈的革命情谊

记者提出想去结盟的地方看看，热情的沈建国担任向导带着记者前

四川凉山“彝海结盟”雕像与纪念碑

往，出了西昌以北的冕宁县城，再沿108国道向北行驶20公里就到了彝海。这一段是弯弯曲曲的盘山路，旁边是各种绿色的农作物，不时有彝族村落闪过，偶尔还能看见几个穿彝族服饰的妇女在山间劳作。大概一个小时后，汽车停在了半山腰，“彝海结盟”纪念馆就建在这里。馆前有一尊刘伯承与小叶丹结盟的雕像，雕像底座是一块石碑，上面刻有江泽民题写的“彝海结盟纪念碑”几个大字。纪念馆所在的山脚下就是波光粼粼的彝海。

站在庄严肃穆的雕像前，凭吊革命先辈，记者感慨万千。刘伯承与小叶丹结盟，这是红军长征历史上的光辉一页，但小叶丹在刘伯承走后，先是被恼羞成怒的国民政府抄了家，罚了很多白银，1942年，由于国民党的指使，最后死在了彝族其他家支族人的枪下。

沈建国说：“爷爷去世得早，但他在有生之年从没忘记要与国民党抗争到底，国民党打过来一次，他就拼死抵抗一次。临死前，爷爷还交代奶奶要藏好刘伯承元帅赠的红旗。爷爷与刘伯承相处不过一两天时间，却因为结盟把他看作是真兄弟，将果基家支和全彝族人的命运交到刘伯承手里。爷爷走后，奶奶谨遵他的遗嘱，把红旗藏在彝族特有双层裙子夹缝里，寸步不离。国民党几次来翻箱倒柜，抄光了家产，奶奶誓死护住了红旗最终转交给人民政府。现在，这面红旗珍藏在中国人民革命军事博物馆。”

1950年春天，西昌战役打响，这是国民党军队在大陆失败的最后时刻。刘伯承司令派梁文英带领部队去解放西昌。刘伯承嘱咐他，到西昌的第一个任务就是找到小叶丹，“把他接到重庆来，中央已经为他准备好了在西南军政委员会的职位”。3月，西昌解放后，梁文英四处打听，才知道小叶丹已经牺牲，他还被告知小叶丹的后人都已经去世。但其实小叶丹妻子和他们共同养育的两儿两女都健在。沈建国说：“他们在‘文革’时期遭遇劫难，离开了人世”。

新中国成立后，刘伯承一直没有放弃寻找小叶丹的后人。尽管到了晚年身体不好，但他多次让自己几个儿子去凉山。沈建国说：“刘伯承次子刘太行与三子刘蒙来了好几次，都没有打听到有人健在。直到1986年刘伯承去世，我们也没有相互见面。”

1993年，时任国家教育委员会主任李铁映在一次午休读报时，看到小叶丹后人处境困难的新闻，就把几个适龄的孩子接去北京上学。1995年，李铁映在人民大会堂西藏厅订了三桌酒席，席间，沈建国与刘伯承次子刘太行见面。沈建国回忆：“这是我们第一次见面，当时感慨万千，却又像亲人一样自然亲切。先辈的这份兄弟情谊，我们后人要延续下去。”从这之后，沈建国与刘伯承后人一直保持联系，“前几年他们身体矫健的时候，基本每年都到凉山来。有一次，刘太行更是直接前往，没有惊动当地政府，他说，‘我们就是走亲戚，来凉山看看亲人。’”

小叶丹后人今何在

如今，小叶丹的第三代传人沈建国、伍龙和果基曲比莫都已经成家立业。生于1973年的沈建国目前在凉山彝族自治州安全生产监督管理局任科长，儿子沈金铁今年7岁，正在读小学，凑巧的是，儿子的生日和彝海结盟是同一天；小叶丹的外孙、沈建国的表哥伍龙当年也获国家保送，入读中国人民大学法律系，毕业后在全国人大常委会工作；堂姐果基曲比莫

2014年3月11日，沈建国接受本刊记者采访

一直在农村生活，她的四个小孩如今也都有了自己的发展。

沈建国一直强调："由于祖上的原因和国家的关心，在我们这一辈人中，有的可以去北京上大学，毕业后顺利进入机关单位，为凉山发展、祖国建设贡献了自己的力量。但家族带给我们的东西不仅仅是这些显著的福利，更多的影响是潜移默化的。当初刘伯承拼死带领部队进彝区的时候，爷爷拼死坚信红军是正义之师并为他们开道。爷爷教会我们'团结就是力量'，这种精神传承下来，成为我们共同的财富。"

"爷爷留下的福祉不仅是果基家的，更是全凉山彝族的。"这次结盟打开了凉山长期封闭的大门，从此，中国其他民族乃至整个世界的文明得以进入，并与彝族本土文化互动互补。现在，彝族人不再敌视外族，而是博采众长，心态平和地学习外族文化。与此同时，彝族文化也走出了凉山。彝族饮食已经进入北京、上海等大城市，受到民众的欢迎，彝族歌手吉杰、吉克隽逸将彝族民谣唱响大江南北。吉狄马加和伍精华也是凉山彝族人，他们是从政的代表，吉狄马加是原青海省副省长，而伍精华生前历任四川省委常委、省人大常委会副主任，西藏自治区党委书记等职。1983年2月，他作为起草《中华人民共和国民族区域自治法》五人领导小组成员之一，直接参与、组织和领导了法案的起草工作，为民族区域自治贡献了自己的力量。沈建国说："我不敢说，如果当初红军没有来到这里，凉山就会永远故步自封，不肯向前。但的确是红军的友好与善良，让凉山彝人愿意敞开心扉，与外界对话。现在凉山一带，彝族人口已经达到50%，先辈们的努力没有白费，我们现在很幸福。"（撰文：毛予菲）

华国锋同志晚年生活

恬淡的小院生活

北京西黄城根的一个院落，原是明代礼王府的一部分。1980 年以后，华国锋同志一直居住在这里。

近日，记者有幸走进这座院落。这是一个两进的四合院。前院正中央有一个葱绿的小瓜果园，将正房遮掩了一半。正是午休时间，小院显得异

华国锋同志夫妇与炊事员谢师傅在一起

常宁静。

“韩姨最近累坏了，这两天刚刚缓了口气，今天最好不要打扰她。”工作人员习惯称呼华国锋同志夫人韩芝俊为“韩姨”。

四合院南侧房间，是华国锋同志的炊事员谢师傅的住处。他是1984年来这里工作的。“正面的屋子是华老和夫人住的，两侧是他们的儿女住，剩下就是我们工作人员的住所。我们同住在一个屋檐下，这里就和一个普通的大家庭一样。”谢师傅说。

谢师傅住的房间不大，家具也很陈旧，一张木板床上，洁白的床单铺得平平整整。“这里的家具都很平常，华老屋里用的沙发和我们的也是一样的。”谢师傅边说边招呼我们坐下，“家里的家具只有用坏了、破了，才会去换一个，两位老人很节俭，生活上的要求不高。”

华国锋同志夫妇喜欢在院内和沿外墙根种上果树和蔬菜。通向会客厅的小道，被装饰成了一条林荫走廊。两旁时不时能看到辣椒和油菜花，头顶还挂满了葫芦，后院种的是葡萄、苹果、樱桃、核桃……整个院落充满浓郁的田园气息。

“华老对农业和农作物很有研究。记得我刚来这里不久，他就带着我们在后院‘开荒’，琢磨着开辟出一块果园来。”谢师傅说，平日里，华国锋同志与夫人都亲手侍弄这些树啊、花啊、菜啊的，自享其果，自得其乐。“种的植物，什么时候施肥，什么时候浇水，什么时候出果实，华老都把握得特别准确。我们一家人都听他的指挥，也一起干。”

华国锋同志的生活一直极为简朴。衬衣、夹克，所有衣服都是最普通的，冬天就是大棉袄。衣服脏了，工作人员会抢着洗，他就到处藏衣服，不让工作人员找到，然后偷偷交给老伴洗。有一次华国锋同志在山西的侄女苏凤仙来看他，见房子里很暗，便问：“叔叔，怎么不开灯？”华国锋同志语重心长地回答说：“现在国家能源紧张，时刻要注意节约呀。”

两位老人的作息时间也非常规律。华国锋同志的夫人每天起床比较早，清晨五六点钟她就先在菜园里忙活起来了，到了七点钟再叫醒华国锋同志。早饭后，华国锋同志将大部分时间都用来写字和看报。“华老看的报纸种类很多，党报、经济报、参考类等等。他看报纸很投入，有时候叫他吃饭都叫不走。”

据谢师傅讲，每次吃过午饭，华国锋同志夫妇都会在小院里散步几十分钟。“有时我们工作人员吃完饭正赶上他们散步，大家就一块在院子里遛弯儿、聊天，偶尔还会一起打打牌，但时间有控制，也就一个小时。”

平常，华国锋同志身体好的时候，有时会在下午见一两拨客人。客人来自全国各地，有山西的老乡、湖南的老部下，也有原来身边的工作人员，等等。下午没事的时候，华国锋同志就在院子里溜达，或者等两个孙女回来，陪陪她们。有时候看到谢师傅等工作人员正好在屋里，他也会串串门，和他们聊聊天，问问情况。

晚间，收看《新闻联播》是华国锋同志雷打不动的习惯。之后，他有时也会看看其他电视节目。

华国锋同志非常关心北京奥运会。“他原来还打算去看奥运会的，有管理局发的票，也有我们工作人员帮他买的票。没想到他最后这次住院，就再也没能回来……”谈起华国锋同志，谢师傅几次难过得泪流满面。

几十年不变的口味

华国锋同志的饮食习惯数十年不变：简单。谢师傅说，给华老做饭很省事，因为他爱吃的东西就那几样，从来不变。蔬菜喜欢吃大白菜、萝卜、南瓜、山药，这些大多是自己在院子里种的；肉类只爱吃水煮羊肉；至于海鲜、鱼，他从来不吃。“只要是这些菜，你怎么做他都吃。他是个特别善良的老人，即使不可口，也不提意见，只是少吃点。这么多年，从来没有哪次说‘不吃’。”

早上，谢师傅给华国锋同志准备的是牛奶、鸡蛋羹、一个小馒头、一个小花卷，再炒一份圆白菜或是洋葱，偶尔有一份水煮羊肉。快到中午，谢师傅就开始准备面食：拉面、刀削面、莜面卷、“猫耳朵”……都是华国锋同志最爱吃的山西面食。配的菜是三道：一道荤的，一道素的，一道半荤半素。起初，刚到华家工作的谢师傅压根儿不会做面食："都是韩姨手把手地教我，和我一起在厨房里忙活。"有时，华国锋同志还自己动手。每年西红柿上市的季节，他就让家人买很多，自己装到坛子里，做成西红柿酱，留到冬天吃。

最近几年，考虑到华国锋同志的身体状况，医生给谢师傅下了死命令：控制华老的主食摄入量，每餐只许吃 1 两米饭，或是一小口面。晚上的食谱更简单，一碗米汤，或是一碗粥，有时吃个烧饼。

华家吃饭，一直实行分餐制。"华老单独一份饭菜，夫人和孩子们另做一份饭菜，一家人同桌不同餐，这是华老很早就养成的习惯。华老认为国家对他有特殊照顾，吃得好点，但不能让全家人都沾光。"

谈起华国锋同志的最后时光，谢师傅哽咽了。"华老今年 6 月底住院，我没想到有这么严重。他晚年也常去医院，住一段时间就回来。他住院时，我就像往常一样，每天做好一日三餐，拿保温桶盛好，由他家人带过去。7 月底 8 月初的一个周末，华老出院了，我以为没事了。但他在家里只待了两天，又被送进医院。我想他住一段时间就会回来了，也就没去医院看他……现在，每到下午四点多，我脑子里还不自觉地想，晚上该给华老做什么。然后一转念，唉，老人已经走了……我现在唯一的想法，就是把韩姨照顾好，帮助老人家挺过去。"

华国锋同志在逝世前一个月，还吃过一次他最喜欢的萝卜丝酥饼。曾经给毛泽东当过警卫员的王明富，退休后在北京南长街开了一家小餐厅，名叫"泽园酒家"。他将当年毛主席和其他一些领导人常吃的菜肴的做法保留下来，做成自家的招牌菜，吸引了不少顾客。其中，用老北京麻酱和面做成的萝卜丝酥饼，华国锋同志很喜欢。但华国锋同志很少去店里吃，他说："老是抛头露面的不好。"于是，王明富常常派人送萝卜丝酥饼到华家。今年 7 月，华国锋同志的秘书打电话给他，说华老突然想吃他做的萝卜丝酥饼。和往常一样，王明富很快派人将做好的点心、小菜送去了。"我真是万万没有料到，这是最后一次给华老送餐。我真后悔没亲自送去，没能见华老最后一面。”

关心经济发展

华国锋同志刚从领导岗位上退下来的那些年，几乎每年都会出京，到全国各地去走一走，看一看。

“华老非常关心各地的建设和发展情况，他常说，‘只要人民的生活水平提高了，比什么都好。’”当年曾在华国锋同志身边做过警卫工作的曹俊洪对记者说，“那些年，华老去了很多城市，特别是南方，比如深圳、广州等，都是他爱去的地方。”

曹俊洪说，他离开部队转业回家后，仍时常去华家拜访，对华国锋同志晚年的生活十分了解。“有一次我向华老介绍，我们江苏发展得非常快。华老笑了，让我详细说说发展的情况。听完，他说，‘我前不久去了山东，到处都走了走，还做了调研。那里的发展非常好哇，我觉得后劲比较大，有可能超过你们江苏，你们要加把劲哪！’”

曹俊洪不服气，搬出了“华西村”这块牌子。没想到华老更乐了：“华

华国锋同志和当年的警卫员曹俊洪在一起

西村我当然知道了，我还去过呢。那一排排的楼房、别墅非常漂亮，绿化也很好，树木连成一片，还有水波荡漾的龙西湖……华西村的老书记吴仁宝介绍起华西村还都是一套一套的，什么‘远看像林园，近看像公园，仔细一看，原来农民生活在乐园’，挺有意思的。”

曹俊洪知道，华国锋同志讲的是1996年的事。当时华西村庆祝建村35周年，多年不公开出席活动的华国锋同志，破例来到了华西村参加活动。“在会场，很少有人知道，华老就坐在主席台下，以一个普通的参观者身份，参加了这个村子的庆祝活动。”曹俊洪也是后来才了解到，华国锋同志之所以对山东的情况这么了解，是因为他已经不止一次去过那里。

早在1981年底，华国锋同志就曾到淄博调研，去过山东铝厂、齐鲁石化总公司、淄博市陶瓷工业公司等地，研究那里的资料，参观石化厂的乙烯装置，在铝厂的热料车间亲自感受生产流程……

从深圳这个中国改革开放的前沿城市归来后，华国锋同志一直对街上熙来攘往的人群和鳞次栉比的高楼大厦念念不忘，以至于每次相关领导来看望，他都说：“你们搞得不错！深圳我去过，非常好！”

华国锋同志还常关心家乡经济的发展，每次老家人来看望他，他总会关切地询问：“家乡经济发展怎么样？收成如何？”1991年，他回到山西交城老家，在他入住的交城县政府招待所，会见了乡亲们。华国锋同志在老家的亲侄女、已经70岁的苏凤仙向记者回忆说：“叔叔很关心家乡的建设和经济收入。他知道我在化肥厂工作，便问我，‘你们化肥厂的生产、经销情况怎么样？’”

“很好哇！”

“工资多少钱一个月？”

“800多。”

她的婶婶韩芝俊在一旁接过话茬儿说：“那真不错，你的工资比我高，我一个月才600多。”话音未落，笑容就爬上了华国锋同志的脸。

交城的卦山，是华国锋同志当年打过游击的地方，也正因为如此，他对卦山的旅游开发总是格外关切，希望能为此尽自己的一份力。在卦山山门殿的一座崭新五彩牌楼上，就悬挂着华国锋同志亲笔题写的“山形卦象”四个大字，遒劲端庄，中规而不失洒脱。他还将自己手书的全部毛主席诗词的碑刻，交与卦山风景区收藏，为卦山增色不少。

去的地方多了，看着各地的发展，华国锋同志心里高兴，家里人却担心：每到一处，华国锋同志总喜欢将自己的行程安排得满满的，去完了市中心，还要去一些县级城市，上午参观了好几个地方，下午还要见见当地的客人，询问各方面情况，有时候，连晚上也被占用了……儿女们“抱怨”：“您现在出去的目的是休养，不要弄得那么紧张，万一身体吃不消怎么办？”华国锋同志却总是摇摇头，在他的心中，当然有着比休息更重要的事情。

平易近人重感情

8 月 31 日上午，在北京八宝山革命公墓送别华国锋同志的人流中，有一个特殊的群体，他们多为年过七旬的老人，曾在华国锋同志身边工作，晚年又与他保持着颇多的交往。

华国锋同志和摄影师钱嗣杰在一起

“我万万没有想到，这会是我最后一次给华老拍照片。”

被称为“红墙摄影师”的钱嗣杰，双手捧着 8 个月前给华国锋同志拍的一组照片，对记者说：“你看，华老当时的身体还很好。我还盘算着过了暑季再去看他，给他拍些照片。眼看天气凉快了，老人家却……走得太突然……”这位 80 岁高龄的老摄影家，用颤抖的声音寄托着自己的哀思。

钱嗣杰是新华社高级摄影记者，曾为毛泽东的第三任专职摄影师，后又为华国锋同志做了 3 年的专职摄影师。他比华国锋同志小 7 岁，但华国锋同志却叫他“老钱”。“从我那些年在华老身边工作时起，他就这么叫我。我还记得有时候会议结束，他会突然操着山西口音说：‘老钱你累不累？’真让我受宠若惊！”钱嗣杰说身边的工作人员，都习惯称呼华国锋同志为“华老”。“他和我们很亲近，我们都觉得和他在一起没什么距离感。”

钱嗣杰拿出几个厚厚的大信封，里面装着他挑选的华国锋同志在各个时期的照片。“从华老担任总理的时候起，我就开始给他拍照片了。之前，我没有特别研究过怎么拍他，但拍出来的照片都不错。后来我发现，因为他特别爱笑，镜头捕捉到的都是他的笑容，所以很好拍。”

华国锋同志从领导岗位上退下来后，钱嗣杰也被新华社派驻东京做摄影记者，直至退休。回国后，他一直惦记着华国锋同志，便给华国锋同志的秘书打电话，想去看看他。

“没想到秘书一告诉华老，他便非常爽快地说‘来吧’。”

一天下午，钱嗣杰如约来到华家。华国锋同志已经和夫人坐在客厅里等候了。这次见面，华国锋同志和钱嗣杰都显得非常激动。“我们之间没有觉得陌生，华老只是感慨当年给他拍照片的壮年汉子，如今也白发苍苍了。当华老又一次叫我‘老钱’的时候，我特别感动。虽然数年不见，但一下子我们的距离又拉近了。”钱嗣杰感觉，“这时的华国锋同志更像是一位长者，一位曾经和我们共过事的老朋友”。

此后，每年春节，钱嗣杰都会去看望华国锋同志。“每次都是闲聊，互相询问彼此的身体状况，共同回忆往事，家长里短，很随意。”2007 年底，钱嗣杰又如往常一样，去看望华国锋同志。“那次我还带了位年轻的记者。

华老嘱咐那位年轻人，记者从事的工作，是我党一项重要的工作，年轻人更要好好努力。”

那天的华国锋同志，兴致一直很高。钱嗣杰又情不自禁地拿出相机，“抓拍到华老坐在沙发上灿烂的笑容”。钱嗣杰反复翻看着他给华国锋同志拍的这张最后的照片：“我只给华老拍了这么一张晚年特写，不过他表情没变，还是这样的笑容。”钱嗣杰睹物思人，难过得再也说不出话来。

曾在华国锋同志身边担任过警卫工作的曹俊洪，是特地从江苏宜兴赶来参加对华国锋同志的悼念活动的。

他告诉记者：“我头几年去看华老，没有注意到他的穿着。1995 年那次见面，我偶然发现华老的衬衣领子后面，居然还打着厚厚的补丁，很惊讶。我说：‘华老，您的衬衣怎么还打了补丁？’他若无其事地说：‘我穿衣服很随便，这衣服还能穿。再说，每次出去买也麻烦，还很难买到适合我的号码。”曹俊洪默默目测一下华国锋同志的身材，记下了他能穿衬衣的尺寸：“华老大约要穿 44 码加肥衬衣。”回到老家，曹俊洪就试着给华国锋同志定做了两件。

当曹俊洪把定做的衬衣送给华国锋同志时，“华老显得很高兴，当时就拿出了钱，坚持要付费。我说不要，但是他不同意。所以，以后每次给他的衬衣，我都是收了费的”。

在曹俊洪看来，晚年的华国锋同志就是一个再平凡不过的老人。“华老和他的夫人平时要是走在大街上，看上去就是最普通的老两口……也没有见过像华老这样随和的人，每次我去看他，常常还带一些人。不管认识的，不认识的，华老都很热情。有人要和他照相，他都爽快地说，‘大家一起照吧’。有人向他求字，他也是说‘好吧，你改天来取’。临别，他还坚持要把大家送到门口。”

还有几个当年在中南海共事的老战士，过去他们有的常常三三两两地相约去看华国锋同志，也有的专门等到每年的 12 月 26 日和 9 月 9 日毛泽东的诞辰和忌日，华国锋同志去瞻仰毛主席遗容时，和他见一面，叙叙旧。“我们这里有给华老站过岗的，有当年陪他出访过的。华老平易近人，私

2007年12月26日华国锋夫妇在毛主席纪念堂

下总是和我们有说有笑，什么时候都是如此。”

2007年12月26日，86岁的华国锋同志带家人去毛主席纪念堂瞻仰主席遗容，这也是他最后一次公开露面。曾跟随华国锋同志访问过朝鲜等国的陈长江老人，几乎每年这个时候都在毛主席纪念堂门前等华国锋同志。他说：“在毛主席塑像前，华老每次都恭恭敬敬，庄严地给大家喊口令：‘向伟大领袖毛主席一鞠躬，二鞠躬，三鞠躬！’”

如今，令这些老人感慨万千的是，他们却站在了华国锋同志的灵堂前。“还有几天就是9月9日了，可是我们再也听不到华老喊的口令了……”

晚年最大爱好

华国锋同志家的会客厅中央，悬挂着一张条幅，“清静”二字大气、从容，这是他85岁时的作品。在与华国锋同志众多书画界好友接触过程中，记者了解到，书法是他晚年最大的爱好之一：他用毛笔给侄女写信、看《中国书法报》、在书房挥毫泼墨、以书法结交朋友……原本清静的退休生活，因为书法，生色不少。

华国锋同志常说，自己年少的那个年代，兵荒马乱，没有整块的时间学习、练字，他就以手指、小木棍当笔，以腿、以地当纸，忙里偷闲、零打碎敲，久而久之，随手练字就形成了一种习惯。而这种习惯，在他退休后，被发挥到了极致。

华国锋同志书法作品

华国锋同志有一间50多平方米的书房，钥匙他总是随身带着，外人很少能入内。退休后，他将自己的主要精力放在了读史和书法研习上，每天早上散完步，他就回到这里，在书房正中那张长约2米，宽约1米的书桌上练习书法。

练得多了，自成一派，但身边“清一色”的赞扬声，却让华国锋同志感觉难免有些“单调”。

1982年，华国锋同志的交城老乡、在当地书法界很有声望的韩学武登门拜访，对他一见如故的华国锋同志，临别时还一个劲地追问他练习什么体，练了多少年。

第二年，再次见面，华国锋同志首先将他带到书房，从书柜中抽出自己比较满意的几幅作品，让韩学武“指点”。

有着40多年习字经验的韩学武快人快语：“你的字，既有颜体的宽博宏伟、沉雄朴茂，又有柳体的瘦硬坚挺，骨力洞达！只是，个别的字，还欠点儿力度。”简单、实在的几句话，听得华国锋同志喜从心来：“直来直去说真话的，只有你一个。”

就冲这一点，自此以后，韩学武每次到北京探访，华国锋同志都会拿出自己最近的书作，请他点评。华国锋同志的谦虚让韩学武很不好意思：“我怎么点评得了嘛！”“你是书法家，怎么点评不了？”这事传到交城，交城人都说，在书法上，韩学武是华国锋同志的老师，可韩学武却总觉得自己不敢当：“华老的字，从表面上看质朴、平淡，但实际上很有骨力，功力很深。”

华国锋同志写字，写得最多的，就是毛主席的诗词。在他书房的一面墙上，挂着的全是他书写的毛主席诗词。他曾经不止一次地说，那是自己

“最喜欢的作品，但即便再练一百年，也练不到毛主席那个水平”。

不过，喜欢归喜欢，熟悉华国锋同志的人都知道，他最擅长的，还是颜体。“小时候，老师强调临帖，在他圈定的碑帖样本中，我印象最深的就是柳公权和颜真卿的楷书字帖。而颜体笔法稳健厚重，结构端庄宏放，重心平稳，气势开张，字形舒展，丰茂浑厚，说得通俗点，就是带劲，耐看。”著名书法家王子忠还记得，华国锋同志曾经这样解释自己选择颜体的原因。

内行人看门道。对华国锋同志的字，懂行的人曾以“浑然大气，骨力尽现”来评价它，国际文人书画联谊会副会长张世简说：“华国锋同志书体，由颜体演化，刚而不火，拙而不滞，修为已达高峰。”

1996 年前后，华国锋同志经历了一场大病的折磨，体力大不如前，再也不能像以前那样坚持每天练字。但是，在他的家中，仍然时不时有一些书画名家慕名而来，与他切磋。

1999 年 12 月 13 日下午，当辽宁书画家姚俊卿如约推开华家大门时，主人早已在客厅里等待。“首次见面，华老热情而没有一点架子。”姚俊卿说，华国锋同志很快就以书法为话头，和他聊了起来。

“我已经断了三年没好好练习了。”79 岁的华国锋同志语气低婉，让姚

华国锋同志和李铁梁一起探讨书法艺术

俊卿内心一沉："不应该断！书法是能强身健体的！"他激动地从沙发上起身，比画起自己关于"书法之力在于脚"的感悟。华国锋同志坐在一旁，乐呵呵地看着他，不住地点头。相聊甚欢的二人甚至忘记了时间，姚俊卿挥手告别时，才发觉外面已夜幕降临。

华国锋同志在书画界的另一个朋友，是河南书法家李铁梁。因为都是练习颜体，所以见面之后，感觉格外投缘，不但相互切磋书法技艺，还互赠书作。华国锋同志对李铁梁所赠的"善为寿相，德是福根"大为欣喜，欣然以"学而不厌，诲人不倦"八个大字回赠。

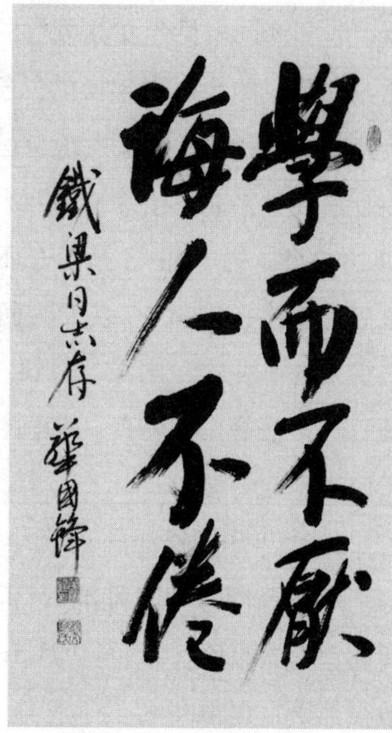

华国锋同志给书法家李铁梁的题词

天南海北的友人，就这样在华国锋同志那个古朴的小四合院中来来去去。也有人千里迢迢找到华国锋同志，希望能求得一方墨宝。对这些要求，华国锋同志也是尽可能地满足，可他有一个原则：有关商业的字不题，只写公益性的。2002年，当华国锋同志听说自己的字成了市场热炒的对象，甚至有人仿照他的字体，私刻假章伪造，他很不高兴，当即决定，对外封笔，不再给人题字。也就是从那时候起，华国锋同志的字迹在社会上渐少，只能偶尔在收藏家手上谋得真容。不过，即便如此，正如了解华国锋同志的书法家们所说："书法，仍旧是华国锋同志晚年最独特的一抹色彩。"

一辈子不改山西口音

亲不亲，家乡人。华国锋同志对山西的亲人，怀有深厚的感情。1991

年，华国锋同志见侄女苏凤仙的牙不好，便催促她："你的牙去换个烤瓷的吧。你看我的牙，去年换的，挺好的。"之后，苏凤仙去了山西齿科医院，换掉了十几颗牙。他又发现自己的大嫂、苏凤仙的母亲石玉环患了白内障，便赶紧接她来北京治疗："我帮你们找医院，你们自己出医药费。"1997 年和 2000 年，苏凤仙陪着石玉环两次到北京治疗眼睛，都住在华国锋同志家里，每次一住就 20 多天。回山西后，她们逢年过节都会收到华国锋同志捎来的小礼物，水果、月饼、饼干……大多是吃的。苏凤仙也会给叔叔"回礼"，都是山西特产。华国锋同志一般不进甜食，但苏凤仙寄的家乡特产他一定要尝尝。

2001 年华国锋同志八十大寿，苏凤仙在电话里说，要到北京给叔叔祝寿。华国锋同志"不批准"，但苏凤仙还是提前一星期到了北京，住在一间便宜的旅馆里。"到了 2 月 16 日，叔叔生日那天，我突然出现在他家里，他很惊讶，也很高兴。"

寿筵很简单，一顿家常饭，一个生日蛋糕。席间，华国锋同志对孩子们说："改革开放这么好，经济发展这么快，国家的前途就在你们年轻人身上。你们要节约，不要铺张浪费。"生日宴结束的时候，华国锋同志站了起来，背诵了一首毛泽东的《卜算子·咏梅》："风雨送春归，飞雪迎春到。已是悬崖百丈冰，犹有花枝俏。俏也不争春，只把春来报。待到山花烂漫时，她在丛中笑。"

2006 年春天，华国锋同志最后一次和侄女团聚。4 月，苏凤仙去澳大利亚看女儿，临行前探望华国锋同志。年迈的华国锋同志拉着苏凤仙的手说："照相，我们照张相！你什么时候从澳大利亚回来？回来时也看看我。"一个月后，苏凤仙带着礼物回来了：用澳大利亚绵羊毛织的一件毛衫、一条毛裤和一床毛毯。华国锋同志拿着礼物，呵呵直笑。"婶婶在旁边说，'不能要，不能要，不能养成收礼物的习惯。'"苏凤仙说，"我一听，急了，连忙说这是保护腿的，叔叔的腿不好。""好，好，保护腿……"华国锋同志笑道："我就留下毛毯吧，这是你的心意。其他的你拿回去。"

对交城的乡亲，华国锋同志也同样亲切。华国锋同志会客，一般都只有十几分钟或几十分钟；但家乡人来了，常常一上午都谈不完。秘书催他，他说："再谈一会儿吧，家乡的人来一趟不容易。"每天上午9点半到11点半之间，华国锋同志要打一次针，只要家乡人在，他会让护士来客厅打针，为的是不中断谈话。交城县志办主任田瑞，是《华国锋在战争年代》一书的主编。由于写作上的需要，从2003年起，他多次探望华国锋同志，是和华国锋同志见面次数最多的交城人。田瑞说："有意思的是，华老到老都讲'土话'，就是20世纪40年代的交城话。有些词，现在的交城年轻人都听不懂了。比如有一次，华老见我进屋，便用浓浓的交城话说'你又来瞭（看）我啦？'然后哈哈大笑。"

华国锋同志向来不收礼，唯独家乡人送来的小米、红枣、玉米面，他会高兴地收下，但反复叮嘱乡亲："下次不要带了，这些够吃很久。"田瑞告诉记者，2006年，他带着一些家乡的骏枣去看华国锋同志。为了让华国锋同志高兴，他说这是从华国锋同志外婆家的枣树上摘的。华国锋同志一听，马上拿起一颗枣，还没洗就放进嘴里。刚咬开，他就说："田瑞，你骗我，我记得姥姥家的枣是白瓤，你这枣是绿瓤。"但他还是津津有味地吃了下去。糖尿病人不宜吃枣，老伴急得连声阻止："一次只能吃一个！"但华国锋同志不听，接连吃了好几颗："交城的骏枣最好吃了。"

华国锋同志曾留下遗愿，希望将自己的骨灰葬在卦山

交城县天宁镇南街，华国锋同志1930年前后居住的地方

生前嘱咐要回卦山

怀着对家乡的深深眷念，华国锋同志生前交代亲人，他过世之后，要把骨灰葬到交城的卦山。“我回卦山吧，那里树多，清净。小时候在那儿，打游击也在那儿……”

2008年9月1日，记者驱车来到卦山，这里满山松柏，苍翠欲滴。从卦山到华国锋同志的出生地——交城县天宁镇南街，大约3公里路程。南街位于县城中心，是一条南北走向、狭长的深巷。在巷子南端，有一座典型的山西农家小院，华国锋同志的父辈当年就租住在此，房东姓张，至今张家仍有后人在这儿居住。

得知记者的来意后，张家一个抱着孩子的中年女子，讲述了张家代代相传的华国锋同志往事。当年，华国锋同志的父亲苏庆惠，15岁时从杜家庄来到交城，在“义成合”皮坊当学徒谋生。结婚时，他租了张家院子北面的几间正房，做安家之地。1921年2月16日，华国锋同志出生了，苏庆惠给他取名苏铸。

如今，院子里的桃树已十分粗壮，它们见证了华国锋同志儿时在树下玩耍的情形。树荫下的房屋，年久失修，正房一间屋的门上挂着的一把锁锈迹斑斑。透过窗户，能看见里面被烟熏得漆黑的屋顶。1991 年，华国锋同志回交城时，特意到自己出生的房间看了看，并留了影。他连声感慨："到家了，到家了！"

从张家院子出来，往南街的北端走几百米，就到了华国锋同志租住过的另一处院子，院墙上有精美的砖雕。一位老大爷把记者领到北屋："1930 年前后，华国锋同志就住在这里，房间里的灶和炕，都是华国锋同志曾经用过的。几十年啰，住的人换了不少，只有东西还是原来的。"

苏家在这个院子里也没长住。不久，他们搬出了南街，到县城别的地方落脚。名字还叫苏铸的华国锋同志更是在 1938 年离开了县城，上卦山参加抗日游击队。家人不知他的去向，直到他的同学前来报信："苏妈妈，苏铸上山找游击队去了，他要你们自个儿保重。"

从此，华国锋同志便很少回家。1947 年，他在山西阳曲县担任县委书记兼县武装大队政委时，曾抽空回来一趟。9 岁的侄女苏凤仙跑到他身边问："叔叔，您为什么要把名字改成华国锋？"华国锋同志告诉她，改名是因为革命的需要，华国锋三个字取自"中华民族抗日救国先锋"。全国刚解放，华国锋同志又回了一次家。那次回来则给家里带来了"小地震"——他带回了新婚妻子韩芝俊。华国锋同志的母亲不乐意了："怎么找个部队上的，部队的人回家难。她还是五台县人，你为什么不娶个我们交城本地的姑娘？"华国锋同志笑道："我们志同道合，同甘共苦，肯定能白头偕老的。"

1995 年，华国锋同志偕夫人最后一次回了趟交城，看了看他们年轻时参加革命战斗的地方。家乡人的热情接待，让华国锋同志心里很不安。为了不给地方上添麻烦，此后他再没有回来过。

2008 年 3 月 20 日，交城县志办主任田瑞，带着关于华国锋同志传记性的书稿来到北京，请华国锋同志审阅。翻了几页，华国锋同志便无力地放下："田瑞，我是看不完喽。"这是田瑞最后一次见到华国锋同志。那天离开华家时，田瑞走了很远很远，回头一看，华国锋同志还站在门口目送他。那是一个老人留恋的、深情的目光。

专职摄影师回忆：华国锋的笑脸一生未变

从 18 岁拿起相机，到如今已是 84 岁的耄耋老者，60 多年中，钱嗣杰拍过多少照片，连他自己也“根本数不清了”。

钱老是我国著名的新闻摄影家，被称为“红墙摄影师”，曾担任过中国人民解放军军事摄影记者、新华社驻联合国摄影记者、新华社新闻摄影部中央新闻组组长等职。从 20 世纪 60 年代开始，钱嗣杰进入中南海，先后担任过毛泽东和华国锋的专职摄影师。

2011 年 2 月 16 日，是华国锋同志诞辰 90 周年。春节期间，《环球人物》杂志记者来到钱嗣杰老人的家。老人拿出厚厚的几个大信封，里面都是他精心挑选的华国锋的照片。“从华国锋同志担任总理起，我就开始拍他了。之前没有特别研究过怎么拍他，但有时候拿出照片，我也奇怪，每张都觉得挺满意，因为他特别爱笑，镜头捕捉到的都是笑容。”

无论是华国锋参加重大的政治会议、会见外宾，还是 1978 年出访南斯拉夫、伊朗、朝鲜，1979 年去法国、英国、德国、意大利……钱嗣杰都跟随其左右。钱老说：“只要翻开那些照片，每一个重要的历史瞬间都历历在目。”

一辈子牢记“要深入群众，实事求是”

我至今还记得第一次与华国锋同志见面的情景。那是在湖南长沙，

1965年4月，我作为新华社记者、毛主席专职摄影师，跟随毛主席到长沙，准备从这里上井冈山。当时，时任湖南省委书记兼湘潭地委书记的华国锋和湖南省其他领导一同来迎接。那时候，我对华国锋同志没有过多的关注，印象中他比较老实敦厚。

4月30日早晨，华国锋、汪东兴与湖南省公安厅厅长李强等，按照湖南省委的安排一起前往井冈山，沿途为毛泽东上山做相关准备工作。安排华国锋陪同汪东兴打前站，这与毛泽东对华国锋的长期关注分不开。晚年，我曾听华国锋的秘书曹万贵说起，华国锋第一次引起毛泽东的注意是在1953年。当时湖南湘潭尚未通车，毛主席专列停在株洲。时任湘潭县委书记的华国锋接到通知后，从湘潭赶去向毛主席汇报湘潭农业互助组等情况。华国锋对湘潭工业、商业的现状都比较了解，毛主席问什么，他红着脸答什么。毛主席笑着说："你这个年轻人还是沉了下去的。要深入群众，实事求是。"

说起这一点，我非常感慨，毛主席的这句话，华国锋同志记了一辈子。2007年年底，华老去世前不久，我曾去他家里看望他，临出门时，老人对我说的还是"要深入群众，实事求是"。

1955年10月，中共七届六中（扩大）全会在北京召开，34岁的华国锋作为列席代表出席了会议。会议休息时，毛泽东向中央其他领导同志介绍华国锋时说："这个年轻人是我的父母官，一个老实人。"说得华国锋满脸通红。由于毛泽东的推荐，华国锋在中央会议上介绍了湘潭地区合作化的经验，特别分析了韶山刘秀华互助组发展为合作社的经验和存在的问题，受到大会的关注。

1976年10月后，我正式来到华国锋身边，担任专职摄影师，直到1979年年底。

在华老身边工作，我们都比较放松，他爱讲话，爱和身边的人沟通，很平易近人。华国锋比我大六七岁，却一直叫我"老钱"。让我最感动的是和他出访，华老有那么多事务缠身，还会抽空来问问我，"这几天工作

1978年元旦，华国锋（左）与钱嗣杰合影

累不累，能不能吃得消？”让人心里暖暖的。

华老为人随和、谦虚，没有什么官架子。对中央老一辈领导人，他都抱着学习的态度。记得在粉碎“四人帮”的那段时间，他一有事情拿不准，就会去找叶剑英、李先念等，一起交流看法、沟通思想。

镜头下的悲喜

回想在华老身边工作的3年，虽然我没有具体统计过拍了多少照片，但一两千张还是有的。拍得最多的，是华老在基层和百姓、劳动人民在一起。这时候也最能体现他的本色。有几张照片，给我留下了深刻的记忆：

1978年新年期间，华国锋同志冒着大风，来到唐山矿区视察。地方领导担心危险，第一怕塌方，第二怕随时有碎石落下来，他们建议华国锋在外面看看就行了，但华国锋坚持要下去。当时的气氛有些紧张，大家都捏着一把汗。华国锋进入采矿面，工人们看到华国锋下来了，十分兴奋。随行人员催促他看看就走，没想到他坐了下来，详细询问起矿工的实际工作情况，工作时间长短、劳动强度等等。

1978 年新年，华国锋（前排右一）在唐山矿井下同工人亲切交谈

还有一张照片，后来被称为“科学的春天”。那是 1978 年，在全国科学技术大会开幕式上，很多人在作报告，时间很长，我观察到华国锋常向一侧看，然后突然起身走了过去。我赶紧拿起相机，只见他走到郭沫若老人面前，贴近他的耳朵问：感觉身体怎么样，能否坚持得住，要不要回家休息？在那种场合下，华国锋做出这样的举动，郭沫若显得既惊讶又感动。那个瞬间被我抓拍到了。后来新华社发稿时题名为“科学的春天”，能看出来华老对科学家的关怀，这张照片后来还获了奖。

随华国锋参加外事活动时，我也拍了大量照片。1978 年 5 月 5 日，

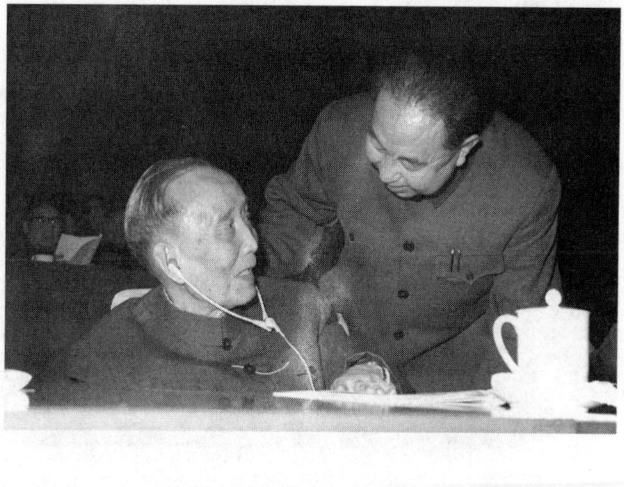

1978 年 3 月 18 日华国锋和郭沫若在全国科学技术大会开幕式上交谈

1978年5月，华国锋（左）和金日成一同走出平壤车站

华国锋乘专列抵达平壤。他受到几十万手持鲜花的朝鲜人民的热烈欢迎。时任朝鲜劳动党总书记、朝鲜民主主义人民共和国主席的金日成笑容满面地来到站台，欢迎华国锋一行。华国锋和金日成关系很好，金日成很尊重华国锋。他们见面，并不像两国领导人会见时那么拘束、注意礼节，而更像是兄弟。金日成的汉语讲得很不错，开会时常看到这样的场景，开始双方的翻译还按照要求逐字逐句翻译，后来两个人聊得起劲了，完全把翻译撂在一边。

华国锋平时的爱好是写字、看书，最多外出散散步，不喜欢跳舞聚会，为人十分低调。在1978年，华国锋访问罗马尼亚期间，当地的文艺工作者突然拉起他跳舞，我第一次看他跳舞，顺势抓拍了下来。

在我的照片中，只有一张华国锋没有笑容。那是在唐山大地震发生后，他受党中央和毛泽东主席的委托去看望地震灾区的群众。一路上，他表情凝重，而我也多次放下了手中的相机。

1978年8月，华国锋（前排左二）在罗马尼亚布加勒斯特胜利广场与当地青年共舞

自得其乐的晚年

让我感到遗憾的是，在华老生前，我没有拍到他和家人的生活合影，细心的人一定能发现，华国锋即使在任期间，也从没有带夫人出席过活动。他对子女和家人的要求非常严格，他的夫人韩芝俊比他小 10 岁，是山西五台县人。华家的子女都非常低调，他们并不姓“华”，而是随华国锋的本姓，姓“苏”。

华国锋晚年住在北京西黄城根 9 号的一个四合院内，院内种了不少的树和花，还有瓜果蔬菜等等。他与夫人经常亲自侍弄这些花草、瓜果和蔬菜，自享其果，自得其乐。

每逢过年过节，我也总会去看望华国锋。华老常对我感慨，当年给他拍照片的小伙子，现在也白发苍苍了。在我印象中，华老更多的时候是在练书法，他写着一手过硬的颜体。他说自己选择颜体是因为它笔法稳健厚重，结构端庄宏放，重心平稳，字形舒展，说得通俗点，就是带劲、耐看。华老家的会客厅，无论家具还是装修，10 多年几乎没有什么变化。80 多平方米的会客厅，宽敞俭朴，东西两侧全是书架，摆满了书。北边的墙上

20 世纪 70 年代，华国锋和夫人韩芝俊

正中央挂着毛主席 1961 年的工作照。左边是华老自己写的大字“清静”。

2007 年 12 月，我像往常一样，去看望华老。那次，我还带了位年轻的记者一起去。华老看上去精神状态很好，他问我最近忙些什么？我说，现在已经从新华社离退休老干部局党委副书记的职位上退下来了，彻底闲了，平时看看书，四处走走。当我问起华老的身体时，他说最近身体不太好，还是因为糖尿病。当时华老还对我说，退下来看看书，很好，他也每天看看书，在院子里走走。临别还嘱咐和我同行的年轻人，我们都是为党工作，只是分工不同，做什么事情要首先学做人，要做到问心无愧。

那天，华老精神很好，我情不自禁地拿出相机，拍下他坐在沙发上，慈祥的笑容。由于照片是随意抓拍，华老的左手还未取全。我哪里知道，这竟是自己最后一次为华老拍照……（撰文：钱嗣杰　刘畅）

晚年王光美，让毛刘两家多来往

在中国的历史上，这样的事例可谓空前绝后：从来没有一个人在位居国家主席夫人的风光之时，一夜间被假以罪名，投入监狱长达 12 年之久；出狱后仍然正视历史，真诚地拥抱生活。这位奇女子就是共和国主席夫人王光美。在身处荣誉之时，她悉心照顾丈夫，教育儿女成才；当狂涛般的侮辱和诽谤袭来时，她坚强抗争，忠贞不渝，勇敢地站在丈夫身边；在身心遭受极大的牢禁摧残时，仍坚如磐石；晚年以病弱之躯，为社会的公平、正义和博爱而不懈努力……

从物理学硕士到革命者

王光美的家谱上，记载着一个显赫的家族：父亲王治昌，早年考入天津北洋大学专修法律，毕业后东渡日本，在早稻田大学改学商科。段祺瑞出任国务总理时，他任农商部参事，后升至工商司司长、代理农商部长。王治昌学识深邃，思想开明。1925 年，他的留日同学兼拜把兄弟、国民党著名左派领袖廖仲恺在广州遇刺身亡后，他愤而退出北京政坛，和妻子儿女们过起了隐居生活。王光美的母亲董洁如出身天津富商世家，毕业于天津北洋女子师范学院，是中国第一批女大学生。

1921年出生的王光美，在家中排行第七，上有6个兄长，下有4个妹妹。值得一提的是，这个大家庭的兄妹中，多年后，既产生了全国人大常委会副委员长、国家主席夫人、电子部副部长等中共高官和知名人士，也有人担任了国民党总统的经济秘书、国民党空军总部的作战处长等，但兄妹间融洽如同手足。

王光美从小天资聪颖，学习刻苦，在学校有“数学三王”之一的称呼。1939年9月，王光美考入北京辅仁大学，成为中国最早几位物理学硕士之一。受当时“读书救国论”的影响，王光美立志成为居里夫人那样的科学家。她准备抗日胜利后去美国留学，攻读原子物理专业。

然而，中国社会呈现出的衰落、悲情和毁灭迹象，激发了王光美要改变中国命运的理想。通过兄嫂的介绍，她和中共北平地下党组织有了联系。1946年春节期间，在辅仁大学任助教的王光美接到了中共地下党组织的信函，邀请她到新成立的北平军调部工作。此时，王光美刚刚收到美国两所著名大学的录取通知书，究竟该如何选择？经过慎重考虑，她决定去军调部报到，为叶剑英等担任翻译。

1946年10月，国共内战爆发，军调部内中共人士陆续离开北平。11月1日，王光美匆匆告别父母，前往延安。从此，她的人生同中国革命的波澜起伏紧密联系，彻底远离了成为科学家的梦想与追求。

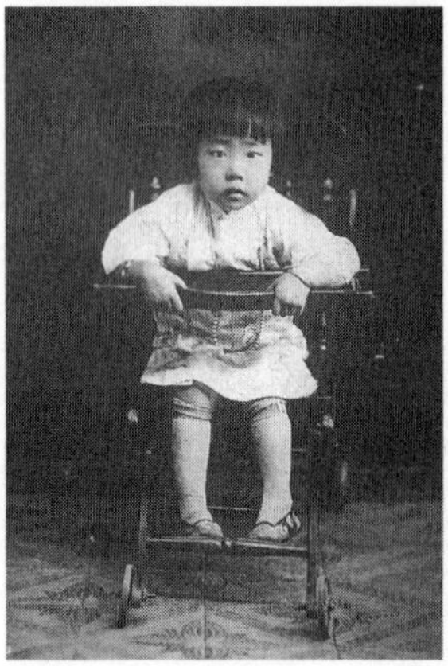

童年的王光美

少女时期的王光美

青年时期的王光美

两个梨子牵出的情缘

谈起王光美和刘少奇的相识，还有一段颇为传奇的故事。

一次，王光美去看望朱老总。坐了一会儿，朱老总说，我带你去看看隔壁的少奇吧！这样，王光美极偶然地见到了刘少奇。两人的第一次见面，只是握了手，竟没说上几句话。

王光美单独到枣园刘少奇的窑洞是在 1947 年春节前。那天，刘少奇为了款待她，特意从抽屉里拿出两个放得有点发黑的梨子。这在寒冬的延安，算是很好的水果了。王光美看着这两个梨子好半天，心想怎么吃呢？她带了把小刀，就掏出来，一圈圈把梨皮全部削掉，她削的梨皮完整地连在一起，让刘少奇感到很惊奇，这位职业革命家从来没有见过这样削梨的手艺。吃午饭时，王光美看到刘少奇吃的是带青菜叶子的稀面条和几片烤焦的馒头片，这又让她感到有些惊奇了。两人出身背景和生活经历的差异，让他们彼此吸引，王光美对于在艰苦斗争中成长为中国革命领袖的刘少奇，内心充满了敬佩和崇拜。

1947 年 3 月，国民党军胡宗南部轰炸延安，刘少奇、朱德等组成中央工作委员会前往华北。当刘少奇一行到达山西兴县时，与王光美再次邂逅。刘少奇问她，能否跟他上晋察冀去土改，王光美想，在晋西北也是搞土地改革，为什么非去晋察冀？她没明白刘少奇对她表示的好意，婉言谢绝了。

年轻、单纯而又充满热情的王光美，很快投入轰轰烈烈的土改工作中。1948 年 4 月，毛泽东、刘少奇、朱德、周恩来、任弼时 5 位书记在河北省平山县会合。王光美在这里和刘少奇再次重逢。随着接触的增多，王光美逐渐了解了刘少奇的工作作风。

这天，她来到刘少奇办公兼居住的地方，刘少奇正在伏案写作。他站起来说："你真来了！"两人的谈话从介绍各自的工作开始。刘少奇仔细询问了王光美的工作情况，也说起了自己的生活，并表示愿意和王光美"好"。

他详细介绍了自己：年龄较大，工作很忙，又有孩子……王光美回答说，年龄上我倒没考虑，只是我们政治水平上差得太远，我和你在一起不知道该怎么办……刘少奇还说，你要了解我过去的历史，可以去问李克农同志，要了解我的生活，可以去问住在旁边院子里的邓颖超大姐。

1948 年 8 月 21 日，27 岁的王光美和 50 岁的刘少奇举行了俭朴而热闹的婚礼。几位工作人员算是迎亲队伍，把“新娘子”从柏里村接到了西柏坡。晚饭以后，中共群贤毕至，毛泽东、朱德、周恩来、叶剑英等高高兴兴来到刘少奇的住处，向他和王光美祝贺。

在秦城监狱的 12 年

也许是家庭生活太美满了，直到 20 世纪 60 年代，王光美和刘少奇都对即将来临的政治风暴缺少某种预感。

1967 年 1 月，王光美被绑架到清华大学批斗。造反派强行让她穿上旗袍，在脖子上套上一串乒乓球做的项链，讽刺王光美出访时的“资产阶级作风”。1967 年 8 月 5 日，王光美和刘少奇在中南海的一个院子里被分开批斗。中间暂停时，她和刘少奇在书房相见，双目对视许久。批斗又开始时，王光美不顾一切地跑过去拉住刘少奇的手，紧紧地握在一起。

刘少奇轻轻地对王光美说：“好在历史是人民写的！”这是刘少奇对她说的最后一句话。1967 年 9 月 13 日凌晨 3 点多，夜色苍茫之中，清冷的秋风阵阵掠过，一辆军用吉普车突然停在中南海王光美的住所前，几个不速之客闯进住处，宣布对她正式逮捕。

在此前后，她受到了无数次审问、逼供、欺骗和辱骂。两个月后，王光美以“美国中央情报局长期潜伏的高级战略特务”的罪名，被投入秦城监狱，开始了隐秘的监牢生活，监号是 67130。

她被单独囚禁在二层楼的一间牢房，里面又脏又湿，墙壁霉湿半截。平时要求必须坐着，脸朝门口，不能靠墙。有时她坐着没事，捻捻头发，哨兵就马上走过来，问："你手上是什么东西？"12年里，她不知道当天是几月几号，只知道是上午、下午，抬头透过牢门上监视的小窗户才知道是阴天、晴天……

少奇怎么样？孩子们在哪里？幼女小小见不到妈妈会怎样？她一概不知。王光美后来回忆，那时她常想起刘少奇与她最后分手时留下的话，相信党和人民总会把问题搞清楚，历史总会恢复它的本来面目。不管遭受多大的冤屈和磨难，她要坚强地活下去。

她向监狱申请送些生活用品和换洗衣服来，没想到，里面竟意外地夹着一双刘少奇的袜子。她万分惊喜，忙把这双袜子珍藏起来，每当想念刘少奇和孩子们，就悄悄看看袜子。

1971年9月，林彪出逃事件发生后，王光美的孩子们听说彭真、薄一波的子女相继见到了被关押的父亲，就给中央和他们熟悉的叔叔阿姨们写信，要求见爸爸妈妈。毛主席在宋庆龄转来的信上批示：父亲已死，可以见见妈妈。当专案组向王光美说有孩子来见她时，倔强的王光美并不同意。她想，自己关在监狱里，这么个样子，不明不白地怎么能见孩子们呢？后来，监狱人员向王光美传达了毛主席的批示，她才同意。也就是在这一天，她才知道，刘少奇已经在3年前含冤辞世。她80多岁的老母亲，也被抓进监狱，惨遭迫害致死。

1972年8月18日，王光美的子女终于见到了他们的母亲。曾容光焕发的母亲瘦弱不堪，满头灰白头发，连腰也伸不直。穿着一身旧黑衣，神情麻木、迟钝……

"我是这两个家庭中唯一的长者"

虽然饱经磨难与忧患，但王光美从不怨天尤人，始终秉持乐观宽容的处事品性。她促使毛刘两家后代的来往逐渐密切起来，她说："我是这两个家庭中唯一的长者了，你们都是我的儿孙，你们一切都好了我才能放心。"

2004 年，毛泽东和刘少奇两家聚会，从左至右分别为：李讷、王光美、李敏

2004 年夏日的一个晚上，很少出来应酬，也从来没有宴请过别人的王光美，嘱咐刘源，请李敏、李讷两家吃饭。老人还嘱咐早点准备，因为是两家的聚会，不要麻烦秘书和别人。

那天，李敏和她的女儿最先赶到，一会儿李讷和她的丈夫——曾给刘少奇担任过警卫秘书的老王，带着他们的儿子也到了。王光美在女儿婷婷的搀扶下如期而至，毛家姐妹急忙迎上前去，握住了老人的手……席间，他们一会儿聊家常，一会儿回忆过去的欢乐。大家为王光美的健康长寿频频举杯。王光美慈祥地看着孩子们，关切地询问毛岸青一家的情况。

毛泽东、刘少奇两人出生地仅一山之隔，1922 年两人相知相交，而后风雨同舟，舍身为国，共同攀上了辉煌的巅峰。后来，由于发生分歧而共同陷入了不幸。他们个人的悲剧又波及了两个家庭，更使国家和人民深受磨难。在历史掀开新一页的今天，两家后人相聚一堂，是两家的幸事，也是民族的幸事。

其实毛刘两家从未隔断关系。1996 年 10 月 18 日，李讷到三峡工地参观时，听说刘源正在工地上带领武警水电部队建设三峡工程，便捎信想与刘源见面。第二天，刘源赶到刚通车不久的西陵长江大桥边迎候李讷，两人激动地握手拥抱。李讷说："小时候我最喜欢源源了，那时候长得多漂亮，现在都是将军了！"

两个特殊的家庭折射出国家的兴衰命运。李敏的女儿孔冬梅后来写了一篇3000多字的文章，题为“山花烂漫时，情谊别样浓——毛泽东、刘少奇两家后人聚会侧记”。文章发表前，她请刘源进行修改。刘源反复改动后致信孔冬梅：“冬梅：你好！文章我仔细推敲磨合，特别是议论的几段，真费了心思，耽误了几天。我想，不应该回避历史，但又要婉转、深刻，表达出我们两家割不断的渊源、深情，共同的历史压力和感情重负，以及彼此深深的理解和同情。再引申到今天的所有家庭直至整个国家的层面。不仅能满足群众们的美好愿望，更牵动每人每家的情思。”

刘源在这篇文章中加上了这样的精彩语句：“还是他们说得对：终究，人民是真正的英雄；好在，历史是人民写的。如今，人民继承了他们，又超越他们，走上了繁荣、富强、自尊、自强之路。

“早已作古的他们，文韬武略，忘我为民，当得住盖世奇功，负得起任何过失；彪炳于世的他们，光明磊落，不动如山，无愧为中华千年最伟大的一代英雄之表。至今，已换了人间，国家步入新的时代，人民仍旧真诚地怀念他们，尊敬他们。”

在王光美的晚年，儿子刘源的不断成长和进步，给她带来了极大的欢乐和欣慰。刘源从少将升至上将，成为解放军高级将领，中共十七大上当选为中央委员。他只要在京，无论多忙，每周必来看望和陪伴母亲。

2006年是“文革”40周年。这一年岁尾，刚过完85岁生日的王光美，在众多子女的精心看护下，平静离世，翻过了她奇美人生的最后一页。（撰文：罗海岩　江玮）

汪东兴，一生忠于毛主席

2015年8月27日，八宝山革命公墓，人们在默哀中送别汪东兴。6天前，这位中国共产党近百年风云的亲历者因病去世。

汪东兴为人所熟识主要因为两件事：担任毛泽东警卫近30年，直到毛泽东去世；动用归他直接指挥的8341部队（即中央警卫团），积极参与抓捕“四人帮”行动。从来到毛泽东身边到成为新中国中央警卫局局长、中央办公厅主任、中共中央副主席，他不可避免地见证和影响着共和国历史。

勇字当头的警卫局长

汪东兴的革命生涯开始得很早。1916年1月，他出生于江西省弋阳县一个农民家庭。贫苦的生活让他过早成熟，并寻求改变生活的机会。土地革命时期，他就参加方志敏领导的农民暴动。1932年，16岁的汪东兴加入共产党，同年参加红十军，正式踏上革命道路。经多年革命历练，他随部队来到延安。

1947年春，汪东兴被调到毛泽东等领导人身边担任警卫工作。时值国共战争开始不久，蒋介石派胡宗南率部大举进攻延安。1947年3月18日，汪东兴接到命令，立即带领中央警卫团团长等人和一个骑兵分队前往王家坪，保卫毛泽东、周恩来等领导同志以及中央直属机关撤离延安。

当中央机关撤至王家湾时，国民党军队追至离王家湾只有10公里路的平桥地区。任弼时、陆定一与周恩来紧急商议后决定马上转移，毛泽东则提出要看到敌人再走。经众人劝说，毛泽东改变主意，问汪东兴："你敢不敢留下来等敌人？"汪东兴果断回答："怎么不敢？只要主席下命令，我就留下等敌人。"毛泽东很高兴："好！给你一个连的兵力够不够？"汪东兴思索后说："给一个加强排就够了。"毛泽东同意："就给你一个加强排，加上5个骑兵，任务是替我看到敌人才能走，还要打他们一下。"

等国民党军队到王家湾，他指挥战友圆满完成了任务，为中央顺利撤退赢得了时间。事后毛泽东称赞："你们打得好！你们用极少的兵力阻挡了大量的敌人，我们的勇敢和智慧是可以以少胜多的。"

在跟随毛泽东转战陕北的日子里，汪东兴率领中央警卫团主要负责毛泽东等领导人的安全，同时组织中央的人员、物资供应，统筹后方，保障后勤供应，日后的中南海"大总管"初见雏形。

1949年3月，中央机关和解放军总部向北平进发。汪东兴带着警卫战士乘一辆吉普车为首长们开道，见证了"进京赶考"的历史时刻。新中国成立后，他担任过中共中央书记处办公处副处长兼警卫处处长等职，主管中南海内部的警卫工作，是北京卫戍区三人核心小组负责人之一。后警卫处改为警卫局，汪东兴长期任中央警卫局局长。1955年，他被授予少将军衔。

"东兴在我身边，我习惯了"

汪东兴担任过很多职务，但从未改变的是负责毛泽东的安保工作。毛泽东说："他是一直要跟我走的，别人我用起来不放心，东兴在我身边，我习惯了。人还是旧的好一点，他的长处是心细，缺点是理论水平差、不喜欢动脑子。但是，不要小看了厚重少文，汉朝的周勃可是立了大功的。"

1949年底，毛泽东出访苏联时，汪东兴负责警卫工作。他在毛泽东

1955 年，汪东兴与毛泽东在一起

专列途经沿线的每一个桥梁、涵洞、制高点都安排了兵力，自己则负责毛泽东的贴身警卫工作。到了莫斯科，毛泽东和斯大林正式会谈时，他在值班室等候了 5 个小时，连饭都不敢去吃，只喝了一瓶汽水。毛泽东知道后叮嘱："等的时间太久了，下次不要跟去了，让苏方保卫安全，你们在驻地等我。"

毛泽东知道汪东兴爱读书，但不能把马列主义应用到实际，便安排他下放江西锻炼了一年，担任副省长兼农垦厅厅长。学习结束后，汪东兴又主动要求延期深造。1960 年，毛泽东把汪东兴调回北京，让他在中南海开展小整风运动。后来，毛泽东请亲属和部分工作人员吃饭时感慨道："今天在座的，受过我批评最厉害的是汪东兴同志，除他之外还有罗瑞卿同志。我骂过他们，要他们从房子里滚出去。我狠狠批评了他们，但是他们从来不恨我。"

毛泽东曾鼓励汪东兴多看其他书籍："光读马列主义的书还是不够的，还要读点历史，读点经济学，读点小说，读点哲学史。《水浒》《三国演义》《红楼梦》《金瓶梅》，这都是很重要的文学作品，是反映政治性的小说，体现了艺术性和思想性相结合的完美，写得很好，语言也很生动活泼。"

汪东兴对毛泽东很崇敬，对他讲的话、交办的事，丝毫不怠慢。毛泽东曾打趣他："我有时说笑话，你也当真，也当作指示吗？"汪东兴回答："我区别得开，但我会认真对待您说的话。"

指挥"10 月 6 日行动"

"文革"期间，汪东兴身居要职，却未受到太多冲击。在许多人看来，这是因为毛泽东的保护。1967年1月，中南海造反派喊出“火烧”“油炸”汪东兴的口号，毛泽东得知后表态：“烧烧炸炸都可以，但不要烧焦了！”意即你们批评汪东兴可以，不能打倒，要保护他。

1976年9月毛泽东逝世后，“四人帮”想篡夺政权。10月2日，叶剑英找到时任中央办公厅主任汪东兴：“我们要以快制慢，‘四人帮’不除，我们党和国家是没有出路的。”当晚，汪东兴研究行动计划到凌晨，制订了粉碎“四人帮”的初步行动方案。10月6日下午，汪东兴对行动小组下达抓捕“四人帮”的任务：“这是关系党和国家前途命运、你死我活的斗争！”他提高嗓门说，“要绝对保守秘密，坚决听从指挥。任何人不得擅自开枪！我们要争取不响枪、不流血地解决问题。这是上策！”

当晚7时40分，华国锋、叶剑英、汪东兴三人聚齐在怀仁堂正厅。7时55分，王洪文提着文件包走进来。华国锋严肃宣布：“王洪文，你阴谋篡党夺权，对党和人民犯下了不可饶恕的罪行。中共中央决定，对你隔离审查，立即执行。”王洪文还未反应，行动小组就上前将他控制住，并给他戴上手铐押到隔离室。3分钟后，张春桥迈进正厅，也被行动小组迅速控制。

之后，在春藕斋正厅，行动小组迅速围拢住坐在沙发上的江青。江青惊问：“你们要干什么？是什么人指使你们来的？”小组成员告诉她：“我们是奉华国锋、叶剑英副主席的命令，来执行中央决定的。”江青听罢给华国锋写了一封短信：“国锋同志，来人称，他们奉你之命，宣布对我隔离审查。不知是否为中央决定？江青。十月六日。”封好信，她被行动小组带走。

鉴于王洪文、张春桥、江青已被顺利拘押，汪东兴果断地说：“马上给姚文元打电话。”8时25分，姚文元来到怀仁堂休息室，同样被行动小组控制并押送到隔离室。此时是1976年10月6日晚8时30分。解决“四人帮”的整个行动过程，只用了35分钟。

1977年，汪东兴被选为中央政治局常委、中共中央副主席，位列中央领导层第五位。“四人帮”倒台，“文革”结束，但“两个凡是”的精神枷锁还阻碍着中国前进，汪东兴却选择站在“两个凡是”一边。1979年，在中央政治局召开的帮助汪东兴等同志的组织生活会上，陈云首先发言：“东兴同志已经是走在了革命的后面，这样的同志继续在党中央的领导岗位上，显然是不合适的，全党同志也是不会答应的。”在1980年召开的中共十一届五中全会上，汪东兴辞去了中央政治局常委、中共中央副主席的职务，离开中南海。

小院里的暮年

搬离了中南海，汪东兴住在西单六部口新壁街。小院被收拾得井井有条。院子里花木葱茏，还和夫人姚湘娥一起种下一棵梧桐树。屋内陈设简朴，客厅北墙书柜上放满马列和毛泽东的经典著作，西墙挂着毛泽东手书赠他的《送别》。

书房内的写字台上，有一盏旧台灯和挂着毛笔的旧笔架，剩下的就是高高摞起的书籍和资料。汪东兴在这里读书练字。他习惯写隶书，笔迹工整大方，就连会客时的谈话内容，也用毛笔认真写下。汪东兴形容自己的晚年生活：“我很简单，吃、睡、看，生活要规律才好哇！”

上午，汪东兴除了必看的《人民日报》，还会看看其他时政报纸；中午午休，下午是会客时间，晚上7点准时坐在电视机前收看新闻联播，之后再打打台球散散步。身体好时，每天走4000步，后来变成每天2000步。散步回家后，看会儿书就睡觉。

汪东兴深居简出，很少见生人。一些国内外的出版商邀请他写回忆录且出价不菲，都被他拒绝了。他说：“写了就是既得罪了活人，也得罪了死人，以后我就没脸再见毛主席他老人家了。”

但汪东兴却接受家乡的邀请，担任了《弋阳县志》的编纂顾问。县志出版前，工作人员曾把材料寄给汪东兴，请他把关。几天后，汪东兴的秘书刘桂民给县志办公室打电话说，绘制的弋阳苏区斗争形势地图有错误：汪东兴的家乡余家坞属于弋阳五区，1932年已成立苏维埃政权，应属红区，但地图上把它标成了白区。汪东兴亲自在地图上做修正并配上文字说明。弋阳五区在比例尺1∶360000的地图上不过黄豆大小，也没逃过汪东兴的眼睛。

1992年10月9日，中顾委老同志合影前，汪东兴颇有兴致地比试自己站的位置

2000年左右，一本编造大量“史实”的《汪东兴传》出版。汪东兴看到书后很疑惑，因他从未见过作者，“这种胡编乱造的东西在法律上有什么说法没有？”经过咨询，他委托熟识的江西籍律师钱卫清，要求用法律手段解决这件事。后来，有关部门认为汪东兴作为党内元老打这样的官司，容易被西方媒体拿来说事，建议他换种方式解决。汪东兴也没纠缠，撤了案子。钱卫清感慨地说，汪东兴见惯生死沉浮、人生起落，已经不执着于什么，他的人生格局早已不同常人。

据江青第一任专职秘书阎长贵回忆，汪东兴晚年“心很宽，想得开”，身体硬朗。一年多前，他因健康原因住进医院，直到去世。这位百岁老人在安静平和中走完了一生。（撰文：姜琨）

耿飚：给六百万军队“消肿”

在北京外交部旧址附近的一所公寓中，耿飚的长女耿莹向《环球人物》杂志记者回忆说：“我这个父亲，上山能打猎，下水能摸鱼，出门能谈判，回家能做饭……”在耿莹心中，父亲是个充满传奇色彩的人物，实在难用一句话概括。

耿飚的夫人赵兰香，已87岁高龄。谈起丈夫，她和女儿有相同感受：“耿飚一生的经历丰富多彩，由于工作需要，党和国家安排他在不同的工作岗位上，从事截然不同的工作，但是他在每一个岗位上都能干得很出色。”

五角大楼的特殊客人

耿莹说，父亲从童工到将军，“大风大火”了一辈子。在70多年的革命生涯中，他多半时间是在外交岗位上。

1979年1月2日，中央军委副主席、总参谋长邓小平宣布：军委决定耿飚回军队任职。1月11日，中共中央正式任命国务院副总理耿飚兼任军委秘书长，协助军委主席处理军委的日常工作。1981年3月，耿飚又兼任国防部长。

赵兰香至今还记得耿飚回归军队的那一天。“工作人员送来了军装，等不得我给新衣服过水，耿飚当即就‘披挂’上阵了。他一连说了几个‘好哇，穿什么都不如穿它舒服。还是红旗式的领章好，还是那颗红五星好。’”

耿莹回忆：“在父亲兼任国防部长的前后两年中，他为军队整编、民航改制、中美军事关系等问题操碎了心。”

1980年5月25日，由耿飚率领的军事代表团访问美国，走进五角大楼。

“后来我听父亲讲，五角大楼的工作人员不顾禁令，纷纷从窗户探头出来。他们没想到，美国会为一位共产党国家的军队领导人举行欢迎仪式。”耿莹说。

访美期间，耿飚一行还登上了“小鹰”号航空母舰。这是中国人民解放军和科技人员首次踏上航空母舰。上舰后，其规模气势和现代作战能力，给他们留下了极深印象。在看到代表世界海军最先进水平的装备时，耿飚和同事们内心深处也萌动着尽快改变我国海军面貌的激情。

赵兰香还记得一个细节：5月28日晚，美方把中国军事代表团请进白宫，卡特总统夫妇在晚宴后，邀请耿飚夫妇一起观看了电影《星球大战（Ⅱ）》。但美方因顾忌“如此过分招待中国人会刺激苏联”，所以当时没有将看电影的情况对外公布。

这次访美，中美双方拟订了进一步加强两国军方联系的计划，包括增加军方人员接触，美国同意向中国出口某些具有民用和军用双重价值的技术，并愿意对可能向中国出口的某些军事装备提供技术和资料。

当时有记者问：“这是否意味着美国同中国在军事上，哪怕是暂时性的结盟的开端？”美国国防部长布朗答道：“根本不是。美国和中国是朋友，不结盟也可以交朋友。”又有记者问：“同中国军方发展关系是否终将导致美国向中国出售武器？”耿飚说：“我认为目前没有这个可能。我们的友谊要靠一步一步地来，一天一天地发展。”

组建反劫机警察特种部队

耿莹告诉记者，很多老帅对耿飚在就任国防部长前后执行的“军队消肿”政策，印象深刻。“父亲在邓小平同志和几位老帅的指导下，主抓了军队的精兵简政，那是‘文革’以后人民解放军的第一次大‘消肿’。”

耿莹曾在父亲的回忆录中看到，当年父亲召开军委会议动员部属说：“现在这个样子化不了（实现国防现代化）……我们都是从枪林弹雨中出来的，大家都懂得指挥机关人多了，高大了，并不能提高效率，反而很多事情难办。过去办事情简单，一个电话，或者把人找来，当面几句话一说，回去就办妥了。现在办事情有些人搞官僚化那一套……搞那么多干部，说是能上能下，实际上能上难下，提起来高兴，降下去就不高兴，还要骂娘。现在要消肿，做三年计划，真正消肿！”

为保证简编部队在紧急情况下实施军务动员，耿飚提倡首先把预备役搞好。转业复员的官兵要搞预备役登记。耿莹说：“父亲还给他们讲了《花木兰》的例子。他说‘你们看朝廷里就有花木兰父亲的名字，一旦打仗，一个通知下来，哪一天集中，他自己带弓马，带着保留的军服就来了’。”

在耿飚等的积极努力下，经过这次精简整编，人民解放军的总员额由600多万降到400多万。从此，铁道兵和基建工程兵在军队序列中消失。

耿莹对耿飚在任国防部长期间组建特种警察部队的事记忆犹新。“1981年6月，父亲召开中央军委办公会议，研究如何应对国际上日益猖獗的劫持飞机等恐怖活动。”10月9日，国务院、中央军委决定，成立反劫机警察特种部队。“他们从武汉军区调集了一个团的兵力，开始封闭式训练，当地老百姓称他们是‘敢死队’。”

就在训练紧锣密鼓进行时，1982年7月25日，中国民航发生了成立以来的第一次劫机事件。民航兰州管理局的一架飞机遭5名歹徒劫持，命令机组改飞台湾。“父亲立即到突发事件指挥中心现场进行指挥。后来机组人员在乘客的配合下，制伏了歹徒。”

1983年，耿飚倡建的警察特种部队并入新成立的武警部队，改称“中国人民武装警察部队特种警察大队”，任务为反劫机、反恐怖、反暴乱。

彭真之子傅洋：父亲研究法律从坐监狱开始

一间10平方米左右的办公室里，一张办公桌摆在正中央，墨盒、转笔刀、笔筒、电话等办公用品放在桌上，另有一把椅子、一个文件柜，此外，屋内别无他物。这间办公室是用北京市档案局从彭真家里借来的旧家具，按照1∶1的原貌陈列而成。彭真是北京任期最长的市长。由于身兼数职，工作常常日以继夜，他多数时间是在家中办公。

“我们从记事起就被父母反复告知，这个院子首先是个机关。有时我们正与父母欢声笑语，只要父亲办公室的电话铃声响起，我们都会急匆匆地躲出去，不敢靠近，这是家规。”彭真的儿子傅洋告诉记者。也就是在这里，彭真主持了无数重要会议，其中包括林彪、江青反革命集团“两案”审判指导委员会的许多会议。

彭真原名傅懋（mào）恭，1902年出生于山西省曲沃县。彭真是我国社会主义法制的主要奠基人，曾有3个月主持制定7部基本法的骄人业绩。彭真和妻子张洁清共有四个儿女，长子傅锐、女儿傅彦、次子傅洋、小儿子傅亮。其中只有傅洋自1979年以来一直从事法律工作。他曾在全国人大法制工作委员会工作了9年，后创办了全国知名的康达律师事务所，曾连任三届中华全国律师协会副会长。

学会运用敌人的法律

著名作家沙汀在《记贺龙》一书里，记载了贺龙对他“最佩服的边区共产党负责人之一彭真同志”的评价：“这个人了不得！对革命坚决得很……北平、天津几个地方的监牢，他都坐过。”

傅洋说每次接受采访，都会想起，“父亲曾在国民党监狱中坐了6年半，在自己的监狱中坐了9年。他活到95岁，平均算下来，每周差不多有一天是在监狱中度过的。也许正是这种独特的坎坷经历，才使他在主持中国民主法制建设时有了更深刻的体会。”傅洋觉得难以相信的是，父亲深厚的法律功底竟是在国民党的监狱里打下的。“在国民党监狱的6年半里，别的书看不到，《六法全书》却允许看。父亲曾告诉我们，在狱中和国民党做斗争，要学会运用敌人的法律，应该说这打下了他的法律基础。”

彭真最初的法制实践，是在晋察冀边区展开的。1940年8月，彭真和聂荣臻等主持制定的《中共中央北方局关于晋察冀边区目前施政纲领》，被认为是边区第一部新民主主义的宪法性文件。傅洋说：“1941年，父亲向中央政治局和毛泽东报告晋察冀边区工作时，提出了系统的新政权建设思想。其中的基本思想，至今仍在现行宪法中清晰地体现。可见，在制定我国第一部宪法时，许多问题他早已深入思考过了。”

新中国成立后，彭真先后担任北京市第一任市委书记，兼任北京市市长，全国人大常委会副委员长、全国政协副主席，并任中央政法小组组长，长期主管中央政法工作。建国初那几年里，彭真为新中国第一部宪法的制定，为新中国根本政治制度——人民代表大会制度的创立，付出了巨大心血。

在傅洋儿时的记忆里，尽是父亲忙碌的身影。他说：“毛主席有通宵工作的习惯，父亲从来都以毛主席的作息时间为准，常常凌晨两三点还被叫到中南海商量工作。”

傅洋说：“‘文革’前，刑法草案已改到第三十三稿，书记处已经研究过。而‘文革’对法制的彻底破坏，使刑法的制定延误了10年以上。直到1979年，它才在父亲主持下产生。这部刑法的主要架构内容，基本与‘文革’前的草案一致。它的新特点，在于根据以前的教训，写进了‘非法拘禁’‘诬告陷害’‘侮辱诽谤’‘刑讯逼供’等新罪名。”

傅洋记得，父亲说过：“1943年，胡宗南要向延安进攻。当时，放火的也有，放毒的也有，反动标语也发现了，谣言也出来了。哎呀！延安还有这么多的特务？来了个抢救运动，出现了逼供信，结果就搞乱了。这种错误不要再犯。”“错捕、错判要坚决纠正、平反……不要认为有错案不要紧，就是百分之一错了也了不得，在你看来是百分之一，对被冤枉的人来说是百分之百。”

1983年，彭真当选第六届全国人大委员长。傅洋还记得，“父亲回家后第一句话就说：‘记住，你们要是违法，罪加一等！’我们一听就不干了，用他教给我们的‘真理’反驳：‘不对，法律面前人人平等！’”

大马路，大广场，大绿地

傅洋的桌上常放着《彭真文选》，里面记录了彭真自1941年到1990年许多没有公开发表的重要讲话和电报。“父亲所关注的领域绝不仅限于法律，还包括建筑、城市规划等各个方面。”

就任北京市长期间，彭真对北京的建设提出了“大马路，大广场，大绿地”，要“给后人留下发展余地”的超前指导思想。1953年，彭真提出东单至西单的大街宽90米，有人批评这是“大马路主义”。彭真说：“大马路主义就大马路主义吧。不要害怕，要看是否符合发展的需要。道路窄了，汽车一个钟头才走十来公里，岂不是很大的浪费？我们不要只看到现在北京全市只有不到一万辆小汽车，要设想将来有了几十万辆、上百万辆汽车时是什么样子。总有一天会发展到几十万、上百万辆车的。”

1956年10月10日，彭真在北京市委常委会上提出：“伦敦、东京、巴黎、纽约等城市的交通都很拥挤，据说有的地方坐汽车不一定比走路快。我们应吸取这方面的经验教训。道路不能太窄。”

1954年10月1日，彭真（右一）陪同毛主席在天安门城楼上检阅游行队伍

关于北京城市规划，彭真谈到天安门广场建设问题：“天安门的大小问题，现在已经提出了三种方案，30公顷、40公顷、50公顷。广场势必要大一些，不能太小，因为我们是世界上人口最多的国家。不能说世界各国没有，我们就不能有，什么都跟在人家后边走……”1956年，毛主席在天安门城楼上听取了彭真汇报天安门广场和人民大会堂的规划后，亲自定下来：从人民大会堂北墙到中山公园南墙间的距离为180米。今天的人们或许很难相信，这座世界上最大的会堂建筑，从规划、设计到施工，一共只用了1年零15天，其中，从选址到敲定设计图纸，仅用了50天时间。

身处逆境总是乐观

1966年，“文革”爆发，彭真首当其冲被打倒。5月，彭真开始被软禁在家，12月4日，被造反派从家中劫走，失去人身自由惨遭迫害达12年之久。妻子张洁清也于1967年7月被正式逮捕。

1967年11月的一天，傅洋和姐姐傅彦被赶出了位于台基厂的家。一辆小平板车载着两卷单薄的行李，姐弟俩搬到了一公里外的苏州胡同两间小平房里。“那个晚上，空空荡荡的小平房里只有两块用板凳垫起的木板。

我和姐姐因为烧炉子先后煤气中毒。半夜我去上厕所，一下摔倒在门口。姐姐闻声爬起将我弄醒，她却又一下子晕倒。我当时忍着剧烈的头痛将姐姐连拖带抱弄到马路对面的同仁医院。虽然只有短短的几百米，却好像费尽了毕生的力气。”

1966年5月，彭真夫妇和他们的子女。后排左起：傅彦、傅锐、傅洋、傅亮

直到1972年，彭真才被允许探监，“在那之前，我们与父母真正是多年生死两茫茫。”在傅洋心目中，父亲是个“典型的硬汉子，是刀砍到脖子上都不低头的人”。“父亲在狱中想尽一切办法维持身体的健康，保持精神的振作。按他自己的话说，最大的秘诀就是‘根本不去想自己的事，只想大事’。我们给他送去马列著作，他在上面做满了标记。没有笔，他就把我们送进去的带点颜色的纸（牙粉袋、画报），撕成长长的不足一毫米宽的小纸条，用吃饭时存下的米粒，粘在书上的重点处。”

为保持语言能力，彭真在狱中每天坚持大声地念英文、唱京戏。“父亲告诉我们，住单人牢房语言能力会强烈减退，王若飞当年从国民党的单人牢房出来后，就讲不好话，去修手表时把表蒙子说成了表锅盖。”傅洋说，6年后再见面时，父亲走路没问题，说话也没问题。除了瘦了一些，头发花白了之外，没什么变化。

1975年，彭真夫妇从秦城监狱被释放后，一家人又被流放到秦岭大山中的商洛地区，住在一个干休所的几间简陋平房中。尽管生活清贫，还受到软禁，但在没有工作重压的情况下，彭真第一次有了和儿女们共享天伦之乐的机会。“还记得那时候商洛非常冷，刚去时不会烧炉子，用泥砌的

1975 年，彭真（右）和儿子傅洋在陕西商洛县

炉子总是掉泥。父亲就想了一个办法，把姐姐的头发给剪了，用头发和泥，泥就结实得很。这种乐观情绪，令家里的阴郁气氛一扫而光”。

傅洋说：“在商洛的这 3 年，父亲天天读书，思考党和国家的前途；有时上街走一走，也会和市民、农民交谈，了解情况。”

1978 年 12 月 28 日，彭真一家终于回到了北京，“我记得有几百名老同志自发地到机场迎接父亲。”

傅洋说，父亲说话非常“艺术”。“文革”后，他在中央党校做报告时，听众反应热烈，许多人递条子提问。这时突然停电，几分钟后，灯光亮起。“父亲拿起一张条子念，有人问他对自己在‘文革’中的遭遇如何看待。父亲回答，‘文革’在历史上就像刚才停电一样，只是短暂的一刻，已经过去了。”全场掌声雷动。

1991 年，彭真与妻子张洁清在杭州

进入 20 世纪 90 年代后，彭真的健康出现问题。1992 年 9 月，他的病情突然加重，曾几次病危。家中都准备后事了，中央办公厅也开了会，他自己还是十分乐观。一天晚上，他突然说不行了，要跟大家告别。“父亲对妈妈说：‘我一生无憾，我们要愉快地告别，你们要继续奋斗！’接着又和我们子女告别，还和工作人员握握手，亲亲脸。”

那时，彭真已是 90 岁高龄。他说：“人都是要死的，我是唯物主义者。”可能是因为镇定和乐观，彭真再一次创造了奇迹，从死亡线上挣脱，经过精心治疗，他的身体有所恢复。

1994年，已经92岁高龄的彭真开始学习外语。他除了让外孙女做他的老师外，还请身边的护士王雪梅教他。每当王雪梅值班的时候，彭真就戴上助听器和老花镜，看着复印放大的英语材料，和她一起学英语。王雪梅念一遍，他念一遍。王雪梅曾问过彭真："您现在还学英语干什么？"彭真说他要看英文版的《共产党宣言》。他说当初就是因为看了《共产党宣言》后，才投身共产主义事业的。可惜，彭真还没有来得及看英文版的《共产党宣言》，就去世了。

不出庭的律师

谈起父亲对子女的教育，傅洋来了兴致。"父亲教育我们的方法很特别，不说教、不打骂，和风细雨，润物无声。"彭真经常写些条幅，分赠给几个孩子："实事求是""坚持真理，随时修正错误""天将降大任于是人也，必先苦其心志……"傅洋说："父亲还经常给我们讲一些历史、文学故事，引导我们树立唯物主义历史观、人生观、价值观。京戏《打渔杀家》《空城计》《斩马谡》等都是父亲爱用的'教材'。父亲认为'空城计'是没有办法的办法，值得吸取的教训是马谡只知书本不懂实际而打了败仗；而诸葛亮斩马谡则有些文过饰非，因为他明知马谡无能却让他担当重任。"

傅洋记得父亲几次对他说："大闹天宫前的孙悟空有斗争精神，到了保唐僧取经，就没意思了。孙悟空想斗争，却让人戴上了紧箍儿。"那时，彭真难得的娱乐是看京戏。傅洋说："不记得哪个戏中有一个情节，里面的人想把门关上，外面的人不用大力，只是把一只脚插进没关上的门缝，门就关不上了。父亲很喜欢这个情节，由此联想到了反腐败必须防微杜渐。"

在傅洋记忆中，父亲彭真唯一一次对他发脾气，是在他上初中的时候。"父亲问我，要是被敌人严刑拷打，会不会当叛徒？"傅洋觉得没有经历过的事不好吹牛，就说："不知道。"谁料，彭真一下拍案而起，大怒道："你这个人，怎么连这点决心和意志都没有！”傅洋说，他想父亲是希望他能明白一个道理：要未雨绸缪，不断思考如何面对人生考验，当考验来临时，随时要以坚韧不拔的意志从容应对。

傅洋的人生深受父亲影响。“文革”开始时，他刚读高一，“经过两年‘革命’，没上一堂课，就高中毕业了”。1975 年，傅洋插队、做民办教师 6 年后，随父母被流放到陕西商洛当学徒工。直到 1979 年彭真恢复工作，傅洋才回到北京，进入刚刚组建的全国人大法制工作委员会，一直做到经济法室副主任，参加过几十部法律的起草工作。

1988 年，傅洋辞去公职，组建了自己的康达律师事务所，那时全国律师只有 2 万多，远不像现在这样受到社会重视。傅洋还记得他第一次向父亲提出要去当律师的想法时，“父亲没反对，只对我说了一句意味深长的话，‘律师不像执法机关，没有什么可以凭借的权力’”。

在做律师之后，傅洋却没有出过一次庭，他说有两个原因：第一，自己原来在人大的身份，他出庭会有碍公正；第二，自己的口才不够好。

至于怎样做一名好律师，傅洋记得父亲以亲身经历给他讲了个故事：“在旧社会有个名律师，蒋介石也很给他面子。有人被抓，找他求情，他不问案情，收了金条，找蒋说一下，就把那人放了。新中国成立后，他为一个坏人向毛主席求情，主席要父亲处理。父亲把那人的案卷调来，有 2 尺多厚，父亲看后把全部案卷送去给那位律师看，请他自己说那人怎么样。结果，他再也不说什么了。父亲说：‘你们当律师，不能不问事实乱说情’。”

作为彭真子女中唯一从事法律工作的，傅洋时时会想起父亲的一言一行。他说：“父亲工作繁重，和我的直接交流并不多，但他的精神却指引着我直至今天。”

万里长子万伯翱：父亲退休后有三条戒律

1962 年秋日的一个傍晚，北京东城区演乐胡同一个小四合院，万里的家中，聚齐了全家老小八口人。气氛显得颇为严肃，每个人都沉着脸，万里 70 多岁的老母亲还时不时发出抽泣声。

万里打破了沉寂。他看向儿子，说："我是一名共产党员，我并不是不爱你。爱自己的孩子看怎么个爱法，是娇生惯养，把他放在暖房里头，还是让他到风雨中去锻炼，去吃苦？我还是决定送你到农业第一线去锻炼！"

这一年，万里 18 岁的长子万伯翱刚刚高中毕业，时任北京市委书记处书记、北京市第一副市长的万里，决定送他下乡锻炼，遭到全家人的反对。万里特别召开家庭会议，将全家老老小小召集起来，给他们做思想工作。

40 年过去了，如今的万伯翱已年过六旬，回忆当时的情景，每一个细节他都记忆犹新。他说，父亲之所以做出这个决定，一个深层的原因，是他对农民、对农村有一种天然的感情。"父亲还认为，年青一代必须要到风雨中和艰苦的环境中去锻炼"。

对农民有一种天然的情感

对万伯翱的采访，就是从这段回忆开始的。"父亲没有想到，这一次

万伯翱，万里长子

家庭会议，这一个决定，改变了我的一生。我当了10年知青。一生最珍贵的阶段，都是在农场度过的。”万伯翱说，一直到他长大后，才真正理解父亲万里的性格。“父亲以身作则，一心为公，而且对下一代言传身教。他一生常常说的就是‘农民是我们的父母，不能进了城就忘了娘’。”

“父亲1916年出生在山东东平、泰山脚下一个贫苦的农民家庭。这里曾因《水浒传》名扬天下。当时，爷爷因为家里穷去当了兵，是阎锡山的部下，在临汾战役打日本时牺牲。父亲正在曲阜师范学校读书，突然有一天，有人通知他这个还没成年的孩子去收尸，父亲深受刺激。这些特殊的经历，也塑造了父亲坚强独立的性格。”万伯翱说。

万里1936年加入中国共产党。青年时代，他就以读书为掩护，组织学生运动，反抗日本侵略者，20岁出头就当上了地委书记，成为“冀鲁豫的三大才子之一”。万伯翱说，新中国成立后，虽然父亲的官职越来越高，但他一生都忘不了自己是贫民的儿子。

20世纪60年代初，中国刚刚走出三年自然灾害，处于经济恢复期。国家号召大办农业，万里响应国家号召，将长子万伯翱送往河南省黄泛区农场劳动锻炼。万伯翱成为首都干部子弟下乡支援农村建设的第一人。当时的《中国青年报》在头版头条对此事进行了报道。

“父亲决定的事情，没有人能改变。奶奶最终也只能冲父亲喊一句：‘把你的皮大衣给他带上！别把他冻坏了！”万伯翱感慨，即便是这个要求，父亲也没答应。父亲笑着对老母亲说：“不能给。一毛钱也不要给他。你知道，就是要让他自力更生。不过，这个月的伙食费可以带着。”沉思片刻，他又说：“钱是不能给的。但是要看书和报，可以给。爸爸大力支持！”

万里又郑重地对万伯翱提出要求：“不要总想着回来，你要想逃跑是不行的，除非你逃到海外去，我管不着；否则你就算逃跑回到这个家的门口，我也不会让你进的！”

万伯翱见父亲把话说得这么绝，把路堵得这么死，也横下一条心，“死心塌地地听父亲安排，就这么去干给他看看！”临走时，从不题字的万里在厚厚的笔记本上，为儿子写了两行字：“一遇动摇，立即坚持。”万伯翱就这样背着父母亲在战争时代用过的行李卷、两本书，怀揣着第一个月的15元钱伙食费，上路了。

万伯翱说：“我走后弟妹来信说，奶奶和妈妈时常流泪，尤其是和我同年级又同居一室的二弟，常看着我睡过的空床位默默流泪不止。家人不知道我在那遥远艰苦的地方独自一人如何生活。”

自从万伯翱去了农场，从1962年到1966年，万里共给他写了十七八封信，是给5个子女中写信最多的。“父亲开始是担心我动摇，担心我当逃兵，因为那时的艰苦谁都知道。但后来他在信中更多的是关心当地农民的情况，每次写信必问农民的生产和生活。”

邓小平是父亲最尊敬的领导和战友

国务院原副总理田纪云，曾在《改革开放的伟大实践》一书中写道：“1981年，我一到国务院就在时任中共中央政治局委员、书记处书记、国务院副总理万里的直接领导下工作，直到他1988年离开国务院去人大常委会任委员长。在长期的共同工作特别是推进改革开放的过程中，我对万里同志有了较深刻的了解，也与万里同志结下深厚的友谊。”“万里同志是邓小平改革开放路线的忠实执行者，如果说小平同志是改革开放的总设计师的话，那么，他就是高级工程师之一。”

谈起父亲和邓小平的情感，万伯翱告诉记者：“父亲从入党开始，便长期追随邓小平，成为邓的得力干将。父亲跟邓小平一起工作学到了很多东西：果断、坚定、看事物的敏锐眼光、处理事务的辩证方法等等；而邓小平之所以信任父亲，也因为危急时刻，父亲都能够扛得住，出色完成任务。”

1949 年，万里随刘邓大军南下，迅速有效地给刘邓大军组织筹备了大量军需。新中国成立后，万里一直跟着周恩来、邓小平搞经济建设。邓小平任国务院副总理，万里当第一任城建部长，1958 年组织搞“首都十大建筑”；邓小平“三下三上”，有两次是万里与他风雨同舟同下同上的。

“文革”时，万里因为性格耿直，从不服软，和很多领导干部一样被打倒。“文革”后期，邓小平开始主持中央工作，万里受命于危难之中，四届人大后出任铁道部部长。万里面对遭受“文革”严重破坏的铁路运输事业，在邓小平的亲自领导下进行了大刀阔斧的整顿。短短 3 个多月，所有站段的运输堵塞问题基本解决。万伯翱说：“我听铁道部领导讲，父亲在任时制定的方针‘安全正点、四通八达、多装快跑’一直没有过时，为以后铁道部的改革奠定了基础。”

然而，1976 年，万里再度被打倒，那时“四人帮”正掀起“批邓、反击右倾翻案风”的高潮。刚刚理出头绪和稍有起色的国防、能源、交通、教育等又陷入一片茫然和混乱。“四人帮”控制着宣传舆论大权，指使新华社记者到一些所谓“右倾翻案风”严重的单位——铁道部、教育部、科学院等部委“蹲点”，列席党组会议。这几处，正是邓小平重用的“改革派”所在的部委。在这些改革派中，最出名的是“四大金刚”。

万伯翱说：“‘四大金刚’排第一的是科学院的胡耀邦，然后是教育部的周荣鑫、国防科工委的张爱萍和铁道部的万里。‘四大金刚’本来是贬义词，但到了老百姓那里，就成了一种褒扬了。当时老百姓纷纷评价，邓小平的‘四大金刚’可真能干。”

粉碎“四人帮”后，万里被解放出来，1977 年夏，被分配到湖北省工作。临行前，他去看望邓小平，向老首长辞行。邓小平这时处于半解放状态，可以自由行动，但尚未公开露面。他听万里说要去湖北，迟疑了一下说：“你不要着急走，再等一两天。”邓小平向当时的中央领导人建议，安徽这个“老大难”要有个得力的干部去。于是，万里就转而去了安徽。

“要吃米，找万里”

邓小平曾说，中国的改革从农村开始，农村的改革又从安徽开始。而这一点，和万里紧密相连。1977 年 6 月，万里被任命为安徽省委第一书记，开始主政安徽。他一头扎进基层，半年走了 3000 里路。万伯翱说：“父亲到了基层，对当地穷的程度大吃一惊，他看到农民没裤子穿，孩子都藏在地锅里取暖，临近年关，却为没有一两白面，吃不上饺子而发愁。父亲讲，《白毛女》里的杨白劳穷成那样，过年了也要给喜儿扎根红头绳，也要吃顿饺子呀！他马上命令农业部门开仓放粮，给每户农民 5 斤面过年。”

万里调研从来都是轻车简从，身边只有一两个工作人员，车一停，自己就下去走。公社干部照着稿子念，万里一把夺过稿子，不听他们讲形式主义那一套，自己直接到农民家里去看。3 个月后，安徽省委出台了农村工作六条（草案），简称“省委六条”。

许多农民特别是干部开始疑惑很大：六条说“以生产为中心”“尊重生产队的自主权”，那么，“阶级斗争”这个“纲”还要不要呢？不是“阶级斗争要天天讲、月月讲、年年讲”吗？反响最大、争议也最多的是关于联产计酬的问题。“省委六条”吸收有些地方群众的创造，允许生产队下分作业组，以组包产，联系产量计算劳动报酬。广大农民认为“大锅饭”变小了，手脚也松了绑，对此特别高兴。而一些思想保守的领导干部和想多吃多占的基层干部则强烈反对。

万伯翱说：“要不是对农民感情深，父亲绝不会冒这个风险。1977 年还在提倡‘农业学大寨’，父亲却想，现在是百年不遇的大旱饥荒，农民没饭吃，这个大寨学不起啊。他对‘农业学大寨’的会议淡然处之，对极‘左’的形式主义那一套深恶痛绝。”会议要求各省第一书记参加，但万里就是不去，叫下属去，万里还交代：“你去只带着耳朵，什么话也不要讲，回来也不要传达，回来就抗灾、救命。”

1983 年，邓小平（右一）、胡耀邦（左一）、万里（中）等到十三陵参加植树劳动

不久，全国各地对安徽的批评声此起彼伏，有人说："干部不是挂羊头卖狗肉，不是嘴上说社会主义，实际干资本主义，不管什么积极性都去鼓励，都去提倡。"也有人告诉万里，一场大论战就要开始了，来势很凶，你可要小心点儿！"当时真的是谈'包'色变，群众拿着报纸来找父亲，问他还坚不坚持包产到户。父亲坦然处之，只要群众吃饱饭，挨批斗就挨批斗吧。安徽被斗了两年多，斗得不可开交，最终是邓小平力排众议，才帮助父亲完成了改革。"万伯翱回忆，"当时父亲还跟母亲说，做好准备再次被打倒，乌纱帽不要了。可奇迹出现了，百年大旱之后第二年出现了丰收。小岗村农民利益和力量的结合，效果巨大。"

在万里的强力推进下，小岗村的大包干经验一夜之间在安徽全境遍地推广，有民谣称"要吃米，找万里"。后来，这个曾经微不足道的小村庄成了中国农业改革开放的一个符号。现在被称为"农业改革开放第一村"。

1980 年 3 月，中共中央调万里任国家农委主任，全面主持农村改革。随后，万里任中共中央书记处书记、国务院常务副总理。

万伯翱感叹："这真是戏剧性的变化。父亲认为在铁道部和安徽的经历，是他一生中两次最惊心动魄的斗争。他跟我说，老大，你不是喜欢写剧本吗，这就是一出好戏啊。"

不问事、不管事、不惹事

1993 年 3 月 31 日，万里从全国人大常委会委员长的岗位上退了下来，淡出了人们的视线。在中央领导人中，万里算是较为长寿的。万里年近 90 岁时，读书、看报还不戴老花镜；走路很快，不用拐杖，也不用人搀扶；

和别人谈话，思维敏捷，一语中的。

万里打桥牌，刘华清（右）观战

万伯翱说，父亲的养生秘诀是：三打、两看、一接见，即打桥牌、打网球、打高尔夫球，看文件、看报纸和接见客人。每个双休日，5个儿女再加上他们的孩子，都会聚集到中南海“含和堂”的四合院里，老老少少，欢聚一堂，叙说各自的所见所闻。此时，是万里最快乐的时候。

万伯翱回忆，父亲不止一次说：“不在其位，不谋其政。对我来说，不问事、不管事、不惹事，就是对当权责任领导的有力支持。”因此，万里给自己做了三条具体规定：不参加剪彩、奠基等公务活动；不再担任名誉职务；不写序言不题词。

1993年9月，第七届全国运动会在北京隆重开幕，大会组委会一如既往地给万里送去了主席台上的票和请柬，但他没有出席。万伯翱说：“后来电视上没有父亲的画面，还引来很多猜测，以为父亲身体不好等等。其实那天，他和一些朋友去北京平谷县农村了。”此后不久，《邓小平文选》第三卷举行首发式，按说万里应该出席，但他又没有到场。1993年12月26日，首都举行隆重集会纪念毛泽东诞辰100周年，万里也没出席……“这些锦上添花的事，没有父亲也照常进行啊！也省得人家不好排座次。”

万伯翱介绍，父亲退休后生活很有规律，每天午饭后要睡上一觉，一般两点钟起床去参加体育活动。每周打三四次桥牌，两次网球，偶尔打一次高尔夫球。万里的桥牌水平比较高，牌友也多，老的少的都有。万里说，他下来之后，什么职务也不干了，唯独桥牌和网球协会名誉会长，他还愿意当。

万伯翱还记得，2002年春节，他陪父亲最后一次去了广东，有点太阳西下、英雄暮年的意味。万里说他要跟改革开放前沿的广东人民告别一下，之后真的就没再去过广东。“整个春节在广东父亲只专程看望了两个人，一个是习仲勋，当时习伯伯已经病得很严重了，过春节他早早穿好了红色

万里晚年在网球场上

的衣服，白色的衬衫，等着父亲，他们激动地拥抱。父亲说他来看他的老伙计了，习仲勋纠正他，什么老伙计，是老战友！两人谈笑甚欢。另外一个就是专门在李长春同志的陪同下，去看望了另一位改革开放的大将任仲夷，他们也是老相识了。”

这次广东之行，万伯翱印象最深的是在深圳，他和弟妹及当地领导陪万里去莲花山。对着邓小平的高大青铜雕像，白发苍苍的万里手持鲜花在冷风中深深地三鞠躬。“我从未见父亲对什么人这么敬仰和深情怀念。”万伯翱说，在他看来，父亲并不希望自己当什么领袖人物，“他只是个杀出一条血路的实干家。”（撰文：刘畅）

杨绍明谈父亲杨尚昆

沿着北京后海南沿寻找杨尚昆的旧宅，转了几圈儿，才发现身边巍然伫立的大院，就是目的地。高高的院墙里，前后有两进院落。院子里一片静谧，杨尚昆当年的起居室、书房和会客厅，几乎都保持着原貌。

《环球人物》杂志记者将要拜访的主人公是杨尚昆次子杨绍明。见面后，他热情地同记者打招呼，在他的带领下，我们首先进入了一个小纪念堂，万花丛中，杨尚昆和夫人的塑像被摆放在正中央，两旁则挂着杨尚昆的油画像和名人书法作品，整个环境肃穆典雅。

2012年4月，杨绍明在杨尚昆旧宅接受本刊记者专访

杨绍明现任中国宋庆龄基金会副主席，世界华人摄影学会会长，是中国当代知名的摄影家和社会活动家。他在家中排行老二，从青年起就常常为领袖人物拍照，毛泽东、周恩来、刘少奇、朱德、邓小平等国家领导人都亲切地称他“小二”。

和杨绍明对话，你的热情一定会被点燃。他声音洪亮，极富激情和感染力。为了欢迎《环球人物》杂志记者的到来，杨绍明特意刻了一张碟，里面有十张非常珍

1955 年 8 月，生性幽默的杨尚昆和爽朗活泼的儿子杨绍明在北戴河海滨

贵的历史照片，都是他的摄影作品。我们的谈话，自然就从这里开始了。

中南海里的小摄影师

杨绍明至今还保存着 1959 年他 17 岁时拍摄的一张照片。那是在中南海怀仁堂后面的草坪上，毛泽东、周恩来、刘少奇、朱德、邓小平等国家领导人准备接见先进人物代表，他们刚在前排就座，说说笑笑间，杨绍明已经按下了快门。照片中每个人的表情都非常生动，神采飞扬，照片题为《领袖们》。

杨绍明的摄影素材以及创作意识，与他的成长经历密不可分。杨绍明的人生起点，始于延安宝塔山下。1942 年抗战最艰难的时期，他在延安出生了。出生后不久，杨尚昆夫妇就赶往抗日前线，邓颖超怀抱着尚在襁褓中的他感叹："伯钊（杨尚昆夫人李伯钊）三过草地，走到延安，生下这个娃娃不容易啊！"

作为国家领导人的子女，杨绍明本可以选择更优越的发展方向，但他不从政、不经商，自打 12 岁那年父亲送给他第一台莱卡 M2 相机开始，就迷上了摄影。把摄影当作毕生追求的梦想，这让杨绍明在"红二代"的圈子里显得很特别。

学照相伊始，杨绍明就是拍人物，先拍父母，然后拍中南海里的其他领导人。“当时，父亲是中央办公厅主任，我几乎成了中南海里的一个摄影小帮手。谁家要团聚，就会叫：‘小二，给我们来张合影。’我也很用心，照完以后自己冲胶卷，自己放大。当时中南海有个摄影科，都是新华社摄影部中央组的记者，像侯波、杜修贤、孟庆彪等，我得空就向他们请教。”

1961 年，杨绍明考入北京大学历史系，他说虽然自己当时是按照父母的意愿选择的专业，但之前的求学经历却让他刻骨铭心。当年，他被邻居公认为神童，一直是中南海的孩子王，学习成绩名列前茅。但因为偏科，数学成绩不好，杨绍明中考没有考上高中。“这是我人生经历中的第一次重大打击。当年，毛主席在所有孩子里一直非常器重我，他还曾开玩笑说‘这个杨小二将来可以当中央委员，候补期 18 年’，因为他觉得我机灵，聪慧。但中考以后，我的一切希望都破灭了，每天耷拉着脑袋不敢看人。记得那是 1958 年 5 月 25 日，我跟随毛主席等去十三陵水库，毛主席问‘小二你没有考上高中？’我说是。他问什么原因？我说数学不好。毛主席说，没有关系嘛，你不要老是有干部子弟的优越感，没考上去接触工农群众也很好，干部子弟要和群众交朋友。这句话我到现在都记得，在毛主席的激励下，我狠下功夫，最终以平均分 85 分的好成绩考上了北京大学。”

杨绍明在高中时，就用相机留下了中央领导人的很多生动瞬间，读大学时，可以算得上“准新华社摄影记者”。毛主席访苏，杨绍明拍下毛主席站在舷梯上挥帽告别的照片；1961 年，毛主席在首都机场和章士钊聊天，这张照片入选全国影展；他还拍了贺龙读毛选、陈毅打乒乓球、李宗仁回国等。到 1966 年“文革”开始，杨绍明已经在中南海拍了 12 年。

内乱中的磨炼

杨绍明说，他先后经历了战争年代、和平年代、十年动乱以及改革开放。在成长道路上，对他影响至深的只有“革命”二字。“如果我称得上是一个好的摄影家，是因为我首先是一个比较坚定的革命者。”解放战争时期，杨绍明和家人经历了高山车祸、深夜抢过敌人封锁线等艰险。在延安时期，他见过采访毛主席的美国记者安娜·路易斯·斯特朗；也见过给朱德写传记的美国作家史沫特莱……他说：“所有这一切，决定了我从小就属于革命、热爱革命。”

十年动乱中，杨绍明因为家庭原因，身心受到严重摧残。1966 年 5 月 23 日，彭真、罗瑞卿、陆定一和杨尚昆等四人被打成“反党集团”，撤职受批判。“父亲那时一落千丈，而我大学马上要毕业，江青、康生来到北大煽动学生造反，康生说党中央刚刚打倒了‘彭罗陆杨’，杨尚昆就是你们同学杨绍明的爸爸！当时我就在台下，话音刚落，我顿时就被同学围起来成了‘革命’的对象。”此后，杨绍明常常被拉出来批斗，“我记得斗我的时候，陆平和彭珮云是陪斗，陆平当时是北大校长，彭珮云当时是北大党委书记。红卫兵拿着长枪把我的脑袋扎破了，我昏了过去，被扔在地下室里，幸亏同学晚上偷偷帮我把头皮缝起来，我才活了下来，如今我头上还有被红缨枪扎的伤疤”。

1968 年，杨绍明作为“可以教育好的子女”被送到张家口一个部队农场种水稻，之后又被派到河北隆化中学教书。1976 年，“四人帮”被粉碎，外界传言，杨尚昆曾参与了当时抓捕“四人帮”的秘密行动，谈到此事，杨绍明坦言，他和父亲完全不知情。“但我跟父亲是有联系暗号的。我当时正好去北京出差，外交部一些干部子弟对我说‘小二（有）好事，江青被抓了’。我想怎么才能让爸爸知道呢？晚上就打了一个长途电话，辗转找到在临汾的父母。我告诉爸爸周信芳死了，周信芳是著名的京剧演员，海派，‘四人帮’也是海派。父亲说知道了。这是一种默契吧。”

1978 年，十一届三中全会召开之后，杨绍明才在北大全校大会上宣布被平反，被分配到新华社担任摄影记者和编辑，工作 8 年，后来被评为高级记者。

镜头中的慈父

2007年，杨绍明历时3年，赶在中央纪念杨尚昆诞辰100周年之际，为父亲精心制作了一本画册《风云画典——一位饱经风霜的老革命》，书中收集了500多页、近千幅杨尚昆同志的历史照片。谈起父亲留下的最宝贵的精神财富，杨绍明说就3个字——为人民。“别看字少，做到是很难的！我父亲做到了！”杨绍明动情地说。

1907年8月3日，杨尚昆出生在四川省潼南县（现属重庆市）双江镇长滩子四知堂。杨绍明告诉记者，四知堂有一个反腐倡廉的典故。“以前，当地有个叫杨震的官员，有人晚上送来银子贿赂他，并小声说‘天知、地知、你知、我知，没其他人知道，这点意思你就收下吧。杨震响亮地回答‘你知，我知，没关系，天知就是神知，神都知道了，不行！你拿回去吧！’这个典故一直被父亲拿来教育和警示我们，要行得端、做得正，不能自欺欺人。”

1985年春，杨尚昆在北京玉泉山赏海棠花

《环球人物》杂志：您怎么通过镜头表现父亲的？

杨绍明：我最喜欢的一张照片是父亲在86岁登黄山时拍的。当时父亲戴着墨镜，遥望黄山内外，心情好像豁然开朗。父亲是个很达观的人，那样曲折复杂的历史，他都挺过去了，很淡定。看着这张照片，我常常反思自己，是否能做到这些？

《环球人物》杂志：您最佩服父亲哪些方面？

杨绍明：父亲最让我自豪的，是他从不放过一个坏人，也不冤枉一个好人。政治斗争错综复杂，他却能让干部和老百姓觉得信服、公正。父亲也讲过自己常当“不管部部长”，意思是别人都不愿意管的事情，他来管。最重要的一次是全国人口普查，不是他分管，但他主动担当，受到好评。父亲言谈举止有时很幽默，到广东工作期间，一次在广州市委的大会上，他鼓励干部爬山游泳，并风趣地说打打麻将也可以，因为广东人爱打麻将，父亲的话引起哄堂大笑；在家里，父亲常教育我们要孝敬母亲，十年动乱，不管是在广州还是回到北京，父亲都将大房间让给母亲住，自己睡小的。母亲病逝时，医生急于将母亲送进太平间，父亲发火说：“尸骨未寒，让我们再多坐一会儿！”这是我第一次看到父亲当众发火。后来，父亲在母亲的墓碑上刻下“终生伴侣，永恒怀念”。

《环球人物》杂志：你们父子之间有过分歧和争执吗？

杨绍明：没有过误会，也没有过争论。父亲作为政治家，对党的忠诚我从来没有怀疑过。父亲1966年在日记中记载，他被撤销中央办公厅主任职务时，毛主席跟他谈话，让他到基层去锻炼。他在日记中说“我把这个消息告诉了小二，小二非常高兴，说到地方可以学很多东西，他真是我的好儿子”。我反正不能给父亲丢脸，所以在“四人帮”横行的时候，我坚决维护父亲，针对那些诬蔑和不实之词，我非常激烈地为他辩护。因为他的确不怕被江青扣上“老保翻天”的帽子。

《环球人物》杂志：杨尚昆同志平日在家中最大的爱好是什么？

杨绍明：父亲一生钟爱读书，他的藏书粗略统计不下5万册，其中不少是绝版。2007年，重庆图书馆还专门辟出一个400多平方米的“杨尚昆赠书阅览室”，这里还有一个小故事。父亲因为喜欢历史，有一次托毛主席的大秘书田家英，看能否买到二十四史，要最老的，本子最大的。后来田家英找了两个月，真的找到了，父亲如获至宝，用卡车把一个用大书柜装着的二十四史一起运回了家。爱读书的毛主席看后，爱不释手，因为他也有一个书柜，也装着二十四史。有一天，毛主席和父亲说："你的书柜比我的好，我们交换吧。"父亲一口答应了。后来，我们把毛主席的二十四史连同书柜都捐给了重庆图书馆。

《环球人物》杂志：您父亲最喜欢您的什么作品？

杨绍明：父亲最喜欢我的两张照片，一张是毛主席和彩虹。那是1963年，北戴河大雨过后，天边出现一道长长的彩虹。当时毛主席正在沙滩上休息。多好的拍摄时机啊！我请毛主席站在台阶上看彩虹，但他老人家不知道我在捣鼓什么，老看着我。我灵机一动说："毛伯伯，请您轻松一点。"毛主席说："我很轻松啊！"此时，我按下快门，将毛主席与彩虹、大海连接在一起的画面定格。父亲对我这次"单独出击"颇为赞赏，在他看来，有内涵的照片才是真正的好照片。还有一张是82岁的邓小平抱着孙子"小弟"和全家老小一起在海边，"小弟"转过脸来正要亲爷爷。见此情景，我赶快对焦按快门。照片洗出来给小平同志看后，他哈哈大笑说："真是两个丑八怪。"一旁的家人提醒他，他忙改口说是"两个噘嘴巴"。

"我的照片都是热的"

从1980年到1992年，杨绍明拍摄了大量邓小平工作和生活的照片，特别是1992年邓小平南方谈话，他是主要拍摄者。在此之前，1987年，杨绍明的组照《退下来以后的邓小平》获得第三十一届"荷赛奖"新闻人物类铜奖，这是中国内地摄影家第一次在该项世界大赛中获奖。

中国理论家柯灵对杨绍明从事摄影事业这样评价："在每个年轻人似乎都能拨弄几下相机的今天，将摄影作为终身事业来追求，是异常艰难的。按照杨绍明的家庭背景，如果在古代，那就是肥马轻裘、意气凌云的五陵少年。但他一直追求的，却是与显富尊荣有别的摄影艺术。"对此杨绍明向记者感叹，"从现实意义看，摄影家是一种'严峻'的人生选择"。

已过花甲之年的杨绍明，工作节奏仍然很快。除了拍摄领导人，他还为很多城市拍摄了“性格名片”。比如拍上海，他选择了汇丰银行的旧址，通过 20 世纪 30 年代外国银行的一扇铜门，可以看见对岸的东方明珠。一个画面展现了两个时代，构思巧妙，内涵丰富。杨绍明认为“专业摄影在中国得不到重视”，他希望通过自己的努力，让中国摄影走向世界。

《环球人物》杂志：您现在主要在做什么？

杨绍明：我现在还继续担任宋庆龄基金会副主席，从去年 9 月起，我们开始做一个慈善项目“大地情——首届中国摄影爱心捐助行动”。我是想编选出老中青摄影家的代表作品，让世界看到中国摄影从传统到创新的发展趋势，看到有中国文化特点的专业摄影。

《环球人物》杂志：您从事摄影有没有遭到质疑？

杨绍明：我认为这是一个人生道路的选择问题，虽然在某些人看来，我和喜欢从政、从商的人有些不协调。比如有一次，我去汕头大学参加活动。李铁映代表中央去了，李嘉诚先生也在场，仪式开始时，我就拿出相机抢镜头，却被保安一把拉到旁边。会后李嘉诚感慨地说，这场面我从来没看到过，杨先生怎么说也是名门后代，怎么随便就被挡到一边去了。可是我不在乎。“只有在那崎岖的小路上不畏艰险奋勇攀登的人，才有希望达到光辉的顶点。”马克思的这句话是我的座右铭。我的心是热的，我的照片也是热的。一个行动胜过一打纲领！（撰文：刘畅）

百年习仲勋：听刺耳话，不给百姓添麻烦

2013 年 10 月 15 日是习仲勋同志诞辰 100 周年的日子。对他的一生，他的夫人齐心有一句深情的概括："我常说，仲勋英雄一世，坎坷一生。他胸怀宽广坦荡，为党的事业历尽艰辛，但他从不计较个人的恩怨得失。"

"英雄一世，坎坷一生"，这简单的 8 个字背后，却是波澜壮阔、起伏跌宕的人生故事。中央文献出版社出版的《习仲勋传》一书，用上下两卷、94 万字的宏大篇幅，讲述了他不寻常的一生。据《环球人物》杂志记者了解，早在 1992 年，中共中央办公厅便批准立项编写习仲勋系列丛书，并由中共陕西省委牵头。在先编写了《习仲勋文选》和《习仲勋革命生涯》两套书之后，陕西省委党史研究室开始投入《习仲勋传》的组织编写工作。2008 年 4 月，《习仲勋传》的上卷出版，主要记载了习仲勋在民主革命时期的经历。与此同时，下卷的编写工作

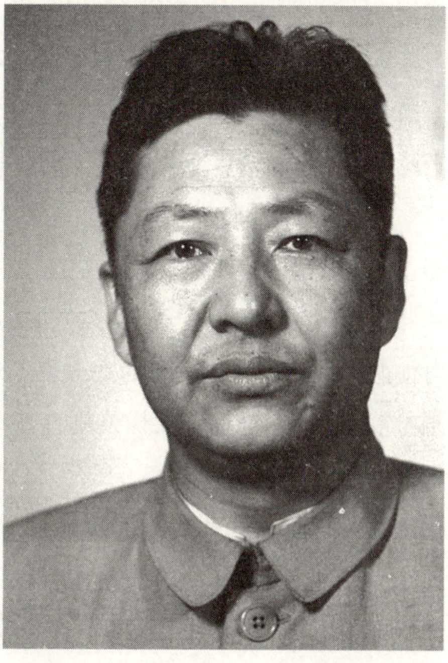

习仲勋

启动，历时4年，10次易稿，终于在今年秋天问世，集中讲述了习仲勋在社会主义革命和建设时期以及改革开放之后呕心沥血的奋斗历程。

金秋时节，《环球人物》杂志记者踏上习仲勋革命和工作过的地方，循着历史的足迹，亲身感受他的“英雄一世，坎坷一生”。

小伙伴叫他“习司令”

在陕西关中平原与陕北高原衔接地带、八百里秦川中部，有一座被誉为“关中名邑”的古老县城——富平。名字取“富庶太平”之意。据富平《古县志》记载，在它2400余年悠久的历史中，古有统一六国的秦国大将王翦、王贲父子，近有杰出革命家习仲勋。

时隔3年，2013年9月27日，《环球人物》杂志记者再次来到富平县城。笔直的街道，崭新的建筑，正在建设中的高楼，街上车水马龙、行人如织……这一切，比3年前更加繁华、祥和。相比之下，位于县城西北的习仲勋陵园显得格外庄严、静谧。离习仲勋百年诞辰还有一段日子，他的石雕坐像前就已摆放了五六个花圈。坐像的后背上，夫人齐心手书的习仲勋的那句话，依然清晰可见：“天天战斗，天天快乐；奋斗一生，快乐一生。”

县城西南10余公里外，有一处名为淡村乡中和村习家庄的地方。1913年10月15日，习仲勋就出生在庄上一所农舍里。

据《习仲勋传》记载，习仲勋的童年时代，家中虽是粗茶淡饭，但那时他的祖母健在，叔叔住的地方也不远，十几口人的大家庭其乐融融。父亲习宗德为人“宽厚而又性格刚直”，信奉“严是爱，宠是害”的教子格言。母亲生性贤良，勤劳朴实。在严父慈母的教导下，身为长子的习仲勋养成了忠厚、友善、勤劳、忍让、负重的品德。

1922年春节过后，9岁的习仲勋到附近的都村小学上学。他喜欢国语课，把《三字经》《百家姓》背得滚瓜烂熟，作文经常被当作范文贴在教室后面的黑板上。放学后，习仲勋喜欢组织小伙伴们在附近的村庄里玩

“作战”游戏，他机智勇敢，指挥有方，总能率先攻入“敌阵”。时间一长，小伙伴们干脆叫他“习司令”。

1926 年春天，成绩优异的习仲勋进入渭北地区最有名的立诚公学高小部。这是一所具有浓厚民主进步色彩的学校，也是渭北地区传播马克思主义的中心地点之一。习仲勋在这里开始了人生的新起点。他不到 13 岁就加入共青团，经常接受党团组织的指派，拿着用黑麻纸写的传单，插上鸡毛，送到农民手中，以鸡毛信的形式进行串联，号召农民抗粮抗捐，一时引起强烈反响。此后，由于国民党盯上了立诚公学，习仲勋等人转学到富平县立第一高等小学。

在敌人的监狱里入党

1927 年底，习仲勋考入陕西省立第三师范学习，并且继续参加学生活动，经常书写标语，散发传单。地方当局派了一名反动骨干魏海到学校担任训育主任，加强对学生的监视。1928 年 3 月 12 日是孙中山先生逝世 3 周年纪念日，魏海宣布学校要开展纪念活动，进步师生决定不参加反动派组织的活动，以示抗议。魏海质问其中一名进步学生：“为什么不参加？”学生答：“是大多数同学的意见。”魏海又问：“都是谁？”毫无政治经验的学生说出了包括习仲勋在内的 9 名共青团员的名字，魏海立刻把这些名字记在纸上。党团组织闻讯，担心魏海危及 9 名学生安全，做出投毒除掉魏海的决定，并得到了上级党组织的同意。然而，由于操作失误，毒药没有毒死魏海，反倒被部分教师误食，餐后呕吐腹泻，刺杀计划被识破了。第二天，地方当局包围了学校，逮捕了魏海名单上的 9 名共青团员。在监狱里，习仲勋加入了中国共产党。随后，地方当局对习仲勋等人进行了 4 个月的审讯，没能挖出任何消息，只好放人。

习仲勋虽然获释了，但父亲习宗德在他入狱时因思儿心切，积郁成疾，于 1928 年底去世。不久，习仲勋的母亲、叔母相继过世，叔叔也身染重病，卧床不起。家庭的重担压到了习仲勋肩上，他要照顾病重的叔叔和几个年幼的弟弟妹妹。而且，他还有一桩更急切的心事——出狱后，和党组织失去了联系，以后的路怎么走？他陷入迷惘之中。直到1930年，叔叔逐渐康复，开始操持家务，才卸下习仲勋肩头的重担。同时，与富平相邻的三原县武字区传来中共组织开展"筹赈"的消息，习仲勋马上设法和中共武字区委取得联系，开始在乡间的青年伙伴中进行串联和宣传工作。此时，他萌生了离家投身革命的想法。

1930年2月的一天，习仲勋早早出了家门，又忍不住转身回望自家的草屋茅舍，心里充满了内疚：他没有告诉叔叔自己要走，他怕叔叔禁不起这个意外，旧病复发。但新的革命任务在等着他，16岁的习仲勋毅然挥泪而去。

照金的"星星之火"

起初，习仲勋根据上级指示，"潜伏"在离家乡数百里外的一支国民党杂牌军中，从事兵运工作。两年后，他便率领这支队伍在甘肃省两当县起义。起义失利后，习仲勋又回到陕西，寻找刘志丹、谢子长领导的中国工农红军陕甘游击队。当时，陕甘游击队已转入陕西耀县（今铜川市耀州区）照金地区活动，于是，习仲勋在照金一带度过了人生中最重要的一段岁月。光阴荏苒，革命战争的硝烟早已散去，那段艰苦的岁月，如今只能在陕甘边革命根据地照金纪念馆里找到些许痕迹。

《环球人物》杂志记者从富平县城出发，经过1小时车程，到达耀州。耀州是一片新区，也是这一带山川中难得的平地。但从耀州前往照金，是50多公里蜿蜒的山路。过去，只要碰上雨天，便车马不通；如今，沿着新修的红色旅游专线道路，开车需要一个半小时，沿途村落整齐漂亮，已是旧貌换新颜。到达照金镇时，眼前的景象更是让记者有点诧异——这个始建于1993年的"红色旅游专区"，不像人们传统印象中的革命老区，反而像一座风景秀丽的欧洲小镇。革命纪念馆巍然矗立在山头，俯视前方的照金广场；纪念馆后是 33 米高的纪念碑，象征着 1933 年照金陕甘边革命根据地的建立；从纪念碑再往后走，则是风光秀美的照金牧场，虽然已是秋天，依然野花盛开；再往外走，约 20 公里外，便是甘肃地界。

毛泽东曾经说："星星之火，可以燎原。"照金就是这样的"星星之火"。照金一带的地理位置得天独厚，退可据险打游击，进可出山占渭北，威逼西安。1932 年 2 月，刘志丹、谢子长率领的中国工农红军陕甘游击队抵达照金。8 月，刚刚领导完两当起义的习仲勋，在照金镇杨柳坪一带见到了刘志丹、谢子长，两位革命前辈对年轻的习仲勋产生了深刻影响。9 月，陕甘游击队打了一场胜仗，决定乘胜向南打游击，建立革命根据地。临行前，谢子长给习仲勋交代了任务："你留在照金一带做农村工作，建立根据地，并在发展农民运动的基础上，建立陕甘工农游击队第七支队。"刘志丹也嘱咐他："你是关中人，还种过庄稼，能跟农民打成一片，你一定要做好根据地的开辟工作。队伍走了，你们会遇上很大困难，只要政策对头，紧紧依靠群众，困难是可以克服的。"

当时的情况确如刘志丹的估计，队伍走后，不久就有人叛变，情况一度危急。习仲勋辗转于渭北的富平、三原一带，坚持战斗。他和刘志丹、谢子长等人建立的照金陕甘边革命根据地，成为我国北方地区第一个山区革命根据地。

艰苦条件下战斗

今年 90 岁的老红军潘西顺是当年游击队的一员。在离照金十几分钟车程的田峪村寺坪组，《环球人物》杂志记者见到了这位老人。潘西顺是土生土长的照金人。1932 年，他只有 9 岁。"有一天深夜，外面传来了枪声，第二天一早就发现来了很多陌生人，都拿着枪。大人们说，这是红军。"兵荒马乱的年代，提起兵，百姓就害怕，"这支红军却不一样，不拿老百姓的东西，还处处帮老百姓种田、分粮、打土豪恶绅"。

2013 年 9 月 28 日，薛家寨的山间小道

红军的所作所为都被小小年纪的潘西顺记在心里，12 岁时，他也成为游击队的一员。“我岁数小，是个小兵伢子，稍微大点又跟着部队去旬邑县一带打游击，还真没有见过习仲勋。但他威望很高，照金人民都知道，说他平易近人，带领大家建农会，在照金做了不少事。”

据潘西顺回忆，当时的战斗条件非常艰苦。“老早的人可怜，打仗时，枪支、弹药都没有，只有大刀、马刀之类的。平时种地，腰里都别着刀，一有情况就得立马上战场。”因为敌人频繁“围剿”游击队，参加红军没几年，潘西顺就钻到山林中打游击。“一离开照金，战斗条件更艰苦，饭都吃不上，也不敢生火，怕烟和火光被敌人发现。干粮没有了，就吃点生土豆，甚至吃过直接从麦穗上捻下来的麦粒，嚼一嚼就着冷水咽下去。”

“习仲勋等人在陕甘边区总部，情况会不会稍微好点？”记者问道。

2013 年 9 月 28 日，薛家寨 2 号寨洞

“一样艰苦！比我们好不了什么。”潘西顺一边回答，一边低声叹息。他回忆，中共陕甘边区特别委员会和陕甘边区革命委员会将总部设在照金的薛家寨。相传薛刚反唐时曾屯兵于此，因而得名。一片深山老林中，5个寨洞被一道山梁贯穿相连，周围都是悬崖峭壁。在这些寨洞中，红军先后建立起兵工厂、被服厂、医院、仓库等基地。

记者随后到了薛家寨，离山门还很远，就看到壁立千仞，密林深深。即使现在修建了阶梯，也非常陡峭，最陡处险象环生，看得人心惊肉跳不敢迈步。而当年，红军是在山间羊肠小道中穿行，危险可想而知。

潘西顺还记得，“别看当年薛家寨里面没多少人，却是我们的大后方啊，刘志丹、谢子长、习仲勋他们经常在4号寨子里开会，3号寨子是给我们修枪支、造武器的。用麻线把装着火药的弹壳绑起来，就成了‘麻辫手榴弹’。还有自制的手枪、土地雷、炮筒子……”

有了这个大后方，照金的红军更加壮大，陕西苏维埃运动发展迅猛，令国民党政府极为恐慌。他们屡次前来“围剿”，都被红军和游击队击退。1933年10月，趁着主力红军前往甘肃战斗的空虚期，国民党又一次对照金发动大规模“围剿”。10月15日夜，在叛徒的带领下，国民党部队攻上了薛家寨。之后，陕甘边革命根据地的中心转移到甘肃南梁地区，习仲勋也转战南梁。红军队伍走后，革命战火并未熄灭，潘西顺等当地人仍然坚持战斗，一直到抗战胜利。

在边区严惩贪腐

1934年11月，陕甘边苏维埃政府在南梁成立，21岁的习仲勋当选主席。他虽然年轻，但在建设根据地方面有清晰、成熟的思路。

据《习仲勋传》记载，陕甘边苏维埃政府成立后，把惩治贪官污吏、树立廉洁政风列为头等大事。习仲勋带头执行工作人员供给制度，从吃饭穿衣到公文草拟所需的笔墨纸张等用品，均由财政委员统一计划，统一筹办，按每个人的最低需要发放，形成“以艰苦为荣”的良好作风。当时还

1934 年，陕甘边区发行的布钞

制定了这样一个法令：凡一切党军干部，如有贪污 10 元钱以上者执行枪决。有了这条警示，根据地工作人员中没有发生过贪污案件。

陕甘边苏维埃政府在注重自身建设的同时，还组织领导经济建设。他们发行了边区货币，建立集市贸易，稳定和繁荣了经济，不仅保障了根据地人民正常的生产和生活水平，还为游击战提供了物资支援。习仲勋经常走村串户，了解政府政策的执行情况。时任陕甘边苏维埃政府秘书长的蔡子伟曾回忆说：“几乎每逢集市，习仲勋和我们几个都要出去转一转，听取老百姓各种意见反映。每次群众都把我们围拢起来，问这问那，亲热极了。”

此外，陕甘边苏维埃政府还在何家门办起第一所列宁小学。教材独自编写，通俗易懂，读起来朗朗上口，很受乡村儿童欢迎。不久，很多村庄都办起了列宁小学和成年识字班。现在，南梁地区一些老人还记得政治教材上开头的两句话：“马克思、恩格斯，世界革命两导师。”

在刘志丹、习仲勋的领导下，陕甘边区的军民与陕北红军紧密配合，粉碎了国民党军队的两次“围剿”，在 20 多个县建立了工农民主政权，使游击区扩大到 30 多个县。长期分离的陕甘边区和陕北根据地连成一片，合并成西北革命根据地，习仲勋任中共西北工委领导成员，并继续担任陕甘边区苏维埃政府主席。

这一时期，位于江西、福建一带的中央革命根据地在第五次反“围剿”中失败。1934 年 10 月，中央红军开始长征。途中，中央政治局曾几次召开会议讨论落脚点，却因种种原因没有定论。1935 年 9 月，毛泽东率领中央红军主力到达甘肃南部地区，从当地一张国民党报纸上获悉陕北红军和根据地仍然存在，毛泽东提出“到陕北去”，并高兴地说：“从江西算起到现在，我们已经走过了十个省，走下山去就进入第十一个省——陕西省了，那里就是我们的根据地，我们的家了。”中共中央和中央红军到达西北革命根据地，结束了二万五千里长征，翻开了中国革命新的一页。

“党的利益在第一位”

陕北少数老同志中曾有一种议论：“陕北救了中央。”习仲勋坚决反对这种说法，他在不同场合严正指出：“这句话应该倒过来：中央救了陕北。”

原来，在中央红军主力到达陕北的前夕，陕甘边区正笼罩在极端错误的肃反运动阴影下，很多同志被错误逮捕。有人劝习仲勋暂时离开，躲一躲。习仲勋拒绝道：“不能走。（走了）我落一个法西斯分子（的名声）。把我杀了，我也不能走，这些同志都是以我的名义叫回来的，我怎么能走呢？”没过多久，包括刘志丹、习仲勋在内的一大批主要领导干部也相继入狱。他们在狱中遭受种种非人的折磨，有的甚至被杀害。中央红军到达陕北后，党中央、毛泽东得知错误肃反的消息，立即下令制止，并召开平反会，刘志丹、习仲勋等人才得以释放。

“尽管在狱中受了磨难，蒙受不白之冤，但习仲勋在政治上更成熟了。”陕西省中共党史人物研究会会长、西北大学教授梁星亮在接受《环球人物》杂志记者采访时说。1936 年 1 月，习仲勋任关中特区苏维埃政府副主席、党团书记，同年 6 月参加西征。8 月，习仲勋受中共中央委派再赴关中，从此守卫陕甘宁边区南大门长达 6 年。他组织领导关中分区的军民同国民党顽固派进行军事、政治和经济斗争，贯彻执行党的抗日民族统一战线政策，赢得了人民群众的拥戴。

1943 年 1 月，毛泽东为习仲勋书写了“党的利益在第一位”的题词。

同年2月，习仲勋调任中共绥德地委书记兼警备司令部政治委员。他深入农村，调查研究，培养典型，总结经验，领导大生产运动，增强了当地的经济实力，为巩固和发展抗日革命根据地的“三三制政权”做出了很大成绩。

土改中勇于纠“左”

1945年，抗日战争胜利，中共中央西北局原书记高岗率领一批干部离开延安，开辟东北解放区。32岁的习仲勋被任命为中共中央西北局书记。

“习仲勋具有为群众负责的精神，敢于承担责任。1947年，在陕甘宁边区的土地改革中，他及时发现并纠正‘左’的偏差，就是一个很好的例子。”梁星亮说。

1947年10月，中共中央批准了全国土地会议通过的《中国土地法大纲》，以“没收地主牲畜、农具、房屋、粮食及其他财产”的政策，代替了过去“征购地主土地”的政策。《大纲》下发到西北局，陕甘宁边区召开干部会议。康生、陈伯达在晋绥地区土改中搞的让“贫雇农打天下坐天下”“群众要怎么办就怎么办”的“左”的做法，成为系统经验在会上流传。这让习仲勋疑窦丛生，忧心忡忡。

习仲勋随即对土改政策的执行情况进行调查研究。他发现，凡是动起来的地区，都是强调“贫雇农路线”，反对“中农路线”。一些群众乱斗、乱扣、乱打，乱没收财物，乱“扫地出门”，把已经转化为农民的旧地主和富农又拉出来斗争。有的地方连贫农、中农的东西都一律没收；有的地方甚至规定谁斗地主不积极，就用乱石头打死。

正在这个时候，习仲勋接到了参加中共中央扩大会议的通知。他如实地向毛泽东谈了自己对边区土改这些问题的看法，并回答了毛泽东的一系列问题。在会议闭幕时，毛泽东肯定了团结中农，团结中小资产阶级的方针是正确的，在对待中农和中小资产阶级问题上要纠“左”。

会议刚开完，习仲勋就得到汇报：有两个地方土改斗死了80多人。习仲勋致信中共中央，再次强调陕甘宁边区中农多，贫雇农少，平分土地对我们不利，应该以抽补的方法解决少数农民少地或无地的问题，要坚决反对“左倾形式主义”。毛泽东看到信后，提议让习仲勋前往各县巡视一下土改情况。1948年1月，习仲勋根据实地调查情况，再次致电毛泽东，指出：土地革命地区的农民实际上已不是贫农，而是中农；边区很多人勤苦劳动，但因有余粮被批斗；2/3的地主富农实际上已自己连续劳动7年以上，不要再算老账，不要扩大化。毛泽东次日即复电习仲勋：19日来信完全同意，望坚决纠正“左”的偏向。

习仲勋发现和纠正“左”的偏差，使陕甘宁边区的土改取得了很大成绩，不仅消灭了封建剥削的土地制度，也发展了边区经济，保障了解放战争的后勤需要。他关于土改的诸多思想观点和建议，受到了党中央、毛泽东的赞赏和采纳，不仅在当时，而且在新中国成立后的土改中，也起到了借鉴和指导作用。

安排护送十世班禅回藏

新中国成立后，西北局又面临一个新问题：西北地区幅员辽阔，政治复杂，民族众多。习仲勋提出：一切工作都要在民族团结基础上采取“稳进慎重”方针进行。“争取各民族上层人士，争取宗教方面人士，然后去发动，不可颠倒过来”，这是他当时解决民族矛盾的方式。曾任全国政协主席的李瑞环曾经说过：“李维汉和习仲勋同志关于民族统战工作方面的讲话和著作，是我们当今民族统战工作的法宝。”这句话真实地反映了习仲勋对民族工作做出的贡献。

据《习仲勋传》记载：生活在青海省西宁市东南（今尖扎县）的昂拉部落，有藏民千余户，3700多人。昂拉部落的千户（世袭官职）就是项谦。解放初期，藏族人民对共产党不了解，项谦更是心存疑虑。原国民党青海省政府代主席马步芳的残部拉拢项谦，怂恿其叛乱并出任所谓“反共救国

1951年12月，习仲勋（中）代表中共中央和毛泽东到青海西宁为即将返回西藏的十世班禅（右）送行

军”第二军军长。此后，项谦发动叛乱，四处劫掠，攻打区、乡政府，杀害干部和解放军官兵。项谦的所作所为激起一片喊打之声。

“不能打！”打项谦的计划被习仲勋断然否定。当时，十八军要进军西藏，国民党残留分子正在大造“解放军要杀藏族人”的谣言。习仲勋清楚，如果在青海对项谦动武，正中敌对势力下怀。他前后数十次派人接触项谦，项谦一度归顺，但又反叛。后来，习仲勋委派青海省人民政府副主席、藏传佛教大师喜饶嘉措去做项谦的工作，几经周折，终于使得项谦在1952年7月11日向人民政府投诚，此后再未反叛。时任统战部部长李维汉向毛泽东汇报了和平解决项谦问题的详情。后来，毛泽东见到习仲勋，开玩笑说：“仲勋，你真厉害，诸葛亮七擒孟获，你比诸葛亮还厉害！”

习仲勋处理的另一件民族大事，便是安排护送十世班禅返回西藏。达赖和班禅，是在西藏宗教中占统治地位的藏传佛教格鲁派始祖宗喀巴的两位弟子，几百年来各有其地位和统治地区。后来，由于英帝国主义的挑唆，两位宗教领袖失和。1923年，九世班禅因惧怕达赖噶厦的加害而出走内地，十世班禅即位后，也就未能回到西藏。在这种情况下，做好对十世班禅的统战工作，有利于驱逐帝国主义势力，实现祖国统一。1950 年 10 月，中央把这一任务交给了西北局。

习仲勋后来撰文回忆第一次与班禅会面的情景时说："我第一次与班禅大师见面是 1951 年 4 月中旬的一天。那时他率领班禅堪布会议厅官员赴京途经西安，我代表西北局和西北军政委员会到机场迎接。当他走下飞机时，一个活脱脱的英俊藏族少年活佛形象出现在我的眼前。在飞机舷梯下，他紧紧握住我的手，心情激动地对我说：我们是专程去北京向毛主席致敬的！我要把藏族人民对中央人民政府和毛主席的良好祝愿亲口转达给毛主席。"

同年 5 月 23 日，《中央人民政府和西藏地方政府关于和平解放西藏办法的协议》正式签订。其中一条规定，维持班禅的固有地位及职权。中央把护送十世班禅入藏的工作交给了习仲勋。习仲勋从西安飞抵兰州，又乘车赶到十世班禅所在的青海塔尔寺，陪同其一路到达西宁。在安排好一切进藏事宜后，十世班禅及随行人员由西宁启程返藏。经过 4 个多月长途跋涉，1952 年 4 月 28 日，十世班禅终于顺利到达拉萨。结束了达赖、班禅长达 29 年失和的状况。

十世班禅后来回忆说，返藏前，习仲勋向他介绍了西藏内部的形势，讲解了中央对西藏工作的方针政策，提醒他可能遇到的困难。那时，十世班禅才 13 岁，有些话还不能完全理解，但习仲勋亲切和蔼，反复耐心地跟他解释，给他留下了极为深刻的印象。回到西藏的头几年，十世班禅一下子遇到一大堆难题，每次他都会立刻想起习仲勋的话，觉得那么深刻，那么符合实际情况，于是心中有了克服困难的信心和勇气。

习仲勋在西北局的工作，得到了毛泽东的充分肯定。1952 年初的一天，薄一波到毛泽东的办公室汇报工作。这时，毛泽东正在阅读习仲勋发来的工作报告。毛泽东就问薄一波："你讲讲，习仲勋这个同志怎么样？"薄一波脱口而出："年轻有为。"毛泽东不假思索地说："如今他已经'炉火纯青'。"

“像这样大兴土木，大可不必”

1952年9月，习仲勋从西北局调往中央工作，先后担任中共中央宣传部部长、政务院秘书长、国务院秘书长、国务院副总理等职务。他在国务院工作长达10年，兢兢业业，受到周恩来总理的高度称赞，被誉为国务院的大管家。

在这期间，习仲勋依然保持着从实际出发、坚持真理的工作作风。据《习仲勋传》记载：1958年，中共八大二次会议提出了15年赶上和超过英国的目标，“大跃进”运动开始。当时，人们只看到运动轰轰烈烈的一面，还没认识到其中出现的问题。为了解真实情况，当年8月，周恩来指示习仲勋带领考察组到西北地区看看情况究竟如何。

1953年，习仲勋在中南海

在陕西礼泉县烽火公社，习仲勋见到一块小麦“丰产田”上满是小土堆，好奇地问：“这是干什么？”当地负责人回答，这是根据北京一位科学家的“发明”，实施一种新的农作物栽培方法，能够增大土地接受阳光照射的面积，从而提高产量。习仲勋怀疑地蹲在地上，用手扒开土堆，只见禾苗的根系非常纤弱，便说：“你们看这土堆的表面似乎扩大了面积，但底下的根仍然只集中在一小块，有了阳光，而土壤和肥料有限，怎能增产？”

到达兰州后，习仲勋又了解到一个“引洮上山”的项目，要把洮河水从陇南山区引到陇东黄土高原，全程 1000 多公里，目的是变旱地为水浇地，还要利用落差发电，更要在山上行船，使其成为超过巴拿马运河和苏伊士运河的山上运河。工地上，数万名精壮农民用镢头挖土，身背肩挑，独轮小车来来往往，生产方式极为原始。而大批劳力集中到工程上，对农事造成极大影响。当年甘肃丰产，但没人去收割，丰产却难以丰收，损失极为严重，却还谎报增产粮食 30 亿斤。看到这些情况，习仲勋痛心地对时任甘肃省委第一书记张仲良说：“这样搞法不行啊！将来老百姓是要吃亏的！”

在其他几个省份，习仲勋也发现了违背科学、违背经济规律的问题。回到北京后，习仲勋把了解到的情况如实向中央一些领导汇报，也表明了自己的看法。

反对不切实际的做法、反对铺张浪费是习仲勋在工作中秉承的一贯原则。1961 年 4 月，习仲勋到河南长葛县调查。长葛在“大跃进”中出了名，受到毛泽东的表扬，前任县委书记滋长了骄傲情绪，脑袋发热，铺摊子、摆阔气。在县城搬迁过程中，新县城仿照北京长安街设计，有一座像人民大会堂那样的礼堂，县委大楼、邮电大楼、武装部大楼等分列在宽阔的马路两旁，占用了大量农田。为了建设新县城，还强迫农民拆迁，甚至动用民兵武装强制推行。习仲勋直言不讳地批评道：“像这样大兴土木，新建一套，大可不必，不搞只有好处。难道旧县城里还住不了县级机关？你们花这么多钱，占这么多地，修那么多房子，有什么好处呢？脑子里没有群众利益，只有个人利益，这样的党员就不够格！”

“革命也不是为了做官，种地同样可以革命”

1962 年 9 月，在中共八届十中全会上，习仲勋因所谓“《刘志丹》小说问题”，遭康生诬陷。康生利用一些人提供的捕风捉影的材料，诬陷习仲勋“勾结”刘志丹的弟弟刘景范及妻子李建彤，“授意”他们炮制“反党小说”《刘志丹》为高岗翻案，称习仲勋是“挂帅人物”，是“反党大阴谋家、大野心家”。康生还给毛泽东写了张条子：“利用小说进行反党活动，是一大发明。”

李建彤要写《刘志丹》，习仲勋是知道的。他对此表示担忧，因为他深知陕北根据地党的历史问题十分复杂，虽然1942年底在延安由西北局专门召开了高级干部会议，对过去的历史问题做了决议，但问题并没有彻底解决。现在要写刘志丹的小说，势必涉及当时各方面有关人士，写不好就会重起纠葛。陕北革命早期领导人之一、时任最高人民法院副院长的马锡五劝说习仲勋支持这部小说，时任监察部副部长的刘景范也对习仲勋说：“陕北的干部死的死，坏的坏，《刘志丹》这本书，你不支持谁支持？”

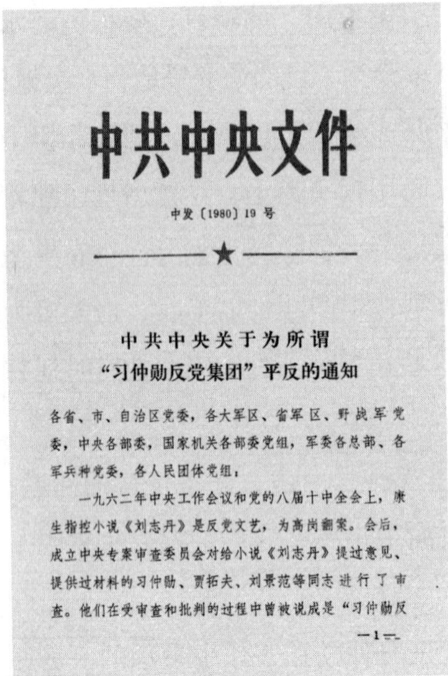

中共中央文件

中发〔1980〕19号

★

中共中央关于为所谓
“习仲勋反党集团”平反的通知

各省、市、自治区党委，各大军区、省军区、野战军党委，中央各部委，国家机关各部委党组，军委各总部、各军兵种党委，各人民团体党组：

一九六二年中央工作会议和党的八届十中全会上，康生指控小说《刘志丹》是反党文艺，为高岗翻案。会后，成立中央专案审查委员会对给小说《刘志丹》提过意见、提供过材料的习仲勋、贾拓夫、刘景范等同志进行了审查。他们在受审查和批判的过程中曾被说成是“习仲勋反

—1—

1980年，中央为习仲勋平反的文件

被卷入《刘志丹》小说案后，习仲勋被停职审查，从此失去自由长达16年。但习仲勋从未放弃理想和信念。他对周恩来说：“总理，您放心。我准备回农村去做个农民，革命也不是为了做官，种地同样可以革命。”1965年，他被下放到洛阳矿山机械厂当副厂长。“文革”爆发后，他又被揪到西安，此后身陷囹圄。1968年1月，在看到习仲勋被揪斗的照片后，周恩来派飞机把习仲勋接回北京，交给北京卫戍区监护，实际是把他保护起来。此后，习仲勋度过了近8年的监护期，1975年又被流放到洛阳，在一家耐火材料厂里工作。“文革”结束后，中央对习仲勋遭受陷害的事进行重新审理，为其彻底平反。小说《刘志丹》也于1979年10月由工人出版社正式出版。

“怎么能把他们叫‘偷渡犯’呢”

1978 年 4 月，中共中央决定让习仲勋担任广东省委第二书记，主持广东省的日常工作。广东省委党史研究室研究员、《习仲勋传》及《习仲勋主政广东》的执笔者之一卢荻告诉《环球人物》杂志记者：“中央选习仲勋南下，主要是叶剑英元帅提名的。叶帅在延安时就认识习仲勋，对他比较了解、信任，认为他是能干大事的人。广东是祖国的南大门，战略地位十分重要，问题又比较复杂，还有大量冤假错案没有平反。叶帅觉得习仲勋能稳得住阵脚，身体也好，希望他到广东来落实政策。”

习仲勋到广东不久，就遇到“偷渡外逃”这个老大难问题。解放初期，广东的经济水平和香港差不多。后来，广东在“大跃进”和“文革”期间错过了经济发展机会，香港抓住世界产业经济调整的机遇，变成“亚洲四小龙”之一。

1978 年 7 月，习仲勋在省委书记王全国、《南方日报》副总编辑张汉青等人的陪同下，轻车简从，乘坐一辆七座面包车，前往“逃港”现象最严重的宝安县视察。时值仲夏，烈日当空，加上公路坑坑洼洼，很不好走。进入宝安，只见路旁杂草丛生，耕地丢荒。据张汉青回忆：“七八月份正是收割的时候，可我们在田地里并没有看到农忙的景象，田里只有一些老年妇女、小孩，还有边防部队派来帮助收割的战士，精壮劳力都跑了，没有人收割。习老看了心里很不好受。”

那一天，习仲勋一行来到宝安县城的收容站。收容站主要收容了大批偷渡外逃时被抓回的人员。在那里，他问外逃人员：“你们为什么要跑到香港那边给人当奴仆，受人剥削？”有人回答说：“我们穷，分配很低。到香港容易找工作。”宝安县委书记方苞告诉习仲勋，有很多偷渡到香港的人，找到工作后很快就可以寄钱回家，一两年家里人就可以盖起新房。这对习仲勋触动很大。

习仲勋意识到制止偷渡外逃的根本措施是发展经济，提高群众生活水平。当时，偷渡被当作是敌我矛盾，偷渡的人被称为“偷渡犯”。习仲勋严肃批评道：“我们自己的生活条件差，问题解决不了，怎么能把他们叫‘偷渡犯’呢？这些人是外流不是外逃，是人民内部矛盾，不是敌我矛盾，不能把他们当作敌人，你们要把他们统统放走。不能只是抓人，要把我们内地建设好，让他们跑来我们这边才好。”后来，他经常给大家举两个例子：一是深圳福田公社渔农生产队，1975 年以前外逃 170 多人，近年来，他们挖鱼塘，开展小额贸易，迅速发展经济，1975 年以后没有一个人外逃；二是新中国成立以来，沙头角镇外逃了 1053 人，其中 1977 年上半年还外逃了 73 人，1977 年下半年以来，他们大搞来料加工、小额贸易和家庭小手工业，生活显著改善，不仅没有人外逃，而且还有几户人要求回来定居。习仲勋说，从这两个例子就可以看出，只要搞好生产，有一定的物质基础，制止外逃才有可靠的保证。

在习仲勋的反复教育和引导下，广东省委常委最后统一了思想认识，实现了“偷渡问题不是敌我矛盾而是人民内部矛盾”这一观念的转变。没过多久，有些偷渡去港澳的人见家乡经济发展了，又成批成批地回来。

“希望中央给点权，让广东先走一步”

“习仲勋是广东改革开放的奠基者，他参与创办了经济特区。今天我们能够成为世界第二大经济体，他走的这一步意义非常重大。”卢获如此评价习仲勋主政广东时的贡献。

1978 年 12 月，中央决定习仲勋担任广东省委第一书记。习仲勋考虑，香港人 80% 以上是广东人，为什么香港能把经济搞好而广东却不行？经过深入思考，他认为，如果中央给广东一些特殊政策，广东人民完全有能力把经济搞上去。

1979年4月5日，习仲勋和省委书记王全国到北京参加中央工作会议。在向华国锋、邓小平、李先念等中央政治局常委汇报时，习仲勋郑重提出，广东临近港澳，可以发挥这一优势，在对外开放上做点文章："我们省委讨论过，这次来开会，希望中央给点权，让广东先走一步，放手干……现在省的地方机动权力太小，国家和中央部门统得过死，不利于国民经济的发展。我们的要求是在全国的集中统一领导下，放手一点，搞活一点。这样做，对地方有利，对国家也有利。"习仲勋还石破天惊地说："如果广东是一个'独立的国家'（这当然是借用的话），可能几年就上去了，但是在现在的体制下，就不容易上去了。"他还具体提到一些措施，比如，广东打算仿效外国加工区的形式，在毗邻港澳的深圳市、珠海市（1979年3月，宝安县、珠海县分别改为深圳市、珠海市）和重要侨乡汕头市划出一块地方，单独进行管理，作为华侨港澳同胞和外商的投资场所，按照国际市场的需要组织生产，初步定名为"贸易合作区"。

邓小平在听取习仲勋汇报时插话说："广东、福建实行特殊政策，利用华侨资金、技术，包括设厂，这样搞不会变成资本主义。因为我们赚的钱不会装到华国锋同志和我们这些人的口袋里。我们是全民所有制。如果广东、福建两省8000万人先富起来，没有什么坏处。"

邓小平听说对"合作贸易区"的名字大家意见还不一致，不假思索地说："还是叫特区好，可以划出一块地方，叫作特区。陕甘宁开始就叫特区嘛！"1980年8月，第五届全国人大常委会批准设立深圳、珠海、汕头和厦门经济特区。

给11.2万人平反

当时，广东还面临着平反冤假错案的压力。习仲勋不是只看省委信访办筛选后送来的少数信件，而是指示秘书贾延岩直接去信访办查看人民来信，并到接待室里听听来访者的呼声。贾延岩回忆说："那个时期我去得最

1979年，习仲勋和齐心在广州

多的省委部门是信访办，外出最多的工作是抄写大字报。”有一天，在广州市最繁华的北京路路口，贾延岩被一群披麻戴孝的人贴出的大字报所吸引，内容是一件事关数百条人命的血案。贾延岩出于同情和义愤，忍不住出主意，叫他们到省委门口的信访接待室去申诉。他的做法受到同事的批评，同事认为他感情用事，领导的秘书怎能叫老百姓到省委闹事呢！但习仲勋听了贾延岩的汇报后，严肃地说：“你没有做错，共产党的机关，共产党的干部怎么能怕老百姓？对老百姓没有感情，那能是共产党的干部吗？这样的官在封建社会都不是好官！”

平反“李一哲”案，是当时的一件大事。1974年11月10日，一张名为《关于社会主义的民主与法制——献给毛主席和四届人大》、署名为“李一哲”的大字报出现在北京路路口，指出林彪反党集团赖以产生的社会历史条件，是延续两千多年的中国封建社会的意识形态，还不点名地指出江青一伙搞“反复辟”“反回潮”的一系列罪行，并联系这些反常现象，分析我国上层建筑领域存在的严重缺陷。江青说这是“解放后最反动的文章”，4名作者李正天、陈一阳、王希哲、郭鸿志被判刑。

习仲勋来到广东不久，就注意到这个案件。而狱中的李正天听说习仲勋来广东工作了，也两次给习仲勋写信申诉。1978年8月，习仲勋收到李正天的申诉信，十分重视。广东省委数次研究“李一哲”案，一致认为“李一哲”不是反革命集团，他们的大字报不是反动大字报，应予以平反。

1979年1月24日下午，习仲勋在省委东一楼会议室接见了出狱的李正天、陈一阳、王希哲、郭鸿志。习仲勋说：“你们的路还长。希望你们把路子走对，健康地成长。”春节过后，习仲勋感到他们仍有怨气，便在吴南生等省委领导的陪同下再次接见这4人，对他们说：“开始定你们反动大字报，后来又定反革命集团，你们如何发火，怎么讲都可以，因为我们搞错了。我不只是对现在的省委负责，而且要对上届的省委负责，因为这是历史上发生、发展起来的，事情虽然不是出在我手里，我也要承担责任。”这次谈话足足谈了3个多小时，双方商定2月5日在友谊剧院召开平反大会。

但是第二天，郭鸿志、李正天、王希哲3人给省委、习仲勋、吴南生写了一封紧急信，提出三点意见：一是要在广州最大的会场中山纪念堂召开平反大会；二是希望习仲勋参加平反大会；三是强烈希望省委领导接见“李一哲反革命集团”所有成员一次。

为了妥善处理此事，2月3日晚上，习仲勋在开完省委会议后，于23时30分至次日2时30分，在省委东一楼会议室第三次接见李正天等人。习仲勋苦口婆心地解释和回答了他们提出的各种问题。在友谊剧院召开平反大会不是有意缩小影响，平反的消息要见报，要让全中国、全世界都知道；他不能出席，是因为要赶着去肇庆参加地委召开的贯彻十一届三中全会精神大会，实在抽不开时间。他说：“我和你们多次谈话，我的时间就是那么充裕？我已经是66岁的人，连续四个晚上连澡都没洗，你们要谅解老同志。”习仲勋答应了第三条要求，4日下午，他在省委组织部东湖招待所会议室，与“李一哲集团”的30人见面、握手。

“李一哲”案的公开平反，广大干部和群众反应强烈。在习仲勋的艰苦努力下，不到3年的时间，“文革”中被立案审查的广东11.2万名干部被平反昭雪。拨乱反正、平反冤假错案的工作，恢复了党的优良传统和作风，调动了大家的积极性，保障了外商投资环境，开创了广东工作的新局面。

“不要怕听刺耳的话”

卢荻跟《环球人物》杂志记者讲了一个故事，广东省原省长刘田夫曾受习仲勋委托，向广东惠阳地区检察分院干部麦子灿转交一封习仲勋的回信。1978年9月25日，麦子灿给习仲勋写了一封批评信，说习仲勋对惠

1978年8月，习仲勋（中）在广东省惠阳地区调研

州两项治水工程的效果评价过高，不符合事实；还批评习仲勋处理群众来信来访不及时，搞“假把式”。信的结尾写道：“你讲话中不是常说爱听刺耳话，说什么‘良药苦口利于病’吗？现在给你提两个刺耳的意见，看你是否‘叶公好龙’。”10月18日，习仲勋回信给麦子灿：“你的来信很好，对我们各级政府班子特别是负责干部目前的精神状态和工作作风中存在的问题，提出了十分中肯的意见，我表示诚恳接受。”

后来，习仲勋还在省领导参加的会议上自曝来信，又给全省县以上党委和省直机关局以上负责人转发来信。“这封信写得好，还可以写得重一点。下面干部敢讲话，这是一种好风气，应当受到支持和鼓励。不要怕听刺耳的话，写信的同志相信我不会打击报复他，这是对我们的信任。”12月13日，中共中央副主席叶剑英在中央工作会议上特别表扬了习仲勋：“习仲勋同志那种不怕听刺耳意见、鼓励别人讲话、勇于自我批评的精神，是难能可贵的，值得我们每一个同志学习。我们有些同志，嘴里也天天高喊要批评、自我批评，要谦虚、谨慎，可是，稍微尖锐的意见一来，他们的面孔就立刻拉长了。他们只会批评别人，从不批评自己，‘老虎屁股摸不得’。对于这种人，我们要劝他们好好看看习仲勋同志的信，读读‘叶公好龙’的故事。”

1980 年 11 月，习仲勋调回中央工作。在 1981 年 6 月举行的十一届六中全会上，增选习仲勋为中央书记处书记。中央书记处在中南海勤政殿办公，习仲勋在这里度过了 7 年的时光。随后，为了方便领导，中央书记处还成立了临时领导小组，时任中共中央总书记胡耀邦任组长，习仲勋任副组长，许多日常工作都是由习仲勋来处理的。时任中共中央政治局常委、书记处书记的胡启立后来回忆说：仲勋同志旗帜鲜明，态度坚决，是改革开放的坚定拥护者和积极推动者；耀邦同志对他非常信任，把许多大事情交给他办理。

回到中央工作后，习仲勋依然保持着爱民之心。1985 年 11 月，习仲勋到江西考察，遇到堵车。前面的开道车鸣起警笛，工作人员从车窗内伸出了两面红旗左右挥动，指挥来往车辆让道。路旁施工的民工和行人、来往车辆上的人，都把目光投向这个车队。习仲勋的脸色立即变得严肃起来：“怎么能这样呢？你们拉着警笛，两面红旗左右开弓，这样会吓着群众，也可能会把过往的车辆挤到沟里去的。不要为保证我们赶路，影响老百姓的正常通行。我们是来给老百姓办事的，不是来给他们添麻烦的。”中途停车时，习仲勋快步向警车走去，申明了自己的意见。

梁星亮教授说：“像习老那样把群众当亲人、把群众放在心上、融入群众之中，是今天党员干部最需要的东西。从群众中来到群众中去，这话好说，做起来很难。现在很多干部不愿意下去，更不敢下去，因为和群众没有共同语言，没话可说。”

妻子连港澳都没去过

习仲勋平易近人、严于律己的作风，对妻子儿女影响很大。1944 年 4 月 28 日，习仲勋与齐心在陕北绥德结为革命伴侣。刚结婚，习仲勋就对齐心说：“从此以后，我们就休戚相关了，但是我不愿陷在小圈子里，今后我可能在很多方面照顾不了你。”齐心深爱着丈夫，但她更理解丈夫，知道他肩上的担子很重，都是自己克服困难，从没有要求丈夫和组织上更多的照顾。很长一段时间里，由于忙于革命事业，习仲勋与齐心分多聚少，只能鸿雁传书。有一封习仲勋写给齐心的信是这样写的：“农村是一个大学校，是学之不尽的知识宝库，用之不竭的知识源泉。如果能做好一个乡的工作，就能做好一个区的工作。”齐心的好友伍仲秋偶然看到了这封信，惊讶而又好奇地说：“这哪里是夫妻通信？简直是革命的‘两地书’哇！”

令人难以置信的是，习仲勋在广东工作将近3年，后来又在珠海、深圳休养10多年，但齐心竟然连近在咫尺的香港、澳门都没有去过，最远也只去过深圳的沙头角。

对待孩子，习仲勋也从不娇惯。节假日公务不忙时，他会带着孩子去游公园，或参加友人聚会。有时也和孩子们一起去商店转转，孩子们看见玩具就嚷嚷着要买，因为习仲勋从不带钱，孩子们要不到，就不高兴，他就耐心地讲道理，同时坚决不让别人代买或赠送。几个孩子从小都非常爱学习，特别喜欢看小人书和故事书，习仲勋就带孩子们去书店，让他们自己买。

习仲勋教育子女不搞特殊化，不允许搞任何特权。为了让孩子养成独立的生活习惯，习仲勋让齐桥桥、齐安安、习近平、习远平姐弟四人都在寄宿小学上学，每周回家一次，自己乘公共汽车上下学，从来不用车接送。齐桥桥小学毕业时，报考了北京一〇一中学和河北北京中学（现北京市第五中学分校）。她很想上一〇一中学，但是成绩比录取线差了0.5分。习仲勋试探着问：“要不要我去打个招呼？”齐桥桥知道父亲不会做没原则的事，看似征求她的意见，实际上是在考验她，更不可能为她说情，她明确回答：“考上哪儿就去哪儿。”说完就背上书包去河北北京中学上学了。

20世纪80年代，一些干部子女利用父母的地位和影响经商捞钱，有的违法乱纪，严重损害了党的威信，在社会上造成极坏的影响。习仲勋对此十分忧虑，他认为首先要从自己做起，从自己的家属做起，端正了家风，才能树起好的党风。有一次，齐心对儿女们说：“家中的小事不能影响工

20世纪80年代，习仲勋与家人在一起

作。”习仲勋听到后却严厉地说：“大事也不能影响工作！”习近平担任福建省省长时，齐心给他写信，语重心长地说“高处不胜寒”，嘱咐他更要从严要求自己。

习近平给父亲的拜寿信

1990年10月，习仲勋开始到深圳休养。他对各族人民有着极为深厚的感情，原想在退下来后到处走走看看，但由于身体原因未能如愿。2002年5月24日，习仲勋因病医治无效，在北京三〇五医院逝世，享年89岁。

逝世前的2001年10月15日，家人为习仲勋在深圳举办88岁“米寿”寿筵。家人欢聚一堂，唯独时任福建省省长的习近平缺席。不是他不想参加父亲的寿筵，而是他公务繁忙，难以脱身，于是抱愧地给父亲写了一封拜寿信——

自我呱呱落地以来，已随父母相伴48年，对父母的认知也和对父母的感情一样，久而弥深。希望从父亲这里继承和吸取的宝贵与高尚品质很多，给我印象最深的大约如下几点：

一是学父亲做人。父亲受到广大人民群众和我党同志的普遍尊敬，首先是因为您为人坦诚、忠厚。您曾教诲我，您一辈子没有整过人和坚持真理不说假话，并一以贯之，这正像毛泽东说的，“一个人做点好事并不难，难的是一辈子做好事，不做坏事”。

二是学父亲做事。父亲的一生充满传奇色彩，为党和人民建功立业，我辈与父亲相比，太过平庸，汗颜不已。但更令我们感动的，是父亲从不居功，从不张扬，对自己的辉煌业绩视如烟云。这才是成大事者的风范，永远值得我辈学习和效仿。

三是学父亲对信仰的执着追求。无论是白色恐怖的年代，还是极“左”路线时期；无论是受人诬陷，还是身处逆境，您的心中始终有一盏明亮的灯，永远坚持正确的前进方向。在社会上喊我们是“狗崽子”的年代，我就坚信我的父亲是一个大英雄，是我们最值得自豪的父亲。历史已经证明，您是一个无愧于党、无愧于人民的坚强的无产阶级革命家。

四是学父亲的赤子情怀。您是一个农民的儿子，您热爱中国人民，热

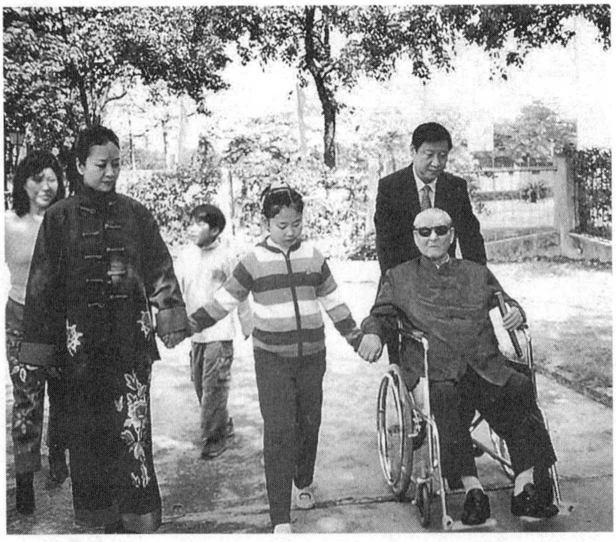

习近平一家三口和习仲勋在一起

爱革命战友，热爱家乡父老，热爱您的父母、妻子、儿女。您用自己博大的爱，影响着周围的人们。您像一头老黄牛，为中国人民默默地耕耘着。这也激励着我将自己的毕生精力投入到为人民群众服务的事业中，报效养育我的锦绣中华和父老乡亲。

五是学父亲的俭朴生活。父亲的节俭几近苛刻。家教的严格，也是众所周知的。我们从小就是在父亲的这种教育下，养成勤俭持家习惯的。这是一个堪称楷模的老布尔什维克和共产党人的家风。这样的好家风应世代相传。

《习仲勋传》记载，在最后的日子里，习仲勋对子女们说："我没给你们留下什么财富，但给你们留了个好名声！"这是一个人能留给子孙后代的最好财富。（撰文：黄滢　王晶晶　张忆耕　田亮　王德民）

温家宝、田纪云、胡启立同志回忆：在胡耀邦身边的日子

除胡耀邦子女出了多本怀念父亲的专著外，近几年一些党和国家领导同志也发表纪念文章，或缅怀胡耀邦的丰功伟绩，或回忆和胡耀邦共事的故事，或讲述与胡耀邦的深厚情谊。

“他的言传身教使我不敢稍有懈怠”

2010年4月15日，是胡耀邦逝世21周年纪念日。在当日的《人民日报》上，中共中央政治局常委、国务院总理温家宝发表了《再回兴义忆耀邦》的署名文章。此前，温总理到贵州黔西南察看旱情时，望着眼前的山山水水，情不自禁地想起24年前春节期间，随同时任中共中央总书记的胡耀邦在那里考察调研的情形。文章主要讲述了胡耀邦在贵州派时任中央办公厅副主任的温家宝夜访农户、胡耀邦带病奔赴广西等地调研的故事。

讲到1986年2月7日胡耀邦一行来到贵州兴义县考察调研时，温家宝总理写道：

晚饭前，耀邦同志把我叫去：“家宝，给你一个任务，等一会儿带上

几个同志到城外的村子里走走，做些调查研究。记住，不要和地方打招呼。”

到中央办公厅工作之前，我就听说耀邦同志下乡时，经常临时改变行程，与群众直接交流，了解基层真实情况。用他常说的话就是，“看看你们没有准备的地方”。所以，当耀邦同志给我布置这个任务时，我心里明白：他是想尽可能地多了解基层的真实情况。

再回兴义忆耀邦

更好地发挥外资的积极作用

有效用外资 助力“调结构”

政策解读

一季度我国实际使用外资同比增7.65%

山东果农积极应对冻害

向世界展示上海最美的微笑

2010年4月，温家宝在《人民日报》上撰文追忆胡耀邦

天黑后，我带着中央办公厅的几位同志悄悄离开招待所向郊外走去。那时，兴义城区只有一条叫盘江路的大路。路旁的房子比较低矮，路灯昏暗，街道冷清。我们沿着盘江路向东走了10多分钟就到了郊外。这里到处是农田，四周一片漆黑，分不清东南西北。看见不远处，影影绰绰有几处灯光，我们便深一脚浅一脚摸了过去。到近处一看，果然是个小村子。进村后，我们访问了几户农家。黑灯瞎火的夜晚，纯朴的村民们见到几个外地人感到有些意外，但当知道我们来意后，很热情地招呼我们。

晚上10点多，我们赶回招待所。我走进耀邦同志的房间，只见他坐在一把竹椅上正在等我。我向他一五一十地汇报了走访农户时了解到的有关情况。耀邦同志认真地听着，还不时问上几句。他对我说，领导干部一定要亲自下基层调查研究，体察群众疾苦，倾听群众呼声，掌握第一手材料。对担负领导工作的人来说，最大的危险就是脱离实际。多年来，耀邦同志这几句语重心长的话经常在我耳旁回响。

完成在兴义的调研后，胡耀邦一行沿着山路驱车100多公里，赶到黔桂交界处的天生桥水电站工地，慰问春节期间坚持施工的建设者。

1986年2月，胡耀邦（左三）在时任贵州省委书记胡锦涛（左二）、中办副主任温家宝（左一）和云南省委书记普朝柱（右一）陪同下，参加云南省罗平县板桥区长底乡举办的春节民族团结联欢会

温家宝同志写道：

当晚，耀邦同志在武警水电建设部队招待所一间简陋的平房中住下。不久，他开始发烧，体温升到38.7℃。事实上，从午后开始，耀邦同志就感到身体不适。不过，他依旧情绪饱满地参加各项活动。

除夕之夜，辞旧迎新的鞭炮在四周响个不停，但大家没有心思过年。我和耀邦同志身边的工作人员一直守候着他。2月9日，初一早晨，耀邦同志的体温达到39℃。这里远离昆明、贵阳、南宁等大城市，附近又没有医院，大家都很着急。好在经过随行医生的治疗，耀邦同志到晚上开始退烧，大家的心才放了下来。

2月10日上午，身体稍稍恢复的耀邦同志不顾大家的劝阻，坚持前往广西百色。经过320多公里的山路颠簸，耀邦同志于晚上6点多到了百色。在百色期间，耀邦同志带领我们参观了中国工农红军第七军旧址，并与百色地区8个县的县委书记座谈。2月11日晚，我们赶到南宁。随后两天，耀邦同志在南宁进行短暂的休整。我根据耀邦同志的要求，又带着几个同志到南宁市郊区就农业生产、水牛养殖、农产品市场等问题进行调研。每次回到住地，他总是等着听我的汇报。14日和15日，耀邦同志经钦州前往北海市，先后考察了北海港和防城港的港口建设。2月16日，耀邦同志又折回南宁，与三路考察访问组人员会合（编者注：此前考察访问组分成三路：分头前往云南文山、广西河池和贵州毕节地区）。接着，他用两天半的时间听取了考察访问组对云南、广西、贵州调查情况的汇报。

2月19日下午，耀邦同志根据自己13天沿途调查的思考并结合有关汇报，在干部大会上做了即席讲话。他特别强调，中央和省级领导干部要经常到群众中去，到基层去，进行调查研究，考察访问，密切上级与下级、领导机关同广大人民群众之间的联系。这样，不仅可以形成一种好的风气，产生巨大的精神力量，更重要的是有助于实现正确的领导，减少领导工作的失误，提高干部的素质，促进干部特别是年轻干部健康成长。

1986年2月20日下午，耀邦同志率领考察访问组回到北京，结束了历时半个多月的西南贫困地区之行……

文章的结尾部分，温家宝总理又写了他和胡耀邦之间的深厚感情。他写道：

1985年10月，我调到中央办公厅工作后，曾在耀邦同志身边工作近两年。我亲身感受着耀邦同志密切联系群众、关心群众疾苦的优良作风和

1986年2月，胡耀邦（前排左）在云南省罗平县和各族群众一起跳民族大团结舞

大公无私、光明磊落的高尚品德，目睹他为了党的事业和人民的利益，夜以继日地全身心投入工作中的忘我情景。当年他的谆谆教诲我铭记在心，他的言传身教使我不敢稍有懈怠。他的行事风格对我后来的工作、学习和生活都带来很大的影响。1987 年 1 月，耀邦同志不再担任中央主要领导职务后，我经常到他家中去看望。1989 年 4 月 8 日上午，耀邦同志发病抢救时，我一直守护在他身边。4 月 15 日，他猝然去世后，我第一时间赶到医院。1990 年 12 月 5 日，我送他的骨灰盒到江西共青城安葬。耀邦同志去世后，我每年春节都到他家中看望，总是深情地望着他家客厅悬挂的耀邦同志画像。他远望的目光，坚毅的神情总是给我力量，给我激励，使我更加勤奋工作，为人民服务。

回兴义，抚今追昔，追忆耀邦。我写下这篇文章，以寄托我对他深深的怀念。

“他的一生代表了共产党人的良心”

2004 年 4 月 15 日，是胡耀邦逝世 15 周年纪念日。原中央政治局委员、国务院副总理田纪云在纪念会上发表讲话，深情怀念胡耀邦。这篇讲话稿后来以《近距离感受胡耀邦》为题，公开发表。

田纪云在文章中写道：

对于胡耀邦的民主作风，凡与胡耀邦同志接触过的人无不交口称赞。他让人说话，敢让人说话，动员人说话，“不戴帽子，不打棍子，不抓辫子，不装袋子”这是胡耀邦同志身体力行的名言。凡是他主持的会议，与会的人都比较轻松，发言热烈，有时甚至争论得面红耳赤，胡耀邦同志全不在乎。记得 1985 年 6 月，劳动人事部副部长严忠勤在向书记处汇报工资改革方案时，因与耀邦同志理解不一致争论起来。但事后耀邦同志对我说：严忠勤这人不错，敢于直言。

胡耀邦同志作为党的最高领导人，时时刻刻铭记着人民群众的疾苦，

1985 年 9 月，胡耀邦（中间坐者）在甘肃陇南农村视察途中同群众在地头交谈

在他任总书记期间，一有空就深入基层，访贫问苦，调查研究。那些有名的穷山恶水、荒漠边陲、严寒高原、世界屋脊他大都走到了。1986 年 5 月，我陪他去甘肃考察工作，他告诉我：全国 2000 多个县他已去过 1500 多个，甘肃省地市一级还有两个未到，即甘肃平凉地区和甘南回族自治州，这一次就是来补这一课的。胡耀邦同志本来心脏就有点毛病，有高原反应。甘肃平凉海拔比较高，到后刚住下我就发现他嘴唇发紫，上楼有些吃力，我劝他少活动，晚上就不要开会了，但他说没关系，适应一下就好了，晚上照常开座谈会，听汇报，还在那里住了两个晚上。作为总书记他身上的担子有多重，是可以想象的，但他还抽空挤时间阅批大量人民来信。而且凡经他批处的人民来信，他都指定专人，跟踪了解处理结果，充分表现了他对人民高度负责的精神。

顺便说一下，耀邦同志生活非常简朴，衣着很随便，粗茶淡饭，不挑食，不嗜酒，吃饭很快，比如四个菜刚上了两个，他就吃完饭了。他身边的工作人员，都知道他的特点，也抓紧时间吃饭，生怕跟不上总书记的节奏。

2005 年 11 月 20 日，是胡耀邦诞辰 90 周年纪念日，田纪云再次撰文纪念他，题目为“胡耀邦是共产党人的良心”。

在讲述了胡耀邦当年组织推动关于真理标准大讨论和组织领导平反冤

1987年10月，胡耀邦（左二）和田纪云（左一）、杨得志（右一）等在中共十三大上

假错案等工作后，田纪云写道：

如果问我对胡耀邦同志印象最深的是什么？我认为他是一个真正的人民公仆，一个真正的共产党人。大家如此怀念他，正因为他的一生体现了共产党的初衷，他的一生代表了共产党人的良心。

“宁可让一家苦，不肯让一路哭”

2010年11月20日，是胡耀邦诞辰95周年纪念日。全国政协原副主席胡启立在纪念会上发表了题为“人生、人格、人心”的感言。此文现收录在胡德平《中国为什么要改革——思忆父亲胡耀邦》一书里。

文中，胡启立写道：

我至今记得一次陪耀邦同志在中南海散步。他对我说：贪污腐化、以权谋私，能否制止，关系到党的生死存亡。他一连用了3个“最”字，要用“最大的决心、最大的毅力、最大的韧性”，狠狠地抓，坚持到底。他说抓这件事情不能讨好，不能怕得罪人。宁可让一家苦，不肯让一路哭。宁可得罪个别人，不可得罪10亿人。他还用一种凝重的语气对我说：“启立啊，一定要记住，任何时候、在任何条件下，我们共产党人绝不可以鱼肉人民啊！”今天，重温这段话，真是让人感慨万千啊！

正是由于这种基石和支点，造就了他的民主精神和民主作风，在耀邦身上，民主精神、民主意识、民主作风是强烈而自觉的。

1982年，我在中办当主任，一次去看望叶帅。叶帅十分关心地问我，政治局的、书记处的民主集中制坚持得怎么样？我回答说，耀邦同志非常民主，他能听进去各种不同意见，所以大家都畅所欲言，重大问题都反复讨论，最后形成决策。叶帅听了很高兴，连声说，那就好！那就好！直到现在，很多同志还怀念那一段生动、活泼的政治局面，党内外一致公认耀邦同志任总书记的时候，是党内民主风气最好的时期之一。

文章的最后，胡启立还用深情的笔触，劝告大家牢记胡耀邦的教诲，走好人生之路。他写道：

我这一生最大的幸运之一，就是长期在耀邦同志手下工作。我是受他影响和教育最多、受惠得益也很多的人之一。当时我对他的感觉并不十分强烈，但是随着时间的流逝，人生阅历的积淀，认识就越加分明深刻起来。追随耀邦同志的脚步，牢记他的教诲，走完人生最后的旅程，是我的心愿。让我们祈祷耀邦同志那颗忧国忧民之心在九泉之下可以安宁！让我们所有人、健在的后来者都学习耀邦同志，把人生的路走好！（撰文：张建魁）

胡耀邦子女说父亲

与中南海仅一墙之隔的西华门，住着许多中共领导人。推开一扇绿色的大铁门，在警卫员的带领下，沿着高高的围墙没走多远，就到了胡家。

这是一个典型的北京老四合院。胡耀邦逝世后，小儿子胡德华一家便陪伴母亲居住在此。会客厅保持着十几年前的原貌，胡耀邦的遗像挂在最显眼的位置，四周鲜花环绕。这里更像是一个胡耀邦的小型纪念馆，他生前的书籍、照片、奖章全部陈列在此。伴着满屋的花香，胡德华与记者面对面坐了下来。

“其实我挺普通的，父亲也不是什么大人物。”胡德华很谦虚地说。

他的妹妹满妹也很低调。2005 年 11 月 18 日，中共中央在人民大会堂举行座谈会，纪念胡耀邦同志诞辰 90 周年。之后不久，胡耀邦的小女儿满妹出版传记《思念依然无尽——回忆父亲胡耀邦》，胡家子女才第一次进入公众的视线。满妹当时几乎不接受任何媒体采访。“我一向都特别低调，千万别把我当名人。”直到 2008 年新年之际，记者才有幸见到了胡耀邦三子。

翻看胡家子女的履历：长子胡德平，中央统战部副部长，全国工商联副主席；次子刘湖，华润集团常务董事，副总经理；三子胡德华，20 世纪 90 年代从中科院软件中心下海，投资项目囊括科技开发、植树造林、填海造地；小女李恒（满妹），中华医学会副秘书长，某外企高管。他们个个都

胡耀邦全家福。前排为胡耀邦夫妇及其孙辈，后排右起依次为胡德华夫妇、胡德平夫妇、刘湖夫妇、满妹夫妇

算功成名就。

谈起父母与兄妹们的关系，胡德华说得最多的一句话竟是“他们才不管呢！”这是胡耀邦夫妇对待子女的一贯态度。正因如此，胡家子女从小就在“自力更生中长大”。

“稀里糊涂”地长大

“我多次询问母亲我的出生地，她的回答竟然是‘记不得了’。”胡德华总是觉得遗憾。

1948 年 11 月，任兵团政治部主任的胡耀邦，和徐向前等人正在太原战役的前线，当时正是战役打得最艰苦、最激烈的阶段。而在后方石家庄的胡耀邦夫人李昭，即将临产。就在此时，石家庄遭到敌方偷袭，身怀六甲的李昭在警卫员的保护下，迅速转移。“母亲只记得被拉上一辆运煤车，跑了大概一两天，途中生下我。”胡德华最后自己推算，他应该出生在河北井陉，“韩信背水一战、大破赵王的地方”。

由于家里已接连生下两个男孩儿，父母都“望女欲穿”，以至于他出生后，父亲直接从前线传话：“既然又是个男娃，也没什么好回去看的。”

在父亲的失望中，胡德华默默地来到人间。不仅没有出生地，他还和其他兄妹一样，一直没有大名。

“如果要按现在的说法，我父母就是典型的‘工作狂’，孩子生下来就不管了，能活就活。”胡德华和兄妹们都是被外婆拉扯大的。在他的记忆中，自己的前两个名字都不好听。第一个叫“胡利利”，和狐狸谐音。对此他一直不解，再三追问父母，才得到两个答案：一是因为父亲姓胡，母亲姓李；二是他出生后不久打了胜仗，胜利了。虽然两者都经不起推敲，但胡利利就这样稀里糊涂地被街坊四邻叫开了。

1950年春，川北地区获得解放，参加完“成都会战”的胡耀邦，被党中央任命为中共川北区委书记。于是，胡耀邦拖家带口到了四川。“那时候我们家算是聚齐了，连爷爷奶奶都去了。”

在这个全家团圆的时刻，胡耀邦的父亲看着一群都是小名没有“大号”的孙子，郑重地拿出家谱。“爷爷宣布，我爸是‘耀’字辈，我们是‘德’字辈。家中‘德’字辈出生的男孩儿，以后按长幼分别叫平、安、发、财。”于是，胡耀邦的长子名为德平，轮到胡利利，就是德发了。之后在北京上幼儿园，由于德发的“发”繁体字太难写，幼儿园老师自行将其改为胡德华。至于当时孩子名字叫什么，是否妥当，胡耀邦夫妇完全无暇顾及，听之任之。

1952年，胡耀邦夫妇终于在四川南充迎来小女儿的诞生。“家里人特高兴，外婆说孙儿、孙女都有了，满足了，就给小妹起名满妹。”在胡德华看来，家中这个最小又是唯一的女儿，备受宠爱。满妹直到参军时才起名李恒，随母亲的姓。

同年，胡耀邦调任中国新民主主义青年团中央书记。第二年，已经4岁的胡德华说着一口四川方言跟随母亲来到北京。在胡德华的记忆中，父母为他选择幼儿园、小学、中学的标准，只有一条——全托，能住校。而在满妹的回忆录中，她也这样写道：

“小时候，父亲对我来说，虽然并不陌生，却也不太熟悉，至少不感到亲切。坦白地说，在我内心深处，还多少有点害怕，害怕这个从来没有跟我玩过的爸爸。母亲是共产党培养起来的典型干部，一向只顾工作不顾家。1952年她随父亲来京不久，便加入北京的棉纺行业，从此以厂为家。工人们反映说：‘一天三班倒，班班见领导。’在我记忆中，母亲只抱过我一次，可当我好奇地伸出手去摸她那亮晶晶的眼镜时，她‘啪’地给了我一巴掌，我吓得大哭起来。外婆急忙从她怀里把我夺过去，埋怨道：‘从来也没抱过孩子，就抱这么一回，怎么还打她！’母亲说：‘她要是把眼镜弄碎了，我明天怎么工作！’”

四个孩子三个姓氏

胡德华常听外婆讲，父亲生来好动，虽然个头矮小，却喜欢体育，常和比自己高出一头的同学同场竞技。“除了喜爱体育，父亲还喜欢演说。有意思的是，他从小有些口吃，爷爷曾叫他‘九结巴’。”

调皮的小德华儿时也是个结巴，直到上大学才慢慢纠正过来。“大人总说‘哎呀，你就是学你爸’。父亲开会的时候‘啊，那个那个’，我也跟着‘啊，那个那个’……最后他生气了轰我走，我就跟他做个鬼脸跑了。那会儿我爸和王震见面，人家都管他叫‘结巴子’。”胡德华在父亲身边，总是非常随性，他说家中“母亲很厉害，而父亲从不发火”。奇怪的是，随着胡德华长大，胡耀邦的口吃也渐渐矫正了。

胡耀邦家中4个子女却有3个姓氏，除分别随父母姓胡、李之外，还有一个姓刘的。胡德华说，他们从小就知道有一个“送了人”的二哥。

次子刘湖

1945年冬，胡耀邦担任冀热辽军区政治部主任，将赴前线作战。李昭态度坚决，也要求同往参加战斗。无奈，胡耀邦夫妇将未满40天的次子，送给了陕北老乡刘世昌。“当时他们对孩子可不太在乎，把革命看得高于一切。父亲只提了三个条件：一是不要把孩子再转送别人；二是将来要让孩子上学；三是让他自由恋爱。父亲坚持让孩子随老乡姓刘，老乡采取了一个折中方案，就叫刘湖（胡）了。”

这一别，就是十几年。从胡德华出生起，就没见过二哥。新中国成立后，刘世昌一家辗转到了青海。他牢记着胡耀邦的嘱托，即便家里连吃饭都困难，还是坚持让刘湖上了学。13 岁时，刘湖小学毕业，各门功课成绩优良。其间，胡耀邦从没来找过儿子。

当得知胡耀邦已在北京任职时，刘世昌和妻子犹豫再三，“孩子像生父，学习那么好，不能耽误了”。就这样，刘世昌硬是把含辛茹苦养大的刘湖送回了北京。“父亲看到刘世昌愣了，半晌说不出话，他拍着二哥头说：‘记住，刘世昌永远是你父亲！’”此后每逢寒暑假，刘湖就会去看望刘世昌夫妇。

“走资派”的后代

全家团圆的幸福时光转瞬即逝，很快“文革”开始了。胡耀邦被打成“走资派”，发配到了河南省潢川县黄湖农场劳动。“母亲被隔离审查，年近七旬的外婆被轰回安徽老家，音讯全无。父亲的秘书、司机也早就撤走了，满妹曾一个人住在三进大院子里，几十间房子空空荡荡……”

胡德华当时还在上高中，那时他的理想是要做工程师，要考清华大学。然而刚读完高一，他就被分配到北京市政二公司工作，负责修马路。“当时我的工种叫‘壮工’，听着都可怕。我一天能吃掉一斤八两粮食，可见体力消耗有多大。”

胡德华记得，当时母亲比父亲受冲击还早，在“文革”中的境况更惨。“母亲孑然一身，在牛棚里熬了一年多。然而，刚强的她从来不谈自己在‘文革’中所受的煎熬，也从不抱怨。”

由于“文革”，胡德华笑称二哥刘湖是预备期最长的党员，“预备了将

1969年，胡耀邦在河南
黄湖五七干校农场劳动

近十几年！”“二哥当年就读于清华大学化工系，和现在全国政协副主席刘延东一个班，她还是我二哥的入党介绍人。1966年5月，他成为预备党员。一般党员的预备考查期是一年，但他刚入党一个月就赶上‘文革’，直到20世纪80年代才成为正式党员。”

而老大胡德平，也因为“文革”改变了命运。1962年，他考入北京大学历史系。就在1967年毕业前夕，随着邓小平、胡耀邦被打成“走资派”，邓朴方和胡德平也成了“黑五类”子女。“大哥在北大成了受专政的对象，聂元梓等造反派把持的北大革命委员会，勒令他们接受检查，要他们反对自己所敬仰和信赖的父母。那时他的身心受到极大创伤。我大哥小时候特别淘气，但是后来变得越来越老实、沉稳。”

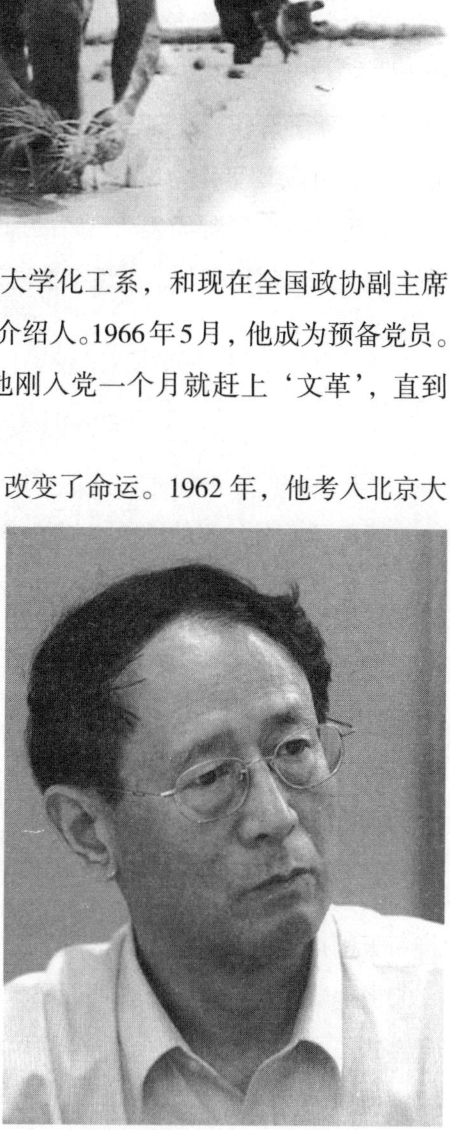

胡德平

胡德平的外表酷似胡耀邦，戴一副眼镜，书生气很浓。实际上，胡德平在进入政界以前，是个标准的学者。

“文革”后，胡德平捡起了他心爱的历史学专业，考取了中国思想史研究大家侯外庐教授的硕士研究生。毕业后，他被分配到历史博物馆做研究工作，后又担任历史博物馆的副馆长。同时，胡德平还致力于“红学”研究。1983 年，他联合一些志同道合的中青年红学研究者，成立了“曹雪芹研究会”，并出任会长。为了考证曹雪芹的故居，胡德平到传说中的“黄叶村”香山一带考察，还出版了一本名为《曹雪芹在西山》的书册。一些红学老前辈，对他这种刻苦钻研的精神极为赞赏。

1984 年胡德平作为中共中央整党领导小组的特派员到了湖北省。在湖北时，他还创办了曾经轰动一时的理论刊物。从湖北返京后，胡德平出任中共中央统战部秘书长，之后，被提升为统战部副部长。

“我们比父亲差远了”

谈起子女对父亲的继承，胡德华坦言“我们差远了”。“谁也比不了父亲，父亲做人的骨气和实事求是的态度，无人能及。”如果说有联系的，就是胡家人的共同情趣——读书。

“其实父亲文化程度并不高，14 岁就参加革命，但是他博览群书，不论战争年代还是和平时期，不论在马背上还是帐篷里，父亲只要有点滴空闲时间，总是孜孜不倦地读书。他记忆力惊人，对一些佳作警句背诵如流。如司马迁的《报任安书》，他诵读几遍，便能把全文背下来。”

胡德华列举了许多父亲看过的书目，算起来总共有 5000 万字。“父亲说每天坚持读 1 万字书，14 年就可以成为学者。因此在‘文革’后期，邓小平派他到中科院工作，那些大科学家特别敬佩父亲。”

1973 年，胡德华考入重庆通信学院，毕业后被分配到南京通信学院教书。他在南京一待就是 10 年。1986 年，胡德华进入中科院软件研究中心工作。他说自己的梦想一直是科学救国。“以前觉得能当个科学家才是对国家贡献最大的。”但后来，胡德华却改变了想法。特别是父亲去世后，他在领导的鼓励下决定下海。这个想法引起了家人的一致反对：“我大哥说：‘你搞科学技术的，哪能做买卖？’我就不服气，我说当时那么多农民企业家，我上过大学的，怎么不成？我一定要争这口气。”

胡耀邦最疼爱的满妹（李恒）

胡耀邦的子女对父亲都充满了敬畏。时隔这么多年，胡德华每每回忆起父亲批评自己的情形，心里还是有些慌乱，对于父亲的铁面无私，胡德华至今还十分感慨。

“就连父亲最疼爱的小妹，也没能沾父亲半点光。”1968年满妹被分配到北京市造纸总厂一分厂的维修车间当车工。一年之后，满妹看到大家陆续都去参军了，而父亲不闻不问。她自作主张，找到了父亲在晋察冀野战军三纵队时的搭档——时任北京军区司令员的郑维山。她托警卫员带话：“我是胡耀邦的女儿，想请郑司令员帮我去当兵。”

满妹和父亲在一起

作为胡耀邦的女儿，能当上兵，满妹深感不易。她甚至在回忆录中写道：“我根本不在乎兵种如何、部队驻在何地，乐不可支地来到当时全军最大的柏各庄农场，在师医院当了名卫生兵。”几年兵当下来，满妹却发现身边的战友，一个接一个地被推荐上了大学。苦闷至极的她，给父亲写了信，希望父亲能托托关系，让她也有个上大学的机会。

胡耀邦很快回信了："你原先分配在工厂，后来当兵我是不知道的，内心也是不赞成的，因为是走的后门。现在又提出想上大学，我认为你应该靠自己的能力，既要注重学习书本知识，又要到社会实践中去学习。我们家的人不应该走后门，而要通过自己的努力去实现自己的愿望和理想……"那时，满妹完全不能理解父亲的思想，懊恼、委屈一齐涌来，她把信撕得粉碎。"打那以后，她再也没有指望能沾父亲的半点光。"胡德华说，小妹每每回忆起当年撕信的情景，总是满心愧疚。

如今，一切都已成为过往。谈话间，胡德平的女儿走了进来，温文尔雅，彬彬有礼。胡德华掩饰不住骄傲："大哥家有两个孩子，这个是英国剑桥毕业的，另一个毕业于美国耶鲁，大女儿已经成家立业。我的女儿在复旦大学毕业后，如今在澳大利亚一个投资公司工作。我们家也算是四世同堂，很幸福了。"

经历了大起大落的胡家子女，最终归于平静安宁之中。谈话中，胡德华笑声爽朗，谈起往事绘声绘色，这也是如今胡家子女真实生活的写照吧。（撰文：刘畅）

父亲胡耀邦：1984年胡耀邦与孙女、孙子在一起

陈利明：20 年写就《胡耀邦传》

《从红小鬼到总书记——胡耀邦》

胡耀邦去世已 24 年，国内关于他的第一本完整传记终于面世。

2013 年 11 月 29 日，《从红小鬼到总书记——胡耀邦》（以下简称《胡耀邦》）由人民日报出版社出版。这本传记详尽地描述了胡耀邦的一生，由“红小鬼苏区立功”“延安年华堪回首”“勇闯禁区”“执掌共青团中央”“整顿中国社科院”“担任中央总书记”“组织领导平反昭雪冤假错案”“推进改革开放”几个大板块组成，共 60 余万字。作者陈利明为这本书花费了 20 多年的心血。

“天不怕，地不怕，就怕湖南人讲普通话。”接受《环球人物》杂志记者采访时，陈利明显得很开心，一上来就拿自己的口音开玩笑，爽朗的笑声中气十足。76 岁的他至今乡音未改，说着一口浓重的湖南话。

专程采访胡耀邦夫人

陈利明是土生土长的湖南株洲人。半个多世纪前，时任团中央第一书记的胡耀邦参加在株洲召开的中南 5 省（两广、两湖和江西）共青团书记会议，陈利明作为学生干部，有幸在现场听到了胡耀邦的讲话。“耀邦同志讲话不用讲稿，出口成章，幽默风趣，接连讲了 3 个多小时，观众不断地报以雷鸣般的掌声。”陈利明回忆道。从那时起，他就开始关注胡耀邦。

1983 年，陈利明调入株洲市委筹备党史办并任副主任，写人物传记成为他的本职工作之一。写胡耀邦传的想法，在这个时候便产生了。1988 年 2 月，他开始着手采访。为了详尽地掌握材料，他采访了胡耀邦的战友、同事、下属、亲属不下百人次。

历次采访中，陈利明“打搅”最多的就是胡耀邦的夫人李昭，他口中的“李大姐”。“第一次采访李大姐是在胡耀邦去世后不久，我专程去了一趟北京。”当时李昭住在紧连中南海的一栋僻静四合院里，那是胡耀邦一家自 1984 年起就居住的地方。在陈利明的印象中，那里“庭院深深，花草散发出淡淡的芳香。客厅陈设简朴，正面墙上挂着面部慈祥、表情深沉凝重的胡耀邦遗像，两旁排列有致的书架里井然有序地放着各类书籍”。陈利明至今记得作为湖南老乡，李昭对他说的第一句话：“你从家乡来，劳累奔波采访，辛苦了！欢迎到我家做客。”听着亲切的乡音，陈利明的拘束感消失了，心情一下子轻松起来。

就在那次访谈中，李昭向陈利明讲了她与胡耀邦的恋爱、婚姻和家庭。最让陈利明感动的是胡家次子的故事。“1945 年，胡耀邦调任冀热辽军区政治部主任，将离开陕北，赴前线参加战斗。李大姐态度坚决，要求同往。但当时她已经怀了第二个孩子，为此不惜想做人工流产。夫妻俩再三商量，最后决定将孩子生下来，交给别人抚养。出生后，是个男孩儿。李大姐托在中央党校学习时的一个同学，找到南区合作社副主任刘世昌。他只有一个女儿，正好想要个男孩儿，于是，欣然答应收养。胡耀邦对刘世昌说：‘从现在起，这就是老区人民和刘家的孩子了，一定要姓刘，名字也由你取。’刘世昌沉思片刻，说：‘就叫刘胡吧。’胡耀邦拍着刘世昌的肩膀，笑着说：‘那好，不过胡字要加三点水，湖水的湖。’战火纷飞的年代，刘湖就在陕北黄土地上长大。13 年后才被送回北京，但依然没有改姓。从此，胡耀邦一家就有三个姓。”

为何安葬在江西共青城

胡耀邦逝世后很长一段时间，社会上有一些传闻，关于他去世时的真实情况，以及为什么会安葬在江西共青城，众说纷纭。带着这些问题，陈利明又去拜访了李大姐，得到了第一手的材料。

据李昭回忆，“1989 年 4 月 8 日，耀邦吃完早餐，准备去怀仁堂出席中共中央第十三届中央政治局第十七次会议，讨论《中共中央关于教育发展和改革若干问题的决定（草案）》。会议中途，耀邦胸口有点难受，缓缓站起来，并自言自语：我胸闷，难受。坐在旁边的人赶快将他扶回座位上。他紧闭双眼，面如土色，不能说话。中南海保健处的医护人员迅速赶到，接着北京医院、北京阜外医院和协和医院的心血管病专家们也火速被接到现场。怀仁堂的一端成了临时的抢救病房。经专家们会诊，确定耀邦患的是突发性大面积急性心肌梗死、合并心源性休克及心律失常、阵发性心房扑动、房室传导障碍。下午，专家们认为他病情稍微稳定，可以上救护车了，随后被送往北京医院继续治疗。住院期间，耀邦的病情时好时坏。4 月 15 日清晨，他说：‘我住院七八天了，今天打扫一下卫生才好。’身边的工作人员拿来刮胡刀，替他刮了一下胡须，梳理了一下头发。静躺大解后，吃了西瓜，还和我们讲了话，问身边的工作人员：‘外边情况怎样？’就在这时，他突然表情痛苦，讲不出话来，虽经抢救，但已经无力回天。”

胡耀邦离世 1 年又 8 个月后，骨灰被安葬在江西共青城。“这是李大

2001 年 10 月，陈利明与胡耀邦夫人李昭合影

姐向中央提出的，并非胡耀邦遗愿。”而李昭也向陈利明解释了安葬在共青城的理由：“一、江西是耀邦的祖籍。他的祖先世代居住在江西省高安县，远祖胡允钦在明朝万历年间才携家眷离开故土，到了湖南浏阳。耀邦是胡允钦的第二十代孙。索源寻祖，人们对先祖的出生地总是永怀眷恋之情。二、耀邦从小参加革命，是大家熟知的‘红小鬼’，他在江西革命根据地工作、战斗过多年，江西是他革命的发祥地。三、也是最重要的一条，耀邦担任团中央书记时，对江西共青城的建设起了很重要的作用。”李昭的要求得到中共中央的赞同。1990 年 12 月 5 日，他的骨灰被运离北京，由李昭和子女们陪伴着登机南飞。

这两次采访后，陈利明与李昭建立了长期联系，几乎每年都会去拜访一下。而胡耀邦的长子胡德平、女儿李恒等也成了陈利明的采访对象。《胡耀邦》出版时，胡德平对该书给予了充分肯定。

听当事人口述历史

和一般的领袖人物传记不同，这部上下两卷的《胡耀邦》没有序言。

20年里，陈利明不止一次希望找一位党史专家或学者合作，“都被人以各种理由拒绝了”。2004年，陈利明就写出了80万字的初稿，随后是漫长的修改过程。这次出版前，《胡耀邦》经过了中央党史研究室、中央文献研究室、国家新闻出版广电总局的审核。

《胡耀邦》其实只是陈利明所写人物传记中的一部。1989年2月，解放军文艺出版社出版了他的第一部名人传记：《陈明仁将军传》。在那个年代，写陈明仁这样有着国民党背景的人物是需要勇气的。初版印了3万册，很快销售一空。编辑接着约他写程潜。1992年1月，《程潜传》出版。在这之后，陈利明的作品一部接一部问世，《谭震林传奇》《王首道传》《陈独秀传》……陈利明成了撰写传记文学的“专业户”。

谭震林是前全国人大常委会副委员长、国务院副总理。陈利明上学时，从课本上读到谭震林写的《学徒生活回忆》，对这位领导人的血泪童年满怀同情，对他从印刷工一步步奋斗的人生深感钦佩。为撰写《谭震林传奇》，陈利明沿着谭震林走过的足迹，爬井冈山、走闽西、奔宁沪、上北京，采访了上百人，收集了300多万字的资料。

王首道是湖南省第一任省政府主席，曾任中南局书记处书记、全国政协副主席。为了写《王首道传》，陈利明不仅多次访问其本人，还拜访了和王首道感情很深的老一辈革命家习仲勋。习仲勋向陈利明畅谈了自己在1935年陕甘宁“肃反”扩大化中遭受迫害，被毛主席委派去的王首道保护的曲折经历。陈利明如获至宝。

正如陈利明在《胡耀邦》后记中所说的，这么多年来，他在采访收集资料时，一直坚持着“四勤、五不怕、六多”，即腿勤、口勤、眼勤、笔勤；不怕苦、不怕累、不怕冷脸挨热脸、不怕吃闭门羹、不怕压力和阻力；多跑、多看、多问、多听、多记、多想。陈利明一生没有其他爱好，一不下棋，二不打扑克，三不摸麻将，全身心地投入写作。他多次向人表示，自己要“活到100岁，写到90岁”。

“现在敢讲真话的人太少了”

《环球人物》杂志：您写的陈明仁、程潜、谭震林、王首道，包括胡耀邦，都是湖南人。

陈利明：是这样。湖南人杰地灵，近现代出了很多对中国历史有重要影响的人物，从曾国藩、谭嗣同，到毛泽东、刘少奇、任弼时、左权，等等，都是湖南人；新中国的十大元帅里，湖南有3位（彭德怀、贺龙、罗荣桓）；十大大将里，湖南占了6位（粟裕、黄克诚、谭政、肖劲光、陈赓、许光达）。我很为这些同乡自豪。

《环球人物》杂志：如您所说，湖南先贤众多，您选取人物时有什么标准？像毛泽东这样的伟人，您为什么没写？

陈利明：人们太熟悉的、已经写了很多的我不写。另外，我喜欢写有争议的。写陈明仁和程潜时，就有人说我，你是一名共产党员，怎么写国民党的将领？我就回答他们，陈明仁、程潜虽然曾在国民党政府担任要职，但他们又在不同的情势下与共产党有过接触，为了民族前途、国家命运，做出了湖南和平起义的重要抉择，为人民立了大功。新中国成立后，他们竭诚为国家做贡献，是有历史功劳的，怎么就写不得！湖南人敢为天下先，我写书时也是彻彻底底的湖南人！

《环球人物》杂志：写《胡耀邦》时，您依据的材料主要来自哪里？

陈利明：除了胡耀邦的亲人外，我先后采访了他的战友、部属不下百人次，有在团中央任职过的，还有李锐、陈野萍、曾志、王照华、郑伯克等几位在中组部工作过的老领导。对胡耀邦在革命战争时期的工作，任中组部部长时平反冤假错案的事迹，主管宣传、科研工作时的业绩都进行了梳理，收集的文献资料和笔记资料不下几百万字。

写人物传记和纪实文学必须真实，这是我的唯一信条。

《环球人物》杂志：您曾见过胡耀邦，又多年倾注心力写他的传记。您怎么评价胡耀邦？

陈利明：胡耀邦喜欢别人叫他耀邦同志，而不是官职。他待人和蔼，和人交谈时脸上总挂着笑容，生活不拘小节。我了解到他不少鲜为人知的故事，比如在三年困难时期，胡耀邦是中央委员，按规定可以吃细粮，多供应一点物资。而他总是将物资留给老母亲，难得领到一些肉，自己舍不得吃，也要夹到母亲的饭碗里。

他是个乐天派。前中央纪委书记李昌曾告诉过我他和胡耀邦的一件往事。1946年集宁战役打响时，他们一起去前线视察。在指挥所吃饭时，敌人的飞机突然从山后飞来，子弹把胡耀邦的饭碗打得碎片四溅，人却安然无恙。战士们急忙把他俩拉进防空洞躲避。一进去，胡耀邦就对李昌说："看来老天有眼，马克思不让我去报到哩！"李昌也笑了："你这个乐天派，大难不死，必有后福！"

他一心为别人考虑，从不计较自己得失，自1979年至1985年的6年时间里，他亲自批准平反和安排工作的高级干部和知识界名人就有6000多人。他曾说过："建国以来的冤案、假案、错案，不管是哪级组织，哪一个领导人定的、批的，都要实事求是地改正过来。"用"一身正气，两袖清风"来形容胡耀邦，再合适不过了。

《环球人物》杂志：除了还原历史，您觉得这部传记有什么现实意义？

陈利明：让现在的官员好好看看老一辈革命家都是怎么当领导的，怎么为老百姓着想的！胡耀邦坚持"实践是检验真理的唯一标准"，敢讲真话。而现在，敢讲真话的人越来越少了。（撰文：许妍）

王震治疆

人们记忆中的新疆，有辽阔的土地和美丽的景色，也有悠久的历史和丰富的文化。但现在，让人揪心的暴力恐怖事件，使新疆在人们心目中的美好印象蒙上阴影。该如何治理新疆？怎样实现新疆的长治久安？以史为鉴，人们回想起新中国成立初期王震治疆的往事。那时候，对叛匪和分裂势力，他是霹雳手段；对各民族百姓，他是菩萨心肠。

请缨入疆

1949 年初，随着人民解放战争的节节胜利，中国共产党在全国执政只是时间的问题。3 月，中国共产党七届二中全会在河北西柏坡召开，会议主要讨论的就是新中国的成立和建设问题。会议期间，王震根据西北战场的形势和日后发展趋势，主动向毛泽东请缨："我要求到最艰苦的地方去，到一切需要去的边疆去，到新疆去！那里需要解放，那里需要开发，那里更需要发展经济。"

王震是毛泽东非常信任的战将，拥有很强的开拓能力、凝聚能力和大局观，总能在关键时刻争挑重担。他 1908 年出生于湖南浏阳的佃农家庭，早年参加了湘赣苏区的创建工作。1930 年 9 月，毛泽东夸赞王震写的传单、布告很有功底，王震回答说："报告毛委员，我原名叫王余开，也叫过王正林，我们游击队的秀才们说用'王震'的名字响亮，用这个名字出布告，震动大，能镇得住地主、老财和民团，便建议我改成这个名字。我是个大老粗，没喝过几瓶墨水，你看到的那些传单、布告都是我们的那些秀才写的！"毛泽东说："你们的传单、布告不像完全出自纤纤秀才之手，倒像经过你这位'大老粗'的刀砍斧劈，有一种气势！你这位'大老粗'能把那些'小嫩细'组织起来，并把你的意图写出来，就是不'粗'了！这方面我要好好向你学习！"

在湘赣苏区的斗争中，王震英勇善战，多次粉碎敌人"围剿"，曾获三等红星奖章。抗战时期，驻守陕甘宁边区的王震率领三五九旅自力更生，开发南泥湾。南泥湾大生产得到了毛泽东的高度表扬，他为王震亲笔题词"有创造精神"，并赞誉三五九旅是"发展经济的前锋"。1944 年 11 月，王震又率三五九旅主力南下，执行中央建立以五岭山脉为依托的抗日根据地的任务，后因时局变化北返，于 1946 年 9 月返回延安，行程 2.7 万余里，被毛泽东称为"第二次长征"。

进军新疆需要的就是这样一支部队。新疆远离内地，入疆不仅要长途

1942 年，朱德（右三）、贺龙（右四）在八路军三五九旅旅长兼政委王震（右二）陪同下，视察南泥湾

跋涉，想要在那儿站稳脚跟也得靠自己。尤其是粮食问题，从内地大规模运粮过去显然不现实，只能靠部队自己解决。而王震率领的部队能长途奔袭，又能打硬仗，还能耕地种田，显然很合适。

就在王震请缨出征新疆后的一天晚上，西柏坡一个小剧场里演出京剧《红娘》，大家都去看戏了，王震却在一个安静的地方看文件。不久，毛泽东走过来，问他为什么没去看戏，还说："《红娘》这出戏很好，那位红娘总是全心全意给人家做好事，很可爱。这出戏里红娘是主角，你到新疆就是去演红娘，唱主角，为那里的各族人民去做好事。"这表明，毛泽东同意了王震去新疆的请求。

凯歌进新疆

得到中央批准后，王震率部在西北野战军司令部的指挥下，一路向西攻城克地。1949 年 5 月参加解放西安的战役，8 月下旬占领兰州，9 月 5 日解放西宁。9 月 10 日，受毛泽东委托，国民党起义将领张治中以和谈首席代表的身份向新疆发电报，劝导国民党新疆警备总司令陶峙岳、国民党新疆省政府主席包尔汉走和平起义的道路。他还特别强调："毛泽东对新疆各族人民、全体官兵、军政干部非常关心，新疆问题必有妥善与满意之处理。"接到电报后，陶峙岳、包尔汉均主张和平谈判。但蒋介石、马步芳在新疆的嫡系势力叶成、马呈祥主张对抗解放军。随着王震在兰州、西宁相继告捷，一路西进，在新疆国民党官员内部，起义与反起义的斗争日益激烈。

此时，蒋介石、白崇禧给新疆的亲信发去电令，要他们"各方设法，保住新疆"，声称"和平运动，万万不可做"。于是，叶成等人开始进行最后的挣扎。9 月 20 日深夜，叶成来找陶峙岳，想胁迫陶峙岳去南疆。结果，陶峙岳晓以利害，劝说叶成离开，并承诺可以给予重金，保证他们的安全。叶成等人自知大势已去，又见物质欲望得到满足，且人身性命有陶峙岳担保，就听从了安排，离开了迪化（1954 年改称乌鲁木齐），向印度出走。9 月 25 日，陶峙岳率国民党驻新疆部队通电起义。26 日，包尔汉率国民党新疆政府宣布脱离国民党政权。至此，新疆和平解放。

在新疆风云变幻之际，9 月 15 日，时任第一野战军第一兵团司令员的王震正率领部队翻越终年积雪的祁连山，其间遭遇狂风、雨雪和冰雹的袭击，行动异常困难，但官兵们仍然冒着严寒奋勇前进。王震到达山顶后，转过头看到漫山遍野的战士，心中感慨万分："乌云把祁连山都遮住了，遥远的草原无边无际，我们翻过这座风雪祁连山，就可以胜利地向新疆前进了！"这句话被站在他身旁的第一兵团宣传部副部长马寒冰记在了心里，他就此整理出一首诗，"白雪罩祁连，乌云盖山巅，草原秋风狂，凯歌进新疆"，并且送给军旅音乐家王洛宾，请他谱曲。当王洛宾看到歌词时，眼前立即浮现出战士们顶风冒雪在祁连山上前进的雄壮场面，心中激情澎湃。他把歌词反复吟诵了七八遍，曲谱已随口而出。战歌《凯歌进新疆》由此诞生。

10 月 10 日，根据中央的要求，王震命令第一兵团第二军、第六军共计 8.9 万人开始进疆。部队在《凯歌进新疆》的战歌声中兵分两路，第二军乘汽车到南疆焉耆，第六军由苏联支持的 2 个航空团 40 架里尔飞机和汽车运送到迪化。

1949 年 11 月 7 日，王震率兵团进驻迪化。第二天，迪化军政各界举行盛大欢迎会，王震在会上宣布，中共中央新疆分局已正式成立。在包尔汉的陪同下，王震到新疆临时政府向各机关负责人说明中共中央当前的工作方针和解放军进疆后的接管原则。他还同陶峙岳商定了改编起义部队的整编原则。12 月 16 日，中央人民广播电台播放了新疆省（1955 年 10 月 1 日改为新疆维吾尔自治区）人民政府组成人员名单，包尔汉为新疆省人民政府主席。12 月 17 日，新疆省人民政府和新疆军区正式成立。彭德怀为新疆军区司令员兼政治委员，王震为第一副司令（后任代司令）、陶峙岳为第二副司令。

在新疆省政府和新疆军区成立的同时，部队继续分为两路，向全疆进驻。其中第二军抵达焉耆后，大部分运输汽车损坏严重，于是部队以步代车，徒步到达阿克苏、喀什、和阗（今为和田）等地。第六军抵达迪化后，又完成了沿镇西（今巴里坤）、伊吾、奇台、木垒、阜康、昌吉、绥来（今玛纳斯）、伊宁一带的布防任务。

部队在入疆过程中克服了诸多困难。11 月 28 日，部队在阿克苏获悉国民党特务计划在和阗发起叛乱，第二军第五师师长徐国贤、政委李铨立即下令第十五团进军和阗。由于汽车少，一部分士兵乘车沿公路快速向和阗进军，稳住局势。而主力部队放弃了有水、有人家但路程较远的行军路线，选择近路，徒步横穿荒无人烟的塔克拉玛干大沙漠，行程 750 多公里，历时 18 天，终于抵达和阗，粉碎了敌人叛乱的阴谋。彭德怀等致电嘉奖了这一壮举，称赞他们“创造了史无前例的进军纪录”。

此后，王震在迪化与陶峙岳接触较多。陶峙岳在谈话中流露了两种心态，一是“军人守土有责”，新疆不能让美国、英国，也不能让苏联拿去；二是“袍泽情深”，起义的士兵将来怎么安置呢？他的想法是把士兵遣散回家，发点钱，给点路费。王震听了之后不同意，他提出了更大的构想：起义部队立了功，守了土，以后可以和我们一起转向生产，扎根新疆嘛！王震的想法对陶峙岳触动很大，两人逐渐建立了深厚的友谊，新疆的工作得到顺利推进。

对土匪，“必须用大炮讲道理，用刺刀去教训”

新疆虽然和平解放了，时局却错综复杂。国民党起义部队本来就鱼龙混杂，就在陶峙岳、包尔汉宣布起义后两三天，1949 年 9 月 28 日，驻哈密的国民党官兵叛乱，四处抢劫烧杀，还抢走中央银行哈密分行库存的 12 箱金银，以及从兰州银行运来的 500 多公斤黄金。随后，国民党部队驻鄯善、吐鲁番等地的一些官兵，也发生了残杀百姓、奸淫妇女的叛乱行为。1950 年 3 月，已改编至王震麾下的第二十二兵团骑兵第七师叛乱，这支部队原为国民党骑兵第五军，曾是国民党西北军政长官马步芳的嫡系王牌军。叛乱时，共有 17 个连队的 2511 名官兵。他们在迪化地区 6 个县市先后发动了 7 次武装叛乱，与新疆当地的一个土匪头子乌斯满遥相呼应。

乌斯满是哈萨克部落头领，又是国民党高级官员，同国民党的哈密专员尧乐博斯、国民党特务贾尼木汗相互勾结。1950 年 3 月，趁着各族群众还不太了解共产党，而解放军官兵又忙于大生产的时机，乌斯满等人在昌吉、呼图壁、玛纳斯、阜康、奇台、木垒、巴里坤、伊吾和迪化的南山等地发动武装叛乱，匪徒连同被胁迫的民众一度达到 4.5 万人。蒋介石在台湾得知消息后，精神大振，立即委任乌斯满为“新疆反共司令”，封尧乐博斯为未来的“哈密王”，妄图进行反扑。到 1950 年 12 月，这股叛匪杀害各族群众 1175 人，抢劫各类牲畜 34 万多头，粮食 5300 多石（当时 1 石约为 100 斤）。

乌斯满不但是惯匪，还是美国的武装间谍。早在他发动叛乱前，1949 年 9 月，美国前驻迪化副领事马克南就悄然离开迪化，跟乌斯满会合，共同谋划。

面对叛军、惯匪、特务、境外势力相互勾结的嚣张气焰，王震果断决定派兵围剿。对骑兵第七师的叛乱，王震交给第十七师的政委袁学凯去平叛，叛军很快被歼灭，其头目被击毙。对乌斯满势力，则组建了剿匪指挥部，王震任总指挥，同时还成立北疆剿匪前线指挥部，由第六军军长罗元发任总指挥。这支剿匪部队以第十六师为主力，配备了 41 辆装甲车，240 辆汽车，1 架侦察飞机等。王震的策略是，对这些土匪，能争取的要争取，如果争取不过来，则“必须用大炮讲道理，用刺刀去教训”。

然而，乌斯满熟悉地形，适应沙漠荒原气候，且善于骑射，不需要后勤供应。据参战老兵回忆，乌斯满势力比国民党还难对付，“架起机枪打也打不死几个”。此时，苏联方面表示愿意支援王震剿匪，因为乌斯满曾多次窜到苏联边境作乱，苏联深受其害。但王震有着强烈的民族自尊心，在权衡了军事上、政治上的利弊之后，他答复苏联说：“请朋友们相信人民解放军的力量，我们有把握在短期内平息叛乱。”

王震命剿匪部队兵分四路，日夜兼程进逼乌斯满的老巢红柳峡。这里地形复杂，气候恶劣，夜里气温能降到零下30℃。乌斯满对匪徒吹嘘："现在形势对我们有利，解放军害怕我们，不敢打了。凭我们熟练的骑术，精准的枪法，一定要和他们见个高低。"没想到，1950年4月15日早晨，解放军冒着风雪，突然杀入。乌斯满仓皇逃走。被他胁迫来的哈萨克牧民，也丢下牲畜逃跑了。

此时，王震执行了争取人心的政策。他命令部队，缴获的畜群一律不没收，要物归原主，被乌斯满胁迫的牧民回来后也一概不予追究，还要允许他们保留猎枪。这些政策，使得哈萨克各部落的首领和牧民渐渐明白：解放军不是乌斯满说的那样。他们陆续回来，四处流窜的乌斯满被彻底孤立了。此后，经过100多次大小战斗，乌斯满等匪帮终于被剿灭。

1951年4月29日，迪化各族各界群众8万余人，在人民广场举行公审大会，审判乌斯满的叛乱罪行，乌斯满被执行枪决。到1952年6月，新疆全境彻底肃清了国民党长期豢养的反革命力量。据不完全统计，在剿匪战斗中，共毙伤土匪1083人，俘虏6983人，投诚627人；解放被胁迫的牧民3.1万多人，夺回牲畜17万多头。从此，新疆社会进入稳定期。

对各族百姓，让耕者有其田

剿匪完成后，安全形势虽然好了，但经济上百废待兴。新疆有的地方还存在农奴制残余。全疆地主每人占有土地相当于中农的7倍、贫农的11倍、雇农的120倍，贫困和被虐待是新疆老百姓的生活常态。王震决定从减租反霸入手，改变这种悲惨的状况。

1951年7月，在迪化庆祝中国共产党成立30周年的大会上，王震提出减租反霸的许多细则，"对于两种民族形成租佃关系的地区，减租时，一般应采取双方协商的办法进行，不应采取斗争方式，以免引起民族间的仇视"；"对于宗教寺院出租的土地，一般均应按照减租条例依法减租，但在执行中……群众要求减则减之，愿少减者则可少减，不愿减者可暂不减”。

在减租反霸的过程中，王震心很细，把 13 个民族的风俗习惯都考虑到了。比如，他和群众见面，依习惯握手问候；到群众家里时，听从主人的招待，不在水渠里洗脸洗衣服，不甩手除水，不吃本地民族禁吃的食物，不说本地民族忌讳的话；他还要求土改工作组努力学习维吾尔族语言，不干涉群众的宗教信仰自由；等等。

经过种种努力，新疆的减租反霸和土地改革顺利进行。1953 年底，全疆 9 个专区、57 个县约 400 万人口完成土改，农民分到了土地，实现了耕者有其田。他们对共产党的认同感进一步加强，一些农民在清真寺做乃玛孜（伊斯兰教礼拜）时也为“救星共产党、恩人毛主席、靠山解放军”祈祷。当时，哈密的农民说：“把天下的树变成笔，天下的河变成墨，即使天下人都会写，也写不完共产党和毛主席的恩情。”

兴修水渠，用爬犁拉石头

发展农业就必须要兴修水利，尤其在新疆这样的地方，每年平均降雨量不足 200 毫米，有些地方甚至终年无雨。新疆的很多地方，本是汉代屯垦的沃野，但岁月沧桑，都变成一片茫茫沙漠。所以，找水、兴修水利工程成为王震主抓的大事。

兴修水利需要专家，1949 年，王震抵达迪化没几天，就约见了水利专家王鹤亭。1944 年，军阀盛世才主政新疆时，王鹤亭受国民党政府委派，带领水利勘测队来到新疆，担任新疆水利局第一任局长兼总工程师。1949 年 12 月，新疆省人民政府成立，他仍担任水利局局长。

但是，1951 年底“三反”运动（反贪污、反浪费、反官僚主义）开始后，有人检举王鹤亭在新中国成立初期曾利用职权贪污了若干两黄金，这使得王鹤亭坐卧不安。对此，王震非常慎重，他亲自登门向王鹤亭了解情况。王鹤亭深受感动，热泪滚滚：“我向司令员（王震）保证，贪污黄金的

1950 年，王震（左一）、陶峙岳（左二）等研究石河子垦区规划

事情我连影子也不知道。”为了减轻王鹤亭的压力，王震把他调到了石河子荒原去工作。直到王震查明检举缺乏事实根据后，才派人把他接回来。王鹤亭再见到王震时，王震只是问他开垦石河子的事情，只字不提黄金的事，这让王鹤亭再度落泪。从此，在天山南北的高山上、大漠里，都留下了这位水利专家的身影。

另一名修渠的老工程师樊宝云也被王震感动了。1947 年，时任新疆省政府主席的张治中，在迪化修建了一条 43 公里长的和平渠，但由于工程质量差，渗漏严重，无法满足下游垦荒的需要。王震很重视和平渠，想让驻守迪化的第十七师把和平渠整修成 70 公里长、防渗漏的大水渠。于是，他请老工程师樊宝云来设计。樊宝云犯了难：修这条渠，光两岸的干砌片石就需 7000 方（立方米），一方若按 3000 斤计算的话，用 100 辆汽车也得运一个月，当时新疆军队没几辆汽车，根本行不通。樊宝云把困难跟王震一说，王震哈哈大笑：“咱们没汽车，可有‘拖拉机’嘛！ 5 天之后，请你看‘拖拉机’吧！”

王震口中的“拖拉机”就是爬犁。仅十几天时间，第四十九团就制造了 1400 多架爬犁。1950 年 2 月 21 日，农历正月初五，迪化三甬碑至红山嘴之间 20 多公里的雪路上人山人海，人们往爬犁上装石头，在雪路上奔跑着。而跑在最前面的，就是穿着旧棉军衣的王震，他和大伙一起拉石头，干劲十足。有了王震的带头作用，地方机关工作人员也纷纷上阵，不到几天工夫，他们拉运的石头已堆积如山。

樊宝云被深深感动了，他在日记里写道：“王震司令员提出用人力拉石头，我口上不说心里却想，简直是笑话。嘿！事实和我想的完全不同，我从没见过这样的军队。营长、团长、师长，乃至军长、司令员、政委，都同战士一起拉石头，这是天下的大奇迹！”靠着官兵们顽强拼搏的精神，

1951年5月，王震在库尔勒十八团大渠放水典礼上，兴奋地跳进水渠中

到1950年底，新疆部队在天山南北各地共修建水渠32条，总长1235公里，可灌溉耕地127万亩。

搞水利建设，难免损伤底层民众的利益。王震是农民出身，了解农民，对各族底层民众充满柔情。军队在修建库尔勒十八团大渠时，按施工设计，渠道本来要穿过一户维吾尔族群众家的院子，但因为有一些果树，这家人始终不愿意搬迁。王震知道后说："部队搞生产绝对不能侵犯群众的利益，尤其是要尊重少数民族群众的意愿。"最终，渠道改线，绕过这户人家，但承诺修好后仍然给这家人供水。此事一传开，少数民族群众都说："解放军亚克西（好）！"

发展工业，一边省钱一边求贤

农业离不开工业，发展工业需要钱，可是钱从哪儿来？王震又一次想到了军队。1950年6月，王震在一次军队干部大会上说："发展工业要钱，我没有钱。我也不能向毛主席要，我不当'伸手派'，因为国家刚解放，百废待兴，不能向国家要。也不能向新疆老百姓要，老百姓已经很困难、很穷了。我就打你们的主意。"

在王震的号召下，部队从定量供应的棉被、衣服、帽子等日常生活用品中节省出资金，支援工业建设。每人每天节约口粮0.5斤（为供给标准的26%）、菜金9分9厘（为供给标准的60%）；每人每月节约津贴50%；

衬衣的翻领去掉，军服口袋由 4 个改为 2 个，杂支、办公费都尽量节省。到 1951 年底，参加集资的干部战士占全军区人数的 90% 以上，平均每人一年节约费用 91.2 元。1951 年到 1952 年，干部战士节约的资金，占新疆两年工业建设投资总额的 80%。有了钱，王震就可以放开手脚搞工业。到 1953 年，全军区共建立工业企业 76 个，工业总产值达到 4257 万元。

为了发展工业，王震礼贤下士，广纳人才。余铭钰是著名的冶金专家，年轻时留学美国，王震想聘请他担任八一钢铁厂的总工程师。1951 年，余铭钰来到新疆，王震不但亲自到机场迎接，还安排他住在自己的办公楼里。余铭钰知道，这栋大楼在 20 世纪三四十年代盛世才统治新疆时是最高官邸，一般人很难进入，更不用说在这里住了。他有点感慨王震的气度。等到王震与他通宵畅谈后，他彻底被王震的坦诚所折服，当即决定把自己在上海办的钢铁厂捐献给新疆，举家西迁，准备父子两代“为新疆的钢铁工业奉献自己的一切”。

这样的例子不胜枚举，王震就像磁铁一样，吸引着各个领域的专家：轧钢专家顾遒义、农学家涂治、地质学家王恒升、纺织专家刘钟奇和应寿纪……正是这些专家的不懈努力，才开启了新疆的现代工业之路。

此外，王震还创办各类学校，努力培养人才。1951 年至 1952 年，他扩建了当时新疆唯一一所高等院校新疆学院（今新疆大学前身），创办了新疆军区工业学校、俄文专科学校、新疆八一农学院等。王震还创办了八一中学，他与作曲家刘炽共同为学校创作的校歌，至今被传唱。

王震还让自己的夫人王季青投入到培养人才的行列中。王季青 1913 年出生于辽宁沈阳，北京大学历史系毕业。1937 年，卢沟桥事变爆发后，她参加了八路军，同年底调至三五九旅，在旅部任文化教员，经贺龙介绍，不久与王震结为伉俪，后随王震进疆。

最初，王季青被任命为新疆学院秘书长。但她在这个位置上干了还不到一年，王震就对她说：“秘书长同志，你是不是该调换一下工作岗位啦？”王震告诉她，广东、华东、湖北 3 个地区志愿参加抗美援朝战斗的学生大队近 500 人，刚被分配到新疆军区学习俄语，以适应部队向苏联学习和交往的需要。于是，王季青被任命为军区俄文队队长。1951 年 8 月，在俄文队的基础上，创办了新疆俄文专科学校，王季青任校长。

就在俄文专科学校的第一届毕业生即将走上工作岗位时，新疆军区党委决定把学校移交地方管理。王季青又有了新任务。为解决部队子女上学的问题，上级决定筹建军区子弟学校——八一中学，王季青再次担任校长。没等校舍盖好，她就带领全体教职工打扫好窑洞，开始上课。缺乏基本的教学用具，就用膝盖当书桌、土块当板凳，田野则是学生们的运动场。1953 年春，王季青随王震调回北京工作，此后仍然从事教育事业。

屯垦戍边，一手缔造生产建设兵团

历史上，由于交通不便，地处偏远，自汉代起，历代中央政府在经营新疆时都采用“屯垦戍边”的治理措施。王震在入疆前就想到了：国民党和平起义官兵有 7.1 万多人，民族军有 1.4 万人，解放军进疆部队有 8.9 万人，加上政府工作人员，需要财政供养的人员达 24 万人。如果靠 430 万新疆各族群众养活是不现实的，还会加重民众负担，给那些分裂分子以口实。最好的办法就是发展军垦，屯垦戍边，这样既可以减轻新疆老百姓的负担，又能够养活军队。

1949 年 9 月，王震的部队一进入新疆，便“一手拿枪，一手拿镐”；一边剿匪，一边搞大生产运动。据老战士回忆，当时，他们每人分一片荒地，比赛似的干活，每天干十几个小时。早晨出发时带几个馍馍，中午干累了，想吃口馍馍，就快走几步，先把馍馍放到前方不远处，等干到那里时再吃。而且，新疆的气候干旱，馍馍放到前面，不久就晒干了，想吃新鲜的馍馍就得快点干。

1950 年国庆节前，王震在《新疆军队生产简短总结》中说，军队在当年春季共开垦荒地 85.2 万余亩，超额完成原定 60 万亩的计划；解放军进疆前，群众需要缴纳的田赋和附加负担是 70 多万石粮食，而 1950 年只缴了 44 万石，大军增加了，群众的负担反而减轻了，让新疆的各族群众实实在在地感受到了共产党、解放军的好。到 1952 年，全军区播种面积扩大到 160 万亩，收获粮食 9960 万余公斤。

如火如荼的大生产运动为屯垦戍边打下了坚实的基础。1952 年底至 1953 年上半年，按照党中央的战略部署，新疆军区以代司令员王震、代政委王恩茂的名义颁发命令，将驻新疆人民解放军整编为国防部队和生产部队。到 1954 年 10 月，解放军大部分集体就地转业，脱离国防部队序列，正式组建生产建设兵团，其使命就是“劳武结合，屯垦戍边”。此时，王震虽然已经离开了新疆，但兵团实际上是王震一手缔造的。兵团第一任司令员陶峙岳晚年写了一首《书怀》的诗送给王震：“改造大自然，开发戈壁滩。挥锄为富国，执戈以防边。”诗的“小序”写道：“今日新疆建设之成就，实有赖于当时王司令员植其始基。”

历史上的屯垦戍边，无论规模有多大，有过多么辉煌的局面，都有一个长期驻守接续难以实现的问题。王震不仅用“既能作战又能生产建设”的思路对屯垦制度进行了创新，还切切实实当起了“红娘”，设法让兵团有二代、三代。

早在部队进疆前，有些同志就对进驻那么偏远的地方有意见，还编成了顺口溜：“抗日战争打硬仗，南下北返饿肚肠，烂（南）泥湾里去开荒，胜利以后去新疆，成了光棍，丢了爹娘。”进疆后，20 多万大军，大部分是光棍儿。

王震非常理解大家的心情，他说：“没有老婆安不了心，没有儿子扎不了根。”他向中央反映了这个情况，中央做出决定，允许新疆军区从内地招收未婚女青年参军，以解决新疆大龄官兵的婚姻问题。1950 年秋，新疆军区副司令员熊晃担任招兵团团长，到湖南招收女兵。湖南是王震的老家，他特地给当时的湖南省委书记黄克诚、湖南省人民政府主席王首道写信说：“新疆人口稀少，配偶难找，部队要屯垦戍边，长期安家，不解决婚姻问题是不行的，今派熊晃同志去湖南，请你们大力协助，帮助招一批女青年，最低年龄 18 岁，初高中文化程度，未婚，有过婚史但已离婚的也行。家庭出身不管，把她们招来新疆，纺纱织布，繁衍人口，与我部队将士同建繁荣富强的新疆。”

于是，湖南省委在长沙市营盘街38号设立招兵点，还到处张贴招兵广告，吸引了无数热血女青年参军入伍，当年就招收了3862人。1952年，又有4000多名湘女进疆，由此有了“八千湘女上天山”的说法。

因为“僧多粥少”，这批招收来的女兵文化素质又高，实际上主要解决了大龄干部的婚姻问题。后来，王震又组织从华东招收了2000多名部队医院的护士，从山东招收了近3000名女兵。1954年，再到山东招收近7000名青年妇女，乘大卡车浩浩荡荡进新疆，基本解决了战士们的婚姻问题。

靠“红娘”王震的四处“化缘”，到1954年新疆生产建设兵团成立的时候，部队中女性的比例增长到40%。如今，兵团不但有了二代、三代，还有了四代，兵团军民在亘古荒原上先后建立起了石河子市、五家渠市、阿拉尔市、图木舒克市、北屯市等一批区域性的政治、经济、文化中心。目前，新疆生产建设兵团已发展成为一个拥有14个师、175个农牧团场、2115个连队、268万人口的特大型社会组织。

“永远守卫西北边疆”

尽管功勋赫赫，但王震从1952年5月起就受到批评。起因是在新疆进行牧区改革时，王震操之过急，想将牧区改革与农业地区改革同时进行。中共中央新疆分局将《关于在伊犁开展牧区改革》的电报发往中共中央西北局，但没等西北局答复，王震就雷厉风行地布置开了。1952年6月，毛泽东对回北京开会的王震说：“你王震只看到新疆，没看到全局。在少数民族地区先进行土地改革，第二步再实行牧区改革，这是中央的统一部署。你新疆不按中央的部署搞，就会影响西藏，妨碍我们争取达赖的工作；也会影响甘肃、宁夏、内蒙古，那些地方也有牧区。这样一来，中央就被动了。”直爽的王震果断认错。毛泽东认为，王震的“成绩是主要的，错误是次要的，但是严重的”。

1952年12月，王震到兰州开会时病倒，并于第二年3月转到北京治病，离开了工作3年多的新疆。离开新疆后，王震一直记挂着新疆的事业和一同出生入死的战友。1956年，王震出任农垦部部长之后，曾多次到新疆视察。1980年，鉴于新疆的复杂情况，中央决定让王震以国务院副总理的身份分管新疆工作。为此，王震在短短一年内4次前往新疆。1981年，在王震的建议下，根据新疆发展和稳定的需要，中央决定恢复1975年3月被撤销的新疆生产建设兵团。1991年，王震以83岁的高龄，再次到新疆视察工作。他十分动情地说：“1980年我曾经说过，现在重申，如果去见马克思，我已委托战友和亲属，把我的骨灰撒在天山上，永远同各族人民守卫社会主义祖国的西北边疆。”

1993年3月12日，王震在广州逝世。4月5日，按照他生前嘱托，王震的大部分骨灰被撒向天山山脉的前峡、后峡和天山北麓的石河子垦区，另有小部分骨灰安放在了黑龙江垦区的八五〇农场（离开新疆后，王震又

1991年8月，王震在新疆喀什弹起少数民族代表送给他的民族乐器冬不拉

领导开发了北大荒）。他实现了自己的真诚愿望，让自己的灵魂与天山融为一体，永远关注和守护着新疆这片广袤的土地。

治理新疆的启示

王震在新疆的3年时间里，新疆发生了翻天覆地的变化。王震离开时，新疆的剿匪基本结束，社会稳定下来。各级人民政权先后建立起来，民族区域自治政策正在自下而上地稳步推进。此时，新疆的建设也与全国一样，进入第一个五年计划时期。一个各民族和睦相处、生机勃勃的新疆已出现在中国大地上。今天，当新疆深受暴力恐怖势力、宗教极端势力、民族分裂势力的困扰时，再回顾当年王震治疆的经历，能够获得深刻的启发：

其一，稳定是人心所向，维护稳定必须坚决打击暴力恐怖活动。其二，发展是争取民心的重要手段，必须在发展的基础上给各民族群众以经济上的实惠。其三，平等互助是民族团结的基础，相互尊重对方的风俗习惯是各民族和睦相处的前提。其四，建设一支真心跟党走的少数民族干部队伍，并充分发挥他们的聪明才智。其五，提高各民族群众的生产技能，是增强自我发展能力的关键。其六，屯垦戍边是历代治疆国策，是增强中央政府控制力的重要途径。

新疆周边有复杂的地缘政治格局，新疆内部有敏感的民族宗教关系，治疆需要高超的政治智慧。王震和他的战友们在主政新疆时的一大特点是：在坚持推进民族区域自治政策的基础上，紧密结合新疆的实际，坚决反对任何分裂的图谋，按照自下而上的原则，先建立民族区域自治县，再建立民族区域自治州，最后建立民族区域自治区，在新疆形成了大自治套小自治的格局；同时把分布在全疆的生产部队集体转业，建立新疆生产建设兵团屯垦戍边。这构建了中国共产党治理新疆的长远战略框架。纵横交错的治理体系使得屡次在新疆兴风作浪的分裂势力始终无法形成大的动乱，确保了新疆的整体安全。

当然，时代在发展，社会在变化，治疆的政策也需要随时代而发展，随社会而变化。王震的治疆经验是留给今天的宝贵财富，而今天的人们要有王震的精神和毅力，并以当代人的智慧来解决新疆面临的问题，实现国家长治久安。（撰文：王小平　吕文利）

张震，百岁上将一生善谋

生逢一战烽烟，跨越两个世纪；参加五次反“围剿”，走过万里长征；抗日战争、解放战争、抗美援朝的战火中立下赫赫军功；78岁任中央军委副主席。张震的履历，厚重如军史。“他既严肃又风趣”，一位熟悉他的晚辈这样告诉《环球人物》记者。而媒体和民间对张震则有“一生能参善谋”的说法。

2015年9月3日，最后一位开国中将与世长辞。张震的一生，就是一部传奇。

长寿镇上的哀思

张震去世的消息很快传到他的出生地——湖南省平江县长寿镇。张震家乡的本家晚辈张水波告诉《环球人物》记者，张震一直是他们家族的骄傲，如今他去世了，乡亲们都非常悲痛。长寿镇政府机关院内设立了追思厅，干部群众纷纷前往吊唁。县史志办还召开了座谈会，追思老首长。记者致电平江县史志办原主任吴定邦，他一口浓重的平江口音，说话缓慢，似乎还没从悲伤中走出来。

张震

吴定邦称张震为表叔公，与张震有多年交往和接触，更因工作关系研究过张震事迹。他告诉《环球人物》记者，张震出身贫寒，父亲是篾工。张震原名张见生，因为钦佩岳飞精忠报国，见岳飞的几个儿子名字里都有“雨”字头，就自己改名“震”。他自幼好谋，12 岁在儿童团时，接到任务去禁烟。张震将小伙伴分作三五人一组，把儿童团旗藏在怀里，分头聚到烟馆门口。随着一声号令，他们亮出旗子一齐冲入。随后，将缴获的大烟浇上煤油当街烧掉，自此打出了威风。

1930 年 7 月，彭德怀率红三军团去打长沙，途经平江，补充兵员，16 岁的“红小鬼”张震参加了队伍，分到特务大队做宣传工作，后转到战斗班。张震打仗爱琢磨。第一次反“围剿”时，他领人攻打一个“土围子”。敌军火力猛，他们利用夜色挖了一条近 20 米的暗道，通到“土围子”底下。然后用棺材装上炸药，炸开一个 10 多米的口子。第五次反“围剿”时，他派联络员深入敌阵，用“穷苦人不打穷苦人”的宣传打动对方。敌方不再攻击红军，督战队来了也只是朝天放枪。张震还练出一双“火眼金睛”，有一次，100 多个敌人穿着红军军服、哼着红军军歌走过来，他一看那大摇大摆的架势，判断是敌人假扮，就下令狠狠地打。

时任红三军团第四师政委的黄克诚对有勇有谋的张震印象很好。一天，黄克诚忽然来到后方医院，指名要负伤后正休养的张震跟他回部队。张震伤口还在化脓，怕拖累部队，黄克诚说：“你腿还能走，到了前线也能养伤。”后来才知道，这一走就踏上了长征路。黄克诚是特意来带他走的。

红军到达陕北后，张震被任命为红一军团第四师十二团参谋长。此后，他在多个部队担任参谋长。新中国成立后，作为总参作战部部长，他长期与彭德怀、聂荣臻等老帅一起工作。彭德怀曾和他谈军委机关的工作方法，告诉他对下面的指示不要涉及战术问题，要发挥下级的积极性、机动性。下级已明确的，不要重复，有分歧时，才予以说明、点破。张震把这些都记在日记里和脑子里，之后运用，受益匪浅。

从当学员到当校长

张震爱读书。红军时期，他就希望能去红军大学深造。到延安后，机会来了。

1937 年 2 月，张震到延安抗大学习。他听毛泽东亲自讲授《唯物辩证法》，累计授课 100 多小时。张震曾回忆：“毛主席讲课很活，是启发式、研究式的，就像谈心一样。我原以为唯物论、辩证法很深奥，但经他一讲，好懂好记。”他也爱听朱德讲课。有一次，朱德讲党的建设，但大家递条子要他讲国际形势。朱德比较随和，就讲开了，结果讲党的建设时间不够，只好照本宣科。朱德妻子康克清站起来说：“不要念稿子，念稿子我也会。”后来，张震和其他学员在支部会上批评康克清，说“你们夫妻关起门怎么讲我们不管，作为学员还是要尊重教员”。张震很看重这段学习经历。后来，因组织安排，他没等到毕业典礼就离开了抗大。他还写信给抗大校务部长周文龙索要毕业证书，周文龙给他寄去证书，开玩笑说他“开学晚来，毕业早走，无始无终”。

1954 年，张震到南京军事学院学习，成为战役系第一期学员。院长是刘伯承，他要求很严。看到学员们坐的是皮沙发凳子，他说：“慈不掌兵。当学员的，就是要坐硬凳子，屁股那么娇贵呀？”后来就都换成了硬凳子。张震外出作业时，常背着图囊，提着马扎。战役系学员都是将军以上干部，1955 年授衔时，学员里有 5 个上将，22 个中将，军衔远高于教员。系党支部专门研究决定，将军学员们要向教员先敬礼。有个炮兵教员，是张震在新四军四师当参谋长时的译电员。他给张震上课时总有些拘谨，张震以身作则，鼓励他大胆地教。

1982年2月28日，时任解放军副总参谋长的张震和少先队员一起擦拭金水桥栏杆

3年学习结束，张震留任南京军事学院副院长，主管教学。从副院长到院长，张震一干就是12年。他说："我跟军校有着不解的情缘，后来有些军校成立，只要请我去，我都去，不请我去，我也去。"

"文革"中，张震受到冲击。后来，他任武汉军区副司令员，解放军总后勤部部长，副总参谋长等职。

1985年，71岁的张震已经过了退休的年龄。但他身体很好，每天4点多起床锻炼，步行一个多小时。他也期待退休后的生活，计划读完二十四史，每天行走七八公里。老伴马龄松更是高兴："过去你忙，今后我们可有时间聊天了。"

当年3月，时任军委副主席杨尚昆在一次会议后把张震留下，询问他对合并军事、后勤、政治三大学院，成立国防大学的意见。张震有点纳闷：这个问题在军委会议上议过多次，自己也发表过意见，为何还要单独问呢？4月3日，杨尚昆再次找到张震，明确表示："这个任务交给你，怎么样？"

张震"下马"不"卸甲"，再度当上了校长。"他当校长的时候，国防大学发展得很好。"国防大学第一期学员、《张震回忆录》的责任编辑倪齐生对《环球人物》记者说。能来国防大学学习的学员，在单位大都是中高级干部，但张震要求他们以普通党员、学员的身份学习，每天还要出早操，自己打扫卫生、挑水烧水。倪齐生说，张震常说的一句话是："你是来学习的，其他没什么特殊的。"同时，张震要求全校师生做到的，自己也身体力行。虽然家离学校有几十里，张震坚持每天提早半小时到办公室，如果去学员队听课，也总是争取第一个坐在讲堂里。对教学，张震也很重视。倪齐生说："校长的教学理念是'高、深、宽、新'，根据新的战略任务和战术的转变来教课，不限专业，军事、政治、后勤、作战指挥都要学，推行讨论式、研究式的教学方式。那时上课，都是讨论着来，气氛很活跃。”张震还提倡开门办学。解放军原副总参谋长熊光楷上将是张震聘请的第一位兼职教授。熊光楷曾说：“有时我去讲课，他不但亲自主持，还坐在课堂上认真听课。”在国防大学，熊光楷一教就是二三十年。

作为校长，张震也重视对外军的研究。1987 年，他率团访美，时任美国国防部长温伯格安排他参观了“艾森豪威尔”号航母，但指挥系统、火控系统等都盖得严严实实。张震当晚在美方举行的宴会上说，今天参观了贵军航母的部分设备，并有意强调了“部分”两字。美方听出他的不满，次日安排他参观了阿帕奇武装直升机，并说这是连夜请示的结果，是首次允许中国军方代表团参观该机。后来，张震到军委工作，还专门讲过武装直升机的战术应用。国防大学设立国防研究系，用一定时间到国外参观学习，也是吸收了外军院校的经验。

“你比我小 10 岁，还能再干一届”

1992 年，张震已近杖朝之年，参加完党的十四大，就要退休了。当年 9 月，有同志过来给他吹风，说邓小平有意要他参加中央军委领导工作。张震“一个晚上没睡好觉”。他后来在回忆录里谦虚地表示，自己担心的是“年纪大，知识储备、文化水平也不是最高，这个工作，不晓得做不做得来？”但既然是小平同志的建议，是中央做出的决定，就应当无条件服从。

10 月 19 日，张震被任命为中央军委副主席。第二天，88 岁的邓小平接见十四大代表，张震在列。邓小平由秘书搀扶着走到他身边，特意停下，拉着他的手问：“你今年年纪多大了？身体还好不好？”张震一一回答。邓小平点头道：“你比我还小 10 岁，还可以干一届。一定要协助江泽民同志，用 3 年左右的时间，把我军各级领导班子调整好，建设好。”

“干实事，少出面，不越权”，是张震在军委 5 年间为自己立下的规矩。

每年，他有三四个月时间都在下部队。到青藏高原视察时，张震已经80岁，缺氧、疲劳连年轻人都顶不住，但他硬是坚持过来了。有时为了赶路，一天要跑三四百公里，甚至颠簸得旧伤复发，也咬牙忍着。

当时，部队出现了一些蜕化变质的干部。张震常用老家俗话“家神不正引鬼来”，提醒领导干部要严于律己。在有关会议上谈到军队不能经商的道理时，他特别讲了一个故事：淮海战役中，国民党决定弃守海州、连云港。徐州“剿总”总司令刘峙在海州有几家盐店，因怕蚀本，竟将这个军事秘密透露给经纪人。刘峙后来被打得大败。张震说：“经商，必然引起军队的腐败。腐败的军队是没有战斗力的。”

张震也很关心军人的生活，而且管得很细，想“蒙”他可不容易。每次下部队，他既听安排好的汇报，也临时出题让对方回答，既同领导干部谈，也和基层战士谈，还到处转。有一次到某部队，安排他看一个连队，内务搞得很好。但他发现连队从暖水瓶到厨房用具都是新的，觉得不太正常，就转到另一个连队，发现部队缺这少那。部队领导脸红了。张震了解到，部队经费确实困难，就让总后勤部帮他们解决。

“无私无畏，无求无失”

张震一生，吃过的苦数不胜数。但他有湖南人“吃得苦，霸得蛮”的韧劲，无论什么时候都能够咬牙忍着。在第二次反“围剿”时，张震受伤，子弹从右眼角边上打进，从头右后侧穿出，差点就没命了。伤口没好，他又患上疟疾，一阵冷一阵热。他硬是挺了过来。长征过雪山时，他一直吐血，不知道原因也不在意，解放后才查出是陈旧性肺结核。1945年，张震在战斗中负伤，子弹在身上留了10年。后来，他将子弹交给夫人保存，作为留给儿女们的“遗产”。抗美援朝时，他在朝鲜战场遭遇车祸，车轮轧过腰部，昏迷3小时，醒后仍继续工作。

1998年，84岁的张震脱下戎装。曾担任张震秘书的邓天生透露，张震“每天上午一头大蒜一个鸡蛋一个馒头一碗小米粥，然后散步，饮食与生活习惯非常好”。倪齐生对《环球人物》记者回忆说：“95 岁之前，老将军的精神状态都挺好的。”张家院落不大，但花草满园，他在院子里偶尔与老伴打打扑克牌，与小辈聊天，或向他们学习上网，这都成为张震新的生活内容。

张震一门六将星，三子张海阳是上将，长子张小阳、次子张连阳、四子张宁阳和女婿寿晓松都是少将。张震为人敦厚，侍母恪尽孝道。他 1930 年入伍，1938 年才回到老家与母亲见了一面。后来戎马倥偬，他与母亲失去联系。新中国成立后，他写信给时任湖南省委书记的黄克诚，请他帮助寻找母亲。很快，当地同志在一个破碉堡里找到了老人，她以行乞为生，精神已经有些失常。原来，张震父亲去世后，母亲无依无靠，家产变卖一空。张震想把老人留在南京安享晚年，老人住不惯城市，待了半年就回了家乡。1961 年，母亲去世，张震痛哭不止。他托付表兄吴诞生：“母亲身故，心中很悲痛，但因工作不能分身，只能尽忠报国，难以尽孝，请代为安葬。”后来，老家来信说，要不要替他修缮一下父母的坟墓。他寄回 1000 元钱与一封信，说：不同意公家出钱修坟。“若乡亲要在坟地上种菜，就将我父母深埋，上面种菜。”

对权与情的界限，张震一向看得分明。吴定邦告诉《环球人物》记者，1959 年，张震回乡时曾对他说：“你要好好干，不要打我的牌子。”老将军的话，他一直记到现在。“我有一个亲戚要我找将军为其子找工作，我没敢找。”有一年征兵，一位表侄托张震安排自己的女儿当兵，张震回信说：“根据规定，只征应届高中毕业生，你女儿初中毕业不符合条件。”

但张震非常关心家乡建设。吴定邦说，当年平江要修水库，张震出面请水利部支持。他还捐款帮助建设家乡的中小学。

2015 年 9 月 9 日，张震的遗体告别仪式在北京举行。当天新华社播发了张震生平，其中一段评价道出人们对这位老将军的崇敬之情：“他淡泊名利，以‘无私无畏，无求无失’为座右铭……他清正廉洁，生活简朴，对家属、子女和身边工作人员要求严格，教育后人‘要无愧于先烈，无愧于历史’，保持了共产党人的政治本色。”（撰文：王玮）

秦基伟：拉开中俄军事技术合作序幕

1988 年 4 月，秦基伟升任中央军事委员会委员、国防部长。这一年，他已经 73 岁，成为当时国务院各部部长中年龄最大的一位。

秦基伟担任国防部长期间，国际局势风云变幻，中国与西方国家的关系正在经历波折和反复，其中中美两军的关系更是明显“由暖转冷”。

1988 年，应秦基伟的邀请，美国国防部长卡卢奇、空军司令、海军陆战队司令和太平洋司令部司令等重量级人物访华。秦基伟也收到了访美的邀请。这些密切的往来，被一些美军人士形容为“欣欣向荣”。但 1989 年，美国政府严重干涉我国内政。6 月 5 日，美国总统乔治 · 布什宣布“制裁”中国。中美两军交往随之中断。

但是，中俄两国开始了真正意义上的军事合作。1992 年 8 月，秦基伟访问俄罗斯，与俄国防部长格拉乔夫会面，讨论军事合作问题。莫斯科某军事指挥学院教官瓦列里后来回忆说：“1992 年，俄罗斯首次向中国出售了苏 –27 战斗机，就此拉开了俄中军事技术合作的序幕……俄中军事技术合作渐入佳境，为建立新的国际安全秩序树起了典范。”

秦基伟曾多次率团出访。当时，中国的军事、综合实力还未被普遍认可。在和一些欧洲国家的将领打交道时，跟随秦基伟出访的一些工作人员常常“发怵”，觉得对方“高人一等”。秦基伟曾就此对一位将军说：“别看他们‘派头’不小，却未必经历过真正战争的洗礼。他们经历过长征吗？经历过长征的人，比谁都更懂得什么叫军人、什么叫战争。不信你把麦克阿瑟叫过来，我们两人一同到地狱里走一趟，我能活着回来，他未必。二万五千里长征对中国军人是意志的锤炼，是10个西点军校也培养不出来的。”

对国防建设，秦基伟也倾注了大量的精力。他就任国防部长的头一年，我国的基础性国防建设就取得了重要进展，其中值得一提的就是军训的普及。1988年，全国有342所高校和高级中学开展了军训，参训学生达17.5万余人。另外，秦基伟还组织编撰了《公民国防义务手册》，由邓小平题写书名。在该书的序言中，秦基伟坦言要通过国防教育，“使广大群众懂得什么叫国防……知识就是力量。公民掌握必要的现代军事知识，不仅在未来战争中可以转化为战斗力，在平时，它也是履行国防义务不可或缺的。”

1994年12月，已经80岁高龄的秦基伟接受了中央电视台“东方之子”栏目的采访，回忆起自己8岁丧父、13岁加入义勇队、15岁成为中国工农红军战士的经历。主持人问他：“粉碎‘四人帮’以后，您兼任那么多职务，后来又做了国防部长。如今离开这些重要的岗位，回望波澜起伏的一生，不会觉得闷吗？”秦基伟答道：“从当兵的那一天开始，我从没想过要当官。参加革命，我就是这样一个想法，革命不可能是一帆风顺的，要经受这些苦，就要靠自己坚强。要想得开，乐观，不背包袱。”（撰文：李一军）

张爱萍：推动国防现代化

1982年11月，张爱萍被任命为国务委员兼国防部长。他在这一职位上，参与和见证了新中国国防科技的一次次飞跃，并亲历了中美军事外交的突破。

痛批军队从商现象

“如何调动一切可以调动的力量，加速我们的国防现代化建设”，是张爱萍就职后，思索得最多的问题。上任仅25天，他就以某军为试点，进行机械化合成集团军试验。这在我军建军史上尚属首次。

1985年6月，在北京召开的中央军委扩大会议上，军委主席邓小平宣布裁军100万。这一决定震惊了全世界。鲜为人知的是，在研究制定、执行这一战略方针的过程中，张爱萍的独到见解，起了关键作用。有人主张裁减驻地方部队，张爱萍则主张裁减野战部队；有人提出把军分区、武装部交给地方，张爱萍则主张它们仍由部队领导为宜。他的很多合理主张，最后都得到了采纳。

对军队从商现象，张爱萍一直持反对态度。他听说国防科工委也成立了“公司”和“中心”，当即打电话询问。对方回答：“社会上都这样。”张爱萍说：“你这是国防科工委，是搞原子弹的！”对方说：“首长，您没听说吗？搞原子弹的，不如卖茶叶蛋的。”张爱萍对此批评道：“谁这样说，那就让他去卖茶叶蛋！”他还多次在其他场合用“自毁长城”来形容军队从商的严重后果。

对于一些有损国防建设的行为，如将军事设施改成商场、把军事禁区改成旅游景点等，张爱萍愤慨不已。他曾在一个会议上痛心疾首地说：“如果这样搞下去，将来战争发生了，该杀谁的头？首先该杀我们的。杀了我们的头，还要落下骂名……”

顺利完成“三项任务”

在出任国防部长之前，张爱萍曾提出“中国航天 80 年代前期三项任务”，即向太平洋发射洲际导弹、从水下发射固体导弹和发射同步通信卫星。前两项任务，已分别于 1980 年 5 月和 1982 年 10 月完成；发射同步通信卫星，就成了他在国防部长任期内的一大重任。为此，张爱萍曾专赴某卫星发射基地视察，并写下“敢叫三鸣（指第三项任务）更惊人”的题词。

1984 年 1 月 26 日，是我国首颗同步通信卫星发射升空的日子。傍晚 6 点，指挥大厅内，每个人都屏住了呼吸，迎接激动人心的时刻。就在此时，急促的电话铃声打破了寂静。担负发射任务的西昌卫星发射中心报告：“发现火箭平台不稳，发射难以进行……”对此，张爱萍不但没有批评，反而以少有的轻松语气说：“没关系，那我们就暂时中止吧。这不是个坏事，发射前发现问题，比发射后出现问题要好得多。请转告大家，一定要保持清醒的头脑，不要慌乱，不要紧张，既要认真做好充分的准备，又要在确保质量的前提下争取时间。”

29 日，西昌卫星发射中心再次执行发射任务。这次，卫星升空了，却命运多舛，一度失控 20 个小时，后来才被专家们控制住。

对于发射中出现的故障，张爱萍鼓励大家吃透问题，准备组织第二次发射。同年 4 月 8 日，我国的第二颗同步通信卫星终于成功发射。至此，张爱萍主持的“三项任务”已全部完成。

“大闹美国国务院”

“疏通中美两军关系、加强交往、争取军事技术合作”，是张爱萍在国防部长任期内的另一项重要任务。他认为，这不仅能促进我国的国防现代化建设，也能引起英、法、德、日等国对我们的重视。

1983 年 9 月 25 日，张爱萍在人民大会堂前，举行隆重仪式，欢迎美国国防部长温伯格及其夫人一行，并陪同他检阅了三军仪仗队。

在双方的首次会谈中，被视为“鹰派”的温伯格起初并没把中国放在应有的战略位置上。第二次会谈时，张爱萍单刀直入：“如果美国到亚洲打仗，你对中国的作用有什么高见？”温伯格不得不承认：“你们当然处在举足轻重的位置上。”

1984 年 6 月 9 日，张爱萍应邀回访美国，走进了五角大楼。美方以最高的军事礼遇迎接中国军事代表团。

在次日的会谈中，双方就军事技术合作的原则和意向，达成了一致。会谈结束后，温伯格给了张爱萍“一个意外的惊喜”——几位衣着整齐的美国老人，向张爱萍走来，其中一位身材魁梧的老者恭恭敬敬地行了个军礼：“救命恩人，您还记得我吗？”张爱萍认出，他就是当年自己指挥新四军营救的 5 位美国飞行员中的小队长萨沃埃。随后，温伯格把张爱萍请到新闻发布会现场，动情地介绍说：“41 年前，张部长为中美关系史写下了极其珍贵的一章，他今天的来访是在续写新篇……”

6 月 12 日上午，张爱萍一行拜会了里根总统。但紧接着，一个意外发生了。

此前，中美两国正在筹备核能合作方面的协定。其间，美方声称在巴基斯坦的浓缩铀加工厂里“发现了中国人”，并据此认定“中国在帮巴制造核武器”。中国政府曾多次以铁的事实加以驳斥，但美方还是纠缠不休。

6月12日下午，美国国务卿舒尔茨在与张爱萍的会面即将结束时，又把话题扯到“中国帮巴制造核武器”问题上，并指使副国务卿达姆与张爱萍进行交涉。达姆称，希望中方对此有一个更为具体的说法，还递给张爱萍一份文件，里面写有当天的会议记录，希望张爱萍签字表示认可。

对此，张爱萍礼节性地回应说：“我国政府没有授权我来谈这个问题，我也无权接受这个文书。”达姆却威胁说：“如果这个问题得不到贵国政府的进一步保证，就会直接影响美中的核能合作。”张爱萍闻言，勃然大怒：“我们是出于友好的目的来拜会舒尔茨国务卿，副国务卿竟然提出了这样一件事，毫无道理。”说罢，他将面前的文书掷了过去：“请你转告舒尔茨国务卿，在与他进行友好会见后，发生了这样令人不愉快的事情，是令人遗憾的。我告辞了。”说罢，便拂袖而去。

此事很快传了出去。世界各大媒体相继加以报道，有些媒体别有用心地称张爱萍“大闹美国国务院”。

事实上，张爱萍美国之行还是较为顺利的。6月13日，他和温伯格签署了《两国军事技术合作协议》。这是中美两国签署的首个军事技术合作协议，为中国打开了引进军事技术的闸门，也为今后两国的合作走上正轨打下了基础。